André Gebel

Rachedurst – Ich werde dich finden

Der diplomierte Betriebskaufmann André Gebel studierte Marketing an der Universität zu Köln und war neben seinen beruflichen Stationen in Industrie und Agentur, schon immer an Literatur in neuen Medien interessiert. Dabei sind die Sozialen Medien sein Spezialgebiet. Um den Markt der Influencer besser verstehen und analysieren zu können, gründete Gebel im Jahr 2016 mit Turnagain seinen ersten Reiseblog. Heute berät er als selbständiger Experte Konsumgüter-Brands, Hotels und Destinationen, schreibt Reiseberichte und hält Vorträge auf Fachkongressen. »Rachedurst – Ich werde dich finden« ist sein fünfter Roman.

André Gebel

Rachedurst – Ich werde dich finden

Thriller

PIPER

Mehr über unsere Autoren und Bücher:
www.piper.de

Wenn Ihnen dieser Roman gefallen hat, schreiben Sie uns unter Nennung des Titels »Rachedurst – Ich werde dich finden« an empfehlungen@piper.de, und wir empfehlen Ihnen gerne vergleichbare Bücher.

ISBN 978-3-492-50857-5

www.piper.de
Für direkten Kontakt und Fragen zum Produkt wenden Sie sich bitte an: info@piper.de
Redaktion: Julia Feldbaum
Satz auf Grundlage eines CSS-Layouts
von digital publishing competence (München)
mit abavo vlow (Buchloe)
Covergestaltung: Giessel Design
Printed in the EU

Es ist kalt hier, so verdammt kalt. Für Rainer F. und Rainer G., die in Gedanken immer bei mir waren.

Albträume sind für einen Autor wie Geschenke. Aus den meisten lassen sich vorzügliche Geschichten erzählen.

Prolog

Die Sonne schob sich über den Gipfel des Mount Everest und erwärmte sein gefrorenes Gesicht. Er musste sich bewegen, um wegzukommen aus diesem Labyrinth aus Eis und Schnee. Überall türmten sich Séracs, Kathedralen aus Gletschereis, in den wolkenlosen Himmel und versperrten ihm die Sicht. Es knackte und knarzte unter seinem Körper, hin und wieder brach ein Klumpen Eis ab.

Wie lange lag er schon im Schnee? Lange genug jedenfalls, um seine Beine nicht mehr zu spüren. So musste es sich anfühlen, wenn man erfror, was bei minus vierzehn Grad irgendwann passieren würde. Mühsam kämpfte er gegen den Impuls an, loszulassen und einfach einzuschlafen. Kein schlechter Platz zum Sterben, hier am Fuße des Mount Everest. Wahrscheinlich würde man ihn niemals finden. Oder fünftausend Jahre später, mumifiziert wie dieser Ötzi aus Tirol. Anstatt aufzugeben, rollte er sich auf den Bauch und kniete kurz danach auf allen vieren. Wie riesige Gespenster blickten die schneebedeckten Gipfel auf ihn herab, um ihn zu richten und unter ihren weißen Flanken zu verzehren. Zeugen einer grauenhaften Tat. Er sollte zusehen, schleunigst von hier zu verschwinden.

Der Zickzack an Gletscherspalten sah bedrohlich aus. Ein Wunder, dass er überhaupt an diesen exponierten Ort gelangt war. Abseits der Normalroute, die im Frühjahr Hunderte auf den Gipfel des Mount Everest führte.

Schließlich entdeckte er Schuhabdrücke, die er selbst vor ein paar Stunden in den Schnee getreten hatte. Seine und ... ihre. Bedächtig und auf jeden seiner Schritte achtend machte er sich auf den Rückweg.

Die Luft war schneidend kalt und der Sauerstoffgehalt nur halb so hoch wie auf Höhe des Meeresspiegels. Jeder Meter zerrte an den Kräften und steigerte die Angst hineinzufallen, abzurutschen in eine dieser fürchterlichen Spalten. Dann wäre es das gewesen, da er nur Grödel, diese seltsamen Schneeketten, unter seinen Wanderschuhen trug. Ganz schön leichtsinnig, verrückt oder einfach dumm. Egal, wie man es nennen mochte, es traf den Kern nicht ansatzweise. Jetzt musste er irgendwie da durch, um Hilfe zu holen.

Nach einer halben Stunde begann er, etwas durchzuschnaufen, und gönnte sich eine Pause. Die schwierigsten Passagen lagen hinter ihm, und er konnte bereits das Plateau des leer gefegten Basislagers sehen. Ein paar Touristen standen auf dem felsigen Gelände und knipsten fleißig Fotos. Kein Zelt war aufgebaut, da es zu kalt war für den Everest. Lediglich ein mit Graffiti besprühter Brocken erinnerte an die Stätte, wo Wünsche sich erfüllen sollten und Träume unter Eis begraben wurden. Von hier aus waren sie am Morgen aufgebrochen, nachdem der Schneesturm sich verzogen hatte.

Mittlerweile lag ein ganzes Leben dazwischen, obwohl es vielleicht nur ein paar Stunden waren.

Er suchte nach dem kleinen Felsen, hinter dem sie das Gepäck samt Zelt zurückgelassen hatten, und war erleichtert, dass alles unversehrt an Ort und Stelle lag. Schnell verteilte er die Sachen in dem großen Rucksack, während er den kleinen unter seine Jacke schob. Nicht gerade komfortabel, doch es würde gehen. Für ein paar Kilometer. Dann machte er sich auf den Weg, um möglichst zügig an den Wanderern vorbeizukommen. Sie würden ihm nicht weiterhelfen können, im Gegenteil.

Eine Gruppe Italiener posierte vor einem milchig-grauen Gletschersee, der in einem kargen Kessel lag. Aus Sorge, für ein Foto herhalten zu müssen, legte er einen Zahn zu. In vier Stunden sollte er in Gorakshep sein, in spätestens drei Tagen mindestens in Namche.

»Hallo?!« Eine Frauenstimme riss ihn aus den Gedanken.

Er drehte sich unwillkürlich um, zu überrascht, um einfach wegzulaufen. Es war die Deutsche, die sie vor vier Tagen im Kloster von Pangboche kennengelernt hatten. Lena oder so ähnlich. Eine Alleinreisende auf der Suche nach dem Sinn des Lebens.

»Ich habe dich dort drüben am Eisfall beobachtet und dachte mir, wie mutig von dem Kerl. Bist du allein ins Base Camp aufgestiegen?«

Keine Ahnung, was er darauf sagen sollte, also schwieg er.

»Das war ein furchtbarer Sturm gestern. Das ganze Dach hat gebebt. Wo habt ihr übernachtet? In der Himalaja Lodge wart ihr offensichtlich nicht.« Die Frau war in eine Daunenjacke eingepackt wie eine Mumie. Nur ihr Mund guckte zwischen einem roten Halstuch und der Pudelmütze hervor.

»Ich muss leider los ...« Er quälte sich ein Lächeln ab, obwohl ihm nicht danach zumute war.

»Alles okay?«

Er nickte und machte einen Schritt nach vorn.

»Bestell deiner Frau Grüße von mir. Wir sehen uns sicher in Namche oder Lukla.«

Hoffentlich nicht, dachte er und wünschte der Deutschen einen schönen Tag. Den würde sie in Anbetracht des Wetters und der Aussicht haben, im Gegensatz zu ihm, der noch einige Kilometer Wegstrecke zurückzulegen hatte.

Den letzten Kilometer bis nach Namche Bazar lief er wie in Trance. Er hatte in den letzten Tagen kaum etwas gegessen, nur Snickers und Kartoffelchips. Seine Muskeln schmerzten, und eine Grippe machte sich bemerkbar.

Die markante Ama Dablam, der ungestüme Klang der zotteligen Yaks, die wehenden Gebetsfahnen. All das, was ihn auf dem Hinweg fasziniert hatte, ließ er teilnahmslos an sich vorüberziehen. Selbst an den heiligen Manisteinen lief er rechts vorbei, wohl wissend, dass das als respektlos galt. Sein Körper war zu einem Werkzeug geworden, entkoppelt von der Seele, in der ein Sturm aus Angst und Schuld tobte. Der Pfad hinab ins Dorf war steil, und er war erleichtert, das blau getünchte Tor der Area Police ohne Sturz zu erreichen. Namche war ein kultureller Schmelztiegel aus Buddhismus und Tourismus und das Zentrum allen Treibens hier im Khumbu. Es gab alles, inklusive Internet, Polizei und einem Helikopter. Der perfekte Ort, um eine Suche loszutreten.

Der Polizist hinter dem Schreibtisch sah ihn mit besorgten Augen an und dirigierte ihn sofort zu einem rot getünchten Holzstuhl. Trotz der Uniform und den akkurat rasierten Haaren war er freundlich und versorgte ihn mit einer Flasche Wasser. Es tat gut, sich etwas davon ins Gesicht zu spritzen, den Rest trank er in gierigen Schlucken, als käme er von einer Wüstenwanderung zurück.

»Danke.« Es dauerte gefühlte Ewigkeiten, bis er gleichmäßig atmete und nicht mehr husten musste.

»Geht es Ihnen gut? Haben Sie Probleme mit der Höhe? Ist Ihnen etwas passiert? Wie heißen Sie?«

Zu viele Fragen prasselten gleichzeitig auf ihn ein, und er schüttelte erschöpft den Kopf. Nicht alles auf einmal. Er musste sich konzentrieren, denn er durfte keinen Fehler machen. Also atmete er ein und wieder aus und trocknete mit der Hand die Tropfen unter seinen Augen. Tränen aus Wasser.

»Sie müssen mir helfen.« Ein erschöpftes Seufzen, als gäbe es noch Hoffnung.

»Was ist passiert?« Der Polizist beugte sich vor, um besser hören zu können.

»Meine Frau. Sie ist nicht hier.«

»Was heißt das, sie ist nicht hier?«

»Wir waren zusammen im Basislager und wollten uns hier treffen, aber sie ist nicht angekommen. Sie müssen sie finden. Bitte.« Ein kaum wahrnehmbares Flüstern.

Der Polizist kramte nach einem Formular und fingerte einen Kugelschreiber aus der runden Box. Er nickte voller Tatendrang, als wüsste er genau, was in einem solchen Fall zu tun ist.

»Fangen wir von vorn an. Wie heißen Sie, und wo kommen Sie her?«

»Mein Name ist Leon Mendel, und ich komme aus Berlin.«

Kapitel 1

Elf Monate und dreizehn Tage später

Leon stapfte durch den dichten Nebel und zog den Reißverschluss der Jacke bis zum Kragen hoch. Normalerweise fuhr er mit dem Auto ins Büro, doch ausgerechnet heute war der Reifen platt gewesen. Ein sauberer Schnitt, wie mit einem Messer. Vielleicht hat einer dieser Weltverbesserer das Gummi aufgeschlitzt, überlegte Leon, als er eine Unterführung passierte. Oder ein vergrätzter Obdachloser, wie sie in Potsdam täglich mehr wurden. Zwei von ihnen lagen in dünne Schlafsäcke gerollt auf der gegenüberliegenden Straßenseite und schliefen vermutlich ihren Rausch aus. Weinflaschen und Plastiktüten voller Leergut lagen ringsherum verstreut, während ein Einkaufswagen, angefüllt mit Krempel, wie ein Schutzwall vor den schlafenden Gestalten wachte. Leon hatte kein Verständnis für die Streuner, schließlich zahlte er einen Haufen Steuern dafür, dass niemand durchs soziale Netz fiel. Hätte er mal lieber den Toyota von Monique genommen, doch dafür hätte er sie wecken müssen. Sie und damit auch das Baby.

Zwei Jugendliche kamen ihm entgegen, die im Nebel wie groteske Schattenrisse aussahen. Laute Stimmen, unreif und betrunken. Noch so ein Grund, morgens nicht durch Potsdam zu spazieren. Gäbe es nicht diesen Pitch-

Termin, hätte er sich für heute einfach abgemeldet. Schließlich war es seine Firma. Ein Architekturbüro in Berlin-Mitte, in das er vor fünf Jahren eingestiegen war.

Die Jungs hatten ihre Stoffmützen tief ins Gesicht gezogen und sahen aus wie Bankräuber, die von einem Beutezug nach Hause schlenderten. Aus dem Impuls heraus versteckte Leon die Laptoptasche hinter seinem Rücken und ärgerte sich über die teure Daunenjacke, die ihn reich und wohlhabend aussehen ließ. Nie wieder würde er zu Fuß zur S-Bahn-Station gehen, schwor er sich, zumindest nicht um 6.30 Uhr und bei diesem miesen Wetter. Er überlegte kurz, die Straßenseite zu wechseln, doch das würde ihn verdächtig aussehen lassen, da die Gestalten nicht mehr weit entfernt waren. Der Typ ganz links, ein dürrer Riese mit einer olivgrünen Mütze, trug etwas in der Hand, das nach einer Bierdose aussah, und Leon entspannte sich ein wenig. Am Ende waren es einfach Jungs, die einen draufgemacht hatten und jetzt nach Hause torkelten. Er senkte den Kopf und ging ein Stück zur Seite, damit sie ungehindert passieren konnten. Der Riese scherte jedoch aus und touchierte Leons Arm.

Absicht oder Zufall?

Leon drehte sich um und betrachtete das vermummte Gegenüber. Der Typ war ebenfalls stehen geblieben und atmete eine Rauchwolke durch den Mundschlitz aus, während sein Kumpel stoisch weiterlief. Leon betrachtete die Büchse – kein Bier, sondern eine Spraydose mit schwarzer Farbe. Die meisten Graffiti waren wenig originell, zudem verschandelten sie oft genug das Stadtbild. Dennoch war es nicht der Zeitpunkt, mit dem Typen ins Gericht zu gehen, und Leon setzte wortlos den Weg zum Bahnhof fort. Der Puls pochte im Schädel, während ihm ein Rinnsal Schweiß den Rücken hinunterlief. Bloß nicht umdrehen, ermahnte er sich selbst, denn schließlich las man jeden Tag von Überfällen, die scheinbar zufällig passierten.

Nach zwei Minuten riskierte er einen vorsichtigen Blick über die Schulter und ging vor Erleichterung in die Knie. Niemand da. Weiter vorn blitzte schon die Neonreklame einer Bushaltestelle durch den Nebel. Er war in Gesellschaft und damit in Sicherheit.

Leon schüttelte sich und lachte trocken auf, denn normalerweise war er nicht so schreckhaft. Andererseits wusste man nie, was Menschen Böses vorhatten, um sich am Glück der anderen zu bereichern.

Jetzt wurde es aber höchste Zeit, sich gedanklich auf den Termin mit Brinkmeier & Cie. vorzubereiten, schließlich stand er im Wettbewerb mit fünf anderen Architekten. Es ging um den neuen Firmensitz dieser antiquierten Sesselpupser, und entsprechend war der Auftrag dotiert. Mit dem Vorschuss könnte er das Geschäftsjahr für sich und seine sieben Angestellten retten, die jetzt wahrscheinlich vor ihm im Büro sein würden. Er musste etwas auf die Tube drücken, um ja nicht noch die S-Bahn zu verpassen. Dabei hätte er das Graffiti fast übersehen. Zwei schwarze Augen, blutrot unterlaufen, darüber dicke Brauen. Die *Allsehenden Augen Buddhas*, wie man sie auf Manisteinen in Tibet und in Nepal fand.

Blitze aus Erinnerungen, die wie Würmer aus der Erde krochen, schossen ihm durch den Kopf, und sein Herz begann zu rasen.

Er drehte sich nach allen Seiten um, doch niemand schien ihn zu beobachten. War das Graffiti nur Zufall oder hatte man es extra für ihn hier platziert? Vorsichtig strich er über die Farbe, die noch feucht war und an seinem Finger haften blieb. Gut möglich, dass es die vermummten Jungs gewesen waren. Jungs, die er noch nie zuvor gesehen hatte und die nicht hatten wissen können, dass er heute zu Fuß zur S-Bahn gehen würde. Das hatten sie doch nicht, oder etwa doch?

Kapitel 2

Monique wurde von der sanften Vibration am Handgelenk geweckt. Die Nacht war ein Albtraum gewesen, da Marta alle Nase lang geschrien hatte. Jetzt schlief die Kleine wie ein Engel, und Monique schälte sich aus den zerwühlten Laken. Auf Zehenspitzen schlich sie ins Bad, um sich frisch zu machen. Sie liebte die Zeit, wenn Marta noch Ruhe gab und Leon auf dem Weg zur Arbeit war, denn dann konnte sie tun und lassen, was sie wollte, insofern sie leise dabei war. Mit sechsundzwanzig Jahren fühlte sie sich eigentlich zu jung und zu unerfahren, um solch ein kleines Wesen großzuziehen. Zumal es nicht der Plan gewesen war, zumindest nicht der ihre. Jetzt hatte sie nicht nur einen Mann an ihrer Seite, sondern auch noch Marta, um die sie sich würde kümmern müssen. Für immer.

Sie legte eine Kapsel in die Kaffeemaschine und hoffte, dass das sonore Brummen nicht zu laut für die Ohren ihrer Tochter war. In der Regel schlief die morgens tief und fest und war durch nichts und niemanden zu wecken. Wann hatte sie das letzte Mal durchgeschlafen? Sie konnte sich nicht erinnern, denn ihre Smartwatch wies schon lange keine Tiefschlafphasen mehr aus.

Habe ich mir mein Leben so vorgestellt?

Die Frage stellte sie sich jeden Tag, wenn sie am Küchentresen saß und ihren Kaffee trank. Mit Leon hatte sie einen Jackpot gezogen, von dem sie niemals gewagt hätte zu träumen. Er sah aus wie ein Filmstar, war erfolgreich, smart und eigentlich nicht der Typ, der auf Mädchen wie sie stand. Doch er hatte alle Widerstände ignoriert und sich für sie entschieden. Und dafür sollte sie ihm dankbar sein. Ihm den Rücken freihalten, damit er sich auf seine Arbeit konzentrieren konnte. Dennoch wäre sie gern mit einer Zeitmaschine an den Anfang ihrer Affäre zurückgereist, um das Kribbeln und Verlangen noch einmal zu spüren. Den Sex, der so viel aufregender gewesen war als alles, was sie je zuvor erlebt hatte. Sie schwelgte gerade in Erinnerungen, als es an der Haustür klopfte. Vielleicht hatte Leon etwas im Internet bestellt, und der Kurier war früher unterwegs als sonst. Sie checkte kurz ihr Handy, doch Leon hatte nur eine Nachricht bezüglich eines platten Reifens hinterlassen, mit der Bitte, sich darum zu kümmern.

Monique seufzte und wurde durch den nächsten dumpfen Schlag gestört. Eilig tippelte sie zur Haustür und schielte auf den kleinen Monitor, der das Kamerabild der Einfahrt wiedergab. Niemand zu sehen. *Jetzt höre ich auch schon Gespenster.* Sie tippte auf einen entlaufenen Hund oder eine Katze, öffnete die Tür und starrte auf das weiße Ding, das direkt vor ihren Füßen hockte. Es war ein Huhn. Allerdings hatte es anstelle eines Kopfes nur einen blutigen Knorpel. Ein Aufschrei des Ekels kam über ihre Lippen, als das Federvieh an ihr vorbei ins Haus stürmte und panisch mit den Flügeln schlug, bevor es gegen einen Stuhl knallte. Monique befürchtete bereits, dass es das gewesen war, doch das Huhn rappelte sich auf und tippelte in Richtung Wohnzimmer, wo es gegen eine Vase lief und auf die Seite fiel. Die Flügelschläge wurden langsamer, bis der zitternde Körper zur Ruhe kam. Das Huhn war tot und hatte jede Menge Federn und ein paar Tropfen Blut auf dem Boden hinterlassen. Monique kramte nach dem Kehrblech und schob das Tier, ohne hinzusehen, auf die Schaufel.

Ich muss es im Garten begraben – das war ihr erster Gedanke, den sie aufgrund des Aufwands schnell wieder verwarf. Stattdessen lief sie zum Holzsteg und schmiss das Huhn samt Kehrblech in den See, wo es auf der Wasseroberfläche schwamm. »Auch das noch«, stöhnte sie und befürchtete bereits, dass das Federvieh zurück ans Ufer treiben würde. Nach einer quälend langen Zeit wurde es schließlich von den Wellen abgetrieben und tauchte unter.

Zumindest habe ich heute etwas zu erzählen, zog Monique ihr Fazit und stapfte zurück ins Haus, wo Marta aus voller Kehle schrie.

Kapitel 3

»Sehr geehrte Damen, sehr geehrter Herr Dr. Brinkmeier. Wenn Ihre neue Firmenzentrale genauso aussehen soll wie das Gebäude einer x-beliebigen Privatbank, dann setzen Sie das Projekt mit einem unserer Marktbegleiter um. Sie haben mein volles Verständnis dafür. Denn nicht jedem Unternehmer geht es darum, ein architektonisches Statement abzugeben. In diesem Fall sind wir von Mendel & Mendel nicht der richtige Partner für Ihr Vorhaben. Sollten Sie jedoch in eine neue architektonische Sphäre vorstoßen und ein Zeichen für sich selbst und Ihre exklusive Klientel setzen wollen, dann liegt der Entwurf vor Ihnen auf dem Tisch.«

Leon beendete die Präsentation mit einem Chart, auf dem der geplante Glaskubus von Brinkmeier & Cie. farbenfroh in den Berliner Nachthimmel strahlte. Ein kleines Meisterwerk, das Julia, seine Grafikerin, im CAD-Programm gezeichnet hatte. Er hielt die Luft an und beobachtete die vierköpfige Delegation ihm gegenüber. Leon vermutete, die Damen wären reine Staffage, nicht nur, weil sie alle attraktiv und jung waren, sondern weil Dr. Adam Brinkmeier die Privatbank seit drei Generationen wie ein Alleinherrscher führte und nicht den Anschein erweckte, die Macht in irgendeiner Form zu delegieren.

Umso mehr überraschte es ihn, als die offensichtlich

Jüngste in der Runde, eine dunkelhaarige Schönheit mit hipper Hornbrille, das Wort an sich riss.

»Vielen Dank, Herr Mendel. Das war wirklich eine beeindruckende Präsentation, und ich möchte mich im Namen von Brinkmeier & Cie. bei allen Mitarbeitenden Ihres Büros bedanken. Sie haben sich ins Zeug gelegt, und das wissen wir zu schätzen. Auch Ihre geschliffenen Worte und der kleine Seitenhieb am Ende werden in unsere Entscheidung mit einfließen. Man merkt, dass Sie ein guter Schreiber sind oder besser gesagt ... waren.«

Sie machte eine Pause und blickte in die Runde.

Auf Leons Seite saß nur Dunja mit am Tisch, die so etwas wie seine rechte Hand war und den eher technischen Teil der Präsentation gehalten hatte. Den drögen Teil, wie er ihn gern nannte. Jetzt ärgerte Leon sich, dass er im Vorfeld keinen Blick auf die Teilnehmerliste geworfen hatte, da er sich sicher gewesen war, dass es nur auf Dr. Brinkmeier ankommen würde. Doch der saß mit einem Pokerface im Lederstuhl und beäugte seine Mitarbeiterin, als wäre sie ein neues Spielzeug.

»Bei all den schönen Designs und der überzeugenden Auswahl an Materialien habe ich mir dennoch etwas anderes vorgestellt. Etwas mit mehr Power und Innovationskraft«, fuhr die Dunkelhaarige selbstbewusst fort. »Es wird jede Menge Glas verarbeitet, damit es hell und freundlich ist. Überall gibt es übergroße Panoramafenster, dazu eine Ambientebeleuchtung wie in einer Diskothek. Bis auf ein paar Solarpanels auf dem Dach kommt der Umweltgedanke in dem Bauvorhaben überhaupt nicht vor. Im Grunde gibt es nichts, was man nicht schon irgendwo gesehen hätte.«

Leon musste unwillkürlich schlucken, schließlich hielt er den Entwurf für den besten, der seit Langem im Büro entstanden war. Er hatte sogar Sorge gehabt, dass sie übers Ziel hinausschießen würden. Anscheinend war das Gegenteil der Fall.

»Mein Onkel hatte mich gebeten, Sie auf die Liste der Bewerber zu setzen, da der Name Mendel & Mendel für innovative und auch verwegene Architektur steht. Und ich muss zugeben, dass mir ein Teil Ihrer früheren Projekte durchaus gefallen hat. Sie waren Ihrer Zeit voraus. Mit diesem Vorschlag sind wir maximal en vogue, und so sehen wir uns nicht. Nicht mehr.«

Mein Onkel? Wie hatte er das übersehen können? Leon ärgerte sich und schaute angesäuert zu Dunja, die anscheinend ebenfalls nichts von den familiären Banden gewusst hatte. Wozu bezahlte er seine teuren Angestellten, wenn sie, außer Anweisungen zu befolgen, für nichts zu gebrauchen waren? Er hob sich den Tadel für später auf, denn jetzt galt es, den Karren aus dem Dreck zu ziehen. Schließlich brauchte er den Auftrag, und er hatte keine Lust, sich von dieser neunmalklugen Nichte die Arbeit der letzten Tage und Nächte kaputtreden zu lassen.

»Zunächst einmal vielen Dank für Ihr wertvolles Feedback, das ich zu schätzen weiß. Umso mehr bewundere ich Ihren Ansatz, in neue architektonische Sphären vorstoßen zu wollen. Damit beweisen Sie mehr Mut als wir mit unserem ersten Vorschlag«, legte Leon los und knipste demonstrativ den Beamer aus, um den Fokus ganz auf sich zu lenken. »Ich sage bewusst ›ersten Vorschlag‹, denn obwohl dies ein Wettbewerb ist und man vielleicht nur einen Schuss bekommt, möchte ich Sie davon überzeugen, dass es sich lohnt, uns eine zweite Chance zu geben. Sie suchen Extravaganz und eine Spur Verwegenheit? Dann sitzen Sie am richtigen Tisch. Sehen Sie es mir nach, dass wir uns verschätzt haben ... Es wird nie wieder vorkommen. Geben Sie uns eine Woche Zeit, und Sie bekommen Avantgarde.« Leon sammelte die Skizzen ein, zerknüllte sie demonstrativ und steckte das Papier anschließend in die Tonne, die neben dem Sideboard mit den Häppchen und Getränken stand.

»Hm«, kam es von der jungen Dame gegenüber.

»Was meinen Sie, Herr Dr. Brinkmeier? Wollen wir gemeinsam ein Bauwerk für die Zukunft erschaffen?« Leon versuchte, an die Ehre des Mannes zu appellieren, der das Familienunternehmen erfolgreich ins 21. Jahrhundert geführt hatte.

»Ich hätte auch mit Ihrem ersten Vorschlag leben können, aber die jungen Leute haben eine andere Vorstellung von moderner Architektur, und da vertraue ich auf das Urteil von Amanda.«

Das war's. Der Alte ist entscheidungstechnisch raus, musste Leon zähneknirschend akzeptieren und ärgerte sich auf ein Neues, die Sache falsch eingeschätzt zu haben. Also blickte er reumütig in die Augen von Amanda Brinkmeier, die ihn ordentlich zappeln ließ.

»Ich weiß nicht, ob das fair ist«, kam es zögerlich von der jungen Frau.

»Wir könnten in einer Woche wieder hier zusammensitzen und so tun, als wäre es der erste Vorschlag, der es im Prinzip auch ist, nach Ihrem mutigen Re-Briefing.«

»Nur ist es kein Re-Briefing, Herr Mendel. Die Aufgabenstellung hat sich nicht verändert, nur dass Sie Ihren Vorschlag gerade in die Tonne geworfen und damit faktisch aufgegeben haben«, erwiderte Amanda.

»Es war der falsche Entwurf für Ihre Ambitionen. Und diesen Ambitionen möchte ich gerecht werden, und zwar mit mehr Mut, Extravaganz und ökologischer Raffinesse. Geben Sie mir eine Woche Zeit, und ich beweise Ihnen, dass wir die richtigen Architekten für Ihr Bauvorhaben sind. Sie, Ihr Onkel und Ihre geschätzten Kolleginnen hier am Tisch haben den besten Entwurf verdient, und Sie sind nur eine Woche davon entfernt.« Leon schaute zum ersten Mal die anderen zwei Damen an, die bisher nichts zu all dem gesagt hatten. Er sollte besser niemanden mehr unterschätzen, denn Amanda Brinkmeier sah so aus, als würde ihr Übergleichberechtigung am Herzen liegen.

»Was meint ihr?«, fragte sie, wie zum Beweis, ihre zwei Kolleginnen.

»Das kostet doch nichts«, kam die zögerliche Antwort einer streng dreinblickenden Blondine, während die andere, eine Brünette mit modernem Pagenschnitt, die Schultern zuckte, als wäre sie mit der Entscheidung überfordert.

Adam Brinkmeier enthielt sich erneut und verzog unverbindlich seine Lippen.

»Also gut, Herr Mendel. Versuchen wir es. Allerdings bin ich die ganze nächste Woche in Paris, sodass wir bereits am Freitag zusammentreffen werden. Ich hoffe, das ist kein Problem?«

Leon sah auf die Uhr, als könnte er sie anhalten, denn zwischen Montag und Freitag lagen nur drei volle Tage. Zudem würde ihm und seinem Team das Wochenende fehlen, genau die Zeit, in der man ungestört das meiste abarbeiten konnte. Es klang nicht nur nach Harakiri, es war in Anbetracht der Aufgabe sogar ein Himmelfahrtskommando.

»Kein Problem, dann sehen wir uns am Freitag«, sagte er dennoch selbstbewusst und ignorierte Dunjas leisen Seufzer.

»Prima, gleiche Zeit, gleicher Ort.« Amanda kannte anscheinend keine Gnade und klaute Leon auch den letzten Zeitpuffer.

Hilft nichts, denn jetzt gilt es, Mut und Haltung zu bewahren und alles auf eine Karte zu setzen.

Die anderen Kunden würden sich diese Woche gedulden müssen. Keine Termine, keine Telefonate, und auch die Tenniseinheit mit seinem Kumpel Stefan würde ins Wasser fallen müssen.

»Einverstanden.«

Mit seiner Zustimmung hatte der Präsentationstermin geendet, und Leon stand nur wenig später vor einem Team, das ihn am liebsten in der Luft zerrissen hätte.

»Du hast unseren Vorschlag einfach so zusammengeknüllt.«

»Es hat nicht gereicht.«

»Du hättest wenigstens kämpfen können. *Sie* hätte gekämpft«, schimpfte Dunja, die gemeinsam mit Julia, Rainer, Tom, Natascha, Veronika und Tibor im Halbkreis am Konferenztisch stand.

»Ich kann es nicht mehr hören. *Sie* hätte dies oder jenes und vor allem alles besser gemacht. Wir waren ein Duo, und keiner vermisst sie mehr als ich. So viel könnt ihr mir glauben. Doch das hilft uns alles nichts, denn sie ist nicht mehr da, und unser gemeinsamer Job ist es, diesen Auftrag an Land zu ziehen, sonst gibt es Weihnachten vielleicht schon keinen Job mehr.« Leon war sauer, denn anstatt sich an die eigene Nase zu fassen und in Arbeitseifer zu verfallen, zeigte Dunja mit dem Finger auf ihn und wiegelte das Team auf.

»Wir sind ausgelaugt, Leon«, sprang Julia in die Bresche. »Das letzte Jahr war, gelinde gesagt, beschissen, und wir haben für den Brinkmeier-Pitch alles rausgehauen, was in uns steckt. Wir können nicht zaubern und das, was du ihnen gerade versprochen hast, liegt weit über unserem Horizont. Und sorry, dass ich das so sagen muss, aber du bist auch kein Norman Foster.«

»Okay, dann war es das. Geht nach Hause, ihr habt es euch verdient und das Möglichste gegeben. Wer mag, kann sich für den Rest der Woche freinehmen, denn unsere Kunden werden bis zum Freitag warten müssen. Wer allerdings glaubt, dass wir vielleicht noch eine Patrone im Holster haben und dieser schnöseligen Nichte ein Raumschiff vor die Tür setzen können, der kommt morgen um 6.00 Uhr ins Büro. Ich bringe Croissants mit.«

Leon klappte den Laptop zu als Zeichen, dass das Teammeeting beendet war. Er wollte die Gesichter seiner Mitarbeiter heute nicht mehr sehen. Und das ewige Mäkeln und Zurückbesinnen auf alte Zeiten nicht mehr hören. Stattdessen beschloss er, die Bahn zu nehmen, um frühzeitig nach Hause zu kommen. Es galt, den Scheißtag abzuhaken, um drei sehr gute und einen überragenden folgen zu lassen. Früher wäre das ein Kinderspiel für ihn gewesen. *Früher.*

Kapitel 4

Monique hatte gerade Martas Windel gewechselt, als sie den Schlüssel in der Haustür drehen hörte. Sofort schoss ein Krampf durch ihren Magen, und sie musste unwillkürlich an das Huhn denken, das heute Morgen vor der Haustür gesessen war. Angeblich konnte so ein Federvieh bis zu zwei Jahre ohne Kopf überleben. Das hatte sie im Internet recherchiert, und gefeixt, dass sie mit ihrem Eindringling am Ende Glück gehabt hatte. Dennoch war es eine seltsame Begegnung gewesen, und jetzt war augenscheinlich jemand an der Tür, der einzudringen versuchte. Leon kam gewöhnlich erst abends aus dem Büro nach Hause, sodass sie nicht mal seinen Namen rief, sondern alarmiert auf Zehenspitzen bis zum Treppenabsatz schlich. Ihr Herz pochte, und sie hoffte, dass Marta still wäre.

Ich muss mein Kind verteidigen, das ist mein Job als Mutter, schoss es ihr durch den Kopf, als sie sich nach vorn beugte und durch die Verstrebung am Geländer linste.

Es war tatsächlich Leon.

»Überraschung«, sagte er gedehnt, und Monique wusste sofort, dass es nicht positiv gemeint war.

»Was ist passiert? Ist der Termin ausgefallen? Ich habe dich nicht so früh erwartet ...«

»Das sehe ich«, grummelte er und stieg über den Putzeimer, den sie im Flur hatte stehen lassen.

Monique kam die Stufen hinunter und begrüßte ihn mit einem flüchtigen Kuss. »Sorry, dass es hier so aussieht. Aber ich musste zunächst unseren Schatz versorgen. Gib mir zehn Minuten, und das Chaos ist beseitigt. Wie war der Termin? Warum bist du schon zurück?«

»Hast du den Reifenservice angerufen?«, fragte er stattdessen und setzte sich erschöpft auf einen Stuhl.

»Nein, dazu hatte ich noch keine Zeit. Was ist denn mit dem Auto?«

»Keine Zeit? Was machst du eigentlich den ganzen Tag, während ich mir für all das hier den Arsch aufreiße?«

Monique hasste es, wenn Leon schlechte Laune hatte, denn dann konnte er übers Ziel hinausschießen. Und vor allem konnte er ihr das Gefühl geben, an allem schuld zu sein.

»Es ist etwas dazwischengekommen. Du wirst nicht glauben, was mir heute Morgen passiert ist …«

»Ja, ging mir genauso. Erst hat irgendein Idiot den Reifen vom Geländewagen aufgeschlitzt, sodass ich mit der S-Bahn ins Büro fahren musste, und dann durfte ich mir auch noch von so einer unreifen Göre anhören, dass mein Vorschlag nicht ganz up to date sei. Und alles nur, weil keiner meiner hochbegabten Angestellten es für nötig hielt, im Vorfeld die Teilnehmer zu recherchieren. Dunja saß stumm wie ein Fisch im Meeting und verdrehte nur die Augen, als ich zu retten versuchte, was noch zu retten war.« Leon riss sich die Krawatte vom Hals und warf sie achtlos auf den Boden. Exakt dahin, wo vor ein paar Stunden noch das Huhn gelegen hatte.

Aber das kann er ja nicht wissen, dachte Monique und setzte sich ihm gegenüber. »Erzähl!«, forderte sie ihn auf.

»Es gibt nichts zu erzählen. Sie fanden es langweilig, und ich habe uns eine zweite Chance herausgeholt. Falls wir die am Ende wirklich haben.«

»Das klingt jetzt nicht so schlecht …« Monique versuchte, Leon aufzubauen, da sie diesen Zustand der inneren Zerrissenheit bei ihm bereits kannte.

»Nicht schlecht? Es war ein Desaster. Es *ist* ein Desaster. Du weißt selbst, wie es um die Firma steht und wie dringend wir diesen Auftrag brauchen. Unser Leben kostet eine Menge Geld, und die Kleine macht es noch ein bisschen teurer.« Er war wieder bei seinem Lieblingsthema: den Kosten.

Gleich kommt die Erbschaft samt Versicherung und dann komme ich ins Visier, wusste Monique und ging in die Offensive. »Wie kann ich dir helfen? Wenn du sagst, es gibt eine zweite Chance, dann ist der Pitch noch nicht verloren. Wir könnten gemeinsam brainstormen …«

»Wenn du diese eingebildete Pute nur gesehen hättest. Um die Kuh vom Eis zu kriegen, brauche ich einen abgedrehten Entwurf und jede Menge Hintergrundwissen, was ökologisches Wohndesign angeht. Und alles bis Freitag, neun Uhr, versteht sich.«

»Du hast schon so viele Wettbewerbe gewonnen und wenn sie jung und eingebildet ist, dann bist du genau ihr Typ. Ich weiß, wovon ich rede.« Monique legte ihre Hand auf Leons Oberschenkel und knetete die Muskeln.

»Lass das, es ist jetzt nicht der richtige Moment dafür.«

»Beim Sex hattest du immer die besten Ideen.«

Leon schien darüber nachzudenken, und Monique hatte das Gefühl, dass sich etwas in seiner Hose regte. Doch dann schüttelte er den Kopf und stieß ihre Hand zurück. »Es fühlt sich einfach falsch an.«

»Wie kann es sich falsch anfühlen? Wir sind zusammen, Leon. Du hast dich für mich entschieden, und es fühlt sich ›falsch‹ an?«

»Es ist nicht grundsätzlich gemeint, sondern bezieht sich auf den Augenblick. Ich habe gerade eine ziemliche Schlappe einstecken müssen, und man hat mir zu verstehen gegeben, dass es nicht reicht.«

»Du lässt dich von einem jungen, attraktiven Ding aushebeln?«

»Sie war jung, aber keineswegs attraktiv. Und es war nicht sie allein, auch mein Team meinte durch die Blume, dass ich den Anforderungen nicht mehr gewachsen sei.«

»Dein Team ist nicht mehr dein Team, seitdem wir zusammen sind. Ich habe dir gleich gesagt, dass du dich von ein paar Leuten trennen solltest. Von Julia und vor allem von Dunja.« Monique bekam schon bei der Aussprache der beiden Namen eine Gänsehaut. Nur ungern dachte sie an die Zeit bei Mendel & Mendel zurück.

»Ich weiß, was sie dir oder besser uns angetan haben. Aber ich kann nicht einfach alle raushauen. Am Ende ist nichts mehr von der DNA übrig, die uns erfolgreich gemacht hat.«

»Als wenn Dunja, Julia oder der bekloppte Tibor eine DNA hätten. Du bist das Gesicht der Firma, die anderen sind Werkzeuge. Das hast du selbst gesagt.«

»Das stimmt nur zur Hälfte. Und das weißt du.«

Jetzt fing er auch noch mit der Geschichte an. Monique rollte innerlich die Augen. Also versuchte sie, das Thema zu umschiffen: »Ich will nicht darüber reden. Und ich will nicht, dass du hier zusammengekrümmt wie ein Häufchen Elend sitzt und Trübsal bläst. Du bist Leon Mendel, der beste Architekt in ganz Berlin.« Leon ruderte mit den Händen, um zu intervenieren, doch Monique machte einfach weiter: »Lass mich ausreden, denn ich zitiere nur diesen coolen Architekten. Und diese coole Sau geht jetzt mit seinem Laptop an den See und überlegt sich den verrücktesten Entwurf aller Zeiten. Und bevor das nicht passiert ist, kocht ihm seine superheiße Freundin auch kein scharfes Abendessen. Haben wir uns verstanden?«

Leon pustete die angestaute Luft heraus und zwang sich zu einem Lächeln. Er nahm sogar ihre Hände in die seinen und gab ihr einen Kuss. Auf den Mund und nicht, wie zuletzt, nur auf die Wange.

»Aye, aye, Madame. Was ist bei dir passiert?«

»Was meinst du?«

»Du erwähntest vorhin, dass ich nicht glauben würde, was dir heute Morgen passiert ist.«

Zumindest konnte er sich daran erinnern, was ein gutes Zeichen war. Monique hatte jedoch keine Lust, über das bekloppte Huhn zu reden, denn schließlich brauchte Leon jetzt die Zeit, um nachzudenken. Außerdem könnte sie ihm davon auch noch beim Abendessen erzählen. »Ach, nichts Besonderes. Kümmere du dich lieber um deinen Entwurf und hau die Göre von der Schreibtischplatte. Aber nicht so wie mich damals …«

»Schon klar. Dank dir, mein Schatz.« Leon gab ihr einen zweiten Kuss, deutlich länger und mit Zunge.

Sie spürte, wie sie augenblicklich feucht wurde, und so unternahm sie einen weiteren Versuch, um ihn ins Bett zu kriegen. Doch Leon blieb resolut, schnappte seine Laptoptasche und verschwand im Garten.

Kapitel 5

Es war noch dunkel, als Leon das Garagentor öffnete, um zur Arbeit zu fahren. Gott sei Dank hatte er am gestrigen Nachmittag eine Kfz-Werkstatt aus Babelsberg motivieren können, ihm einen neuen Reifen zu montieren, sodass ihm eine weitere Fahrt mit der S-Bahn erspart blieb. Er betrachtete die Räder und inspizierte sie auf Unregelmäßigkeiten. Noch immer konnte er sich keinen Reim darauf machen, wann, wo und vor allem wer ihm diesen Schnitt verpasst hatte. Und dann noch die Begegnung mit den Sprayern und dem Graffiti an der Unterführung. Irritierend und beängstigend – und wie zur Untermalung des Gedankens schepperte es in der Garage. Leon fuhr herum, konnte bei der schummrigen Beleuchtung jedoch nichts Ungewöhnliches erkennen.

»Ist da jemand?«

Irgendetwas kauerte vor dem Werkzeugschrank und schien auf ihn zu lauern. Er zückte sein Smartphone und schaltete die Taschenlampe an. Zwei bernsteinfarbene Augen blitzten auf. Eine Katze. Nur eine verdammte Katze.

Entgegen der üblichen Routine wählte Leon einen Umweg durch die Stadt. Um Brötchen und Croissants zu kaufen, wie er sich selbst einredete. Um ein Gespenst zu sehen, flüsterte ihm eine innere Stimme zu. Im Schritttempo fuhr er die Strecke ab, die er gestern fluchend zu Fuß gegangen war, und achtete auf die Details. An der Unterführung fiel ihm auf, dass das Graffiti mit einem Poster überklebt worden war. Ein Konzerthinweis für eine 80er-Jahre-Party. Gerade als er aussteigen wollte, um das Poster zu entfernen und sich das Graffiti genauer anzusehen, hupte ein Busfahrer und ruderte mit den Armen.

»Ist ja gut«, grummelte er und fuhr weiter, um beim nächsten Bäcker anzuhalten.

Alle drei Parkplätze waren leer, als er in die Tiefgarage einfuhr. Nicht dass seine Mitarbeiter mit dem Auto kommen würden, doch zumindest Dunja, Natascha und Tom stellten gern ihre E-Bikes unten ab. Er war also der Erste, und obwohl er das erwartet hatte, beschlich ihn ein dummes Gefühl, dass es dabei bleiben würde.

Der nächste Schock traf ihn, als er den Aufzug verließ, um das Büro aufzuschließen. Die Glastür mit dem eingravierten Namenszug war angelehnt, und jeder hätte einfach so hineinspazieren können, um sich an den Rechnern zu bedienen. Leon überflog die Arbeitsplätze und linste in den Konferenzraum. Alles schien am angestammten Platz zu stehen. Immerhin. Vielleicht hatten seine Mitarbeiter die Tür extra offen stehen lassen, um ihm den symbolischen Mittelfinger für die Sonderschicht zu zeigen. Wundern würde es ihn nicht. Er beschloss, sich etwas abzulenken, und befestigte seine Ideenskizzen mit Magneten an der Wand.

Es wurde acht, halb neun und schließlich neun, doch von seinem Team war nichts zu sehen.

Mit einer gehörigen Portion Wut im Bauch zerfetzte er die Brötchentüte und holte ein Croissant heraus, um wie ein Terrier hineinzubeißen. »Undankbares Pack«, ärgerte er sich über diese Generation aus Weicheiern, die keinen Stress gewohnt waren. Er warf den Rest des Hörnchens gegen die Glasscheibe. Vielleicht sollte er mit seiner Zettelwirtschaft an der Pinnwand weitermachen, überlegte er, als die Bürotür aufgestoßen wurde und sein Team geschlossen hereinmarschierte.

»Alles gut, Chef?« Julia grinste selbstbewusst und zog dabei die Wollhandschuhe aus.

»Ja, sicher ...«, stammelte Leon. »Ich dachte, ihr ... Ich weiß nicht, was ich dachte.«

»Wir haben uns um sieben im Café getroffen und gebrainstormt. Dunja hat eine ziemlich gute Idee, wie wir es schaffen können.«

Die anderen nickten zuversichtlich, als hätten sie die Kastanien aus dem Feuer geholt, die *er* achtlos hineingeworfen hatte.

»Wie ich sehe, hast du schon gefrühstückt«, ergänzte Julia und zeigte auf das Croissant am Boden.

»Ist noch genügend da.«

»Klasse. Ich habe einen Bärenhunger.«

Leon quälte das schlechte Gewissen, denn während er einen Generalverdacht der Meuterei gehegt hatte, war sein Team bereits im Arbeitsmodus unterwegs gewesen. Angeblich hatten sie eine rettende Idee entwickelt, und er nahm sich vor, entgegen der Routine erst mal zuzuhören und seinen Ansatz hintanzustellen.

»Wir setzen auf multifunktionale Räume, kräftige Farben und nachhaltige Materialien«, eröffnete Dunja mit einem Monolog das Meeting. »Heutzutage wachsen Privatleben und Berufliches immer mehr zusammen, und dem müssen wir gerecht werden. Schließlich gilt es, die Mitarbeitenden aus ihren Homeoffices herauszulösen und wieder ins Büro zu bringen. Ich weiß, dass dir das gefällt, Leon.« Dunja mühte sich ein Lächeln ab, damit er es als Scherz verstand. »Wir sollten also auf Materialien und Möbel setzen, die ein heimeliges Gefühl bei Mitarbeitern und Kunden gleichermaßen auslösen. Wenn man sich wohlfühlt, kommt man jeden Tag gern an diesen Ort und bleibt entsprechend länger«, ergänzte Dunja.

»Ein Wink mit dem Zaunpfahl!«, ergänzte Tom die Ausführungen, und Leon musste sogar lachen.

Es tat gut, seine Leute so motiviert zu sehen, gerade unter dem Aspekt, dass er das Gegenteil erwartet hatte.

»Dabei setzen wir bewusst auf wiederverwertbare und organische Materialien wie Holz, Stein, Keramik, Aluminium oder Kupfer. Beim Interieur vielleicht sogar auf Vintage als Zeichen, dass die besten Möbel Jahrzehnte überstehen. Wir kehren zurück zum Maximalismus, nach den reduzierten und eher funktionalen Designs der letzten Jahre. Schluss mit Pessimismus und Schlichtheit, hin zu Farbkraft und Exhibitionismus.«

Dunja machte eine Kunstpause und schaute zu Leon, der seinen Ohren kaum trauen wollte. Was für eine geniale Idee, die nicht einmal aus seiner Feder stammte. So brillant vorgetragen, dass er sogar überlegte, Dunja am Freitag den attraktiven Präsentationspart mit der Vision zu überlassen. Er war nicht nur happy, er war begeistert.

»Und das Beste kommt zum Schluss.« Dunja fuhr fort und verkabelte ihr Laptop mit dem Beamer. »Denn diese Vision ist bereits im CAD-Programm skizziert und bedarf nur ein paar Kleinigkeiten, um es auf die Belange von Brinkmeier & Cie. anzupassen.«

Ein Kubus aus drei Gebäudeteilen erschien auf dem Bildschirm. Neben Beton und Glas war jede Menge Holz verplant, und Buchstaben aus Neonlichtern bildeten Zitate auf der Fassade. Über der monströs großen Eingangstür war der beleuchtete Schriftzug einer Firma namens Eastman & Kennedy eingezeichnet.

»Wo kommt das her?« Leon starrte fassungslos auf den Entwurf. Eastman & Kennedy war ein ehemaliger Kunde, der sich am Ende für eine konservative Umsetzung entschieden hatte. Also genau das Gegenteil von dem Vorschlag, der auf dem Bildschirm flimmerte.

»Das ist ein alter Entwurf für Eastman, den wir damals verworfen haben. Er wurde nicht mal präsentiert ...«

»Ich weiß, ansonsten könnte ich mich daran erinnern. Wer hatte die Idee dazu, und woher stammen die Designs?«

»Du weißt, von wem sie stammen ...« Dunja schaute Leon mit durchdringenden Augen an, als würde er sich extradumm anstellen. Als würde er die Wahrheit ignorieren und verdrängen wollen.

»Von Helena ...«

»Sie hatte die Idee, und Natascha und ich haben damals die ersten Skizzen angefertigt, bis es hieß, dass Eastman & Kennedy etwas Reduziertes wollen. Aber für Brinkmeier & Cie. könnte es passen.«

»Wir wollten einen Neuanfang«, protestierte Leon und klickte sich durch die Präsentations-Charts.

»Nein, *du* wolltest einen Neuanfang.«

»Aus gutem Grund. Denn den haben wir alle gebraucht, oder etwa nicht?«

»Dennoch könnte dieser Vorschlag unsere Rettung sein ...«

Leon betrachtete Dunja, die immer noch ein Funkeln in den Augen hatte. Er wusste, dass sie ihm die Vergangenheit ankreidete und bis heute nicht verstehen wollte, wie er nach dem Unglück einfach hatte weitermachen können. Am liebsten hätte er den Kippschalter des Beamers auf Off gelegt und seine Ideen vorgestellt. Doch er wusste, dass sie schlechter waren. Das waren sie immer schon gewesen. Und er wusste, dass er das Team nur hinter sich vereinen konnte, wenn er diesem Vorschlag zustimmen würde.

»Also gut, versuchen wir es. Bohren wir die Designs auf und ergänzen sie um die Spezifika von Brinkmeier & Cie. Zeigen wir es der Kleinen!«

Während das Team in Jubel ausbrach, blieben Dunjas schwarze Augen anklagend auf ihm haften. Ganz so, als hätte sie es auf ihn abgesehen.

»Eine Sache noch«, ergänzte Leon und machte eine Pause, um die volle Aufmerksamkeit zu erringen. »Sollte einer von euch länger arbeiten und entsprechend als Letzter im Büro sein, dann schließt bitte die Tür am Ende ab. Ansonsten bekommen eure tollen iMacs Beine.«

»Ich war gestern die Letzte und habe abgeschlossen.« Julia hielt den Schlüsselbund nach oben und ließ ihn klimpern, als wäre das der schlagende Beweis.

Kapitel 6

Monique klappte die Schlafmaske hoch und sah überrascht auf die kleine Digitaluhr auf dem Nachttisch. Es war fast neun, und sie hatte nach Martas letzter Schreiattacke durchgeschlafen. Nach dem miesen Tag gestern konnte der hier nur besser werden, und sie musste an Leon und den Pitch denken. Ein halbes Jahr hatte sie als Assistentin bei Mendel & Mendel mitgearbeitet und wegen Leon schließlich alles aufgegeben. Nicht, dass sie den Job vermissen würde, denn die Zeit war alles andere als ein Zuckerschlecken gewesen. Nicht für sie, nicht für Leon und auch nicht für Helena, Leons Ex. Allein aus diesem Grund wäre sie am liebsten mit ihm in eine Stadtwohnung gezogen, denn dieses Haus barg Erinnerungen, die nicht zu ihr gehörten. Auf der anderen Seite bot es ein paar Annehmlichkeiten, die sie bisher nur aus dem Fernsehen oder ihren Promimagazinen kannte. Wie zum Beispiel die Kellersauna, die sie heute Morgen für eine ausgedehnte Wellnesseinheit nutzen wollte.

Monique setzte Marta in den transportablen Laufstall, um sie durch das Fenster jederzeit beobachten zu können. Die Kleine sah ihr jetzt schon ähnlich, mit ihren blonden Wuschelhaaren und den blitzenden blauen Augen, die sie argwöhnisch beobachteten, als wollte sie sie hier allein lassen. Danach legte sich Monique auf die oberste Planke der Sauna, da es dort am wärmsten war. Die Hitze tat gut, auch wenn sie immer etwas Zeit brauchte, bevor die ersten Perlen über ihren Körper tanzten. Früher hatte sie oft davon geträumt, in einer Sauna Sex zu haben, da sie den Anblick nackter Menschen irgendwie erregend fand. Seit ihrem Einzug waren Leon und sie jedoch nie gemeinsam hier gewesen. Entweder er erfand eine Ausrede, warum es im Moment nicht passte, oder Marta machte ihnen einen Strich durch die Rechnung. Genau wie jetzt, wo sie am liebsten masturbiert hätte, würde da nicht der Laufstall vor der Saunatür stehen.

Nach zwanzig Minuten war sie fix und fertig und sehnte sich nach einer Abkühlung. Sie liebte den harten Strahl der Kellerdusche, den sie gern minutenlang auf ihren Rücken prasseln ließ, auch wenn der Abfluss danach meistens voll mit Haaren war. Sie startete mit einem kalten Intervall, um die Temperatur stufenweise zu erhöhen. Anscheinend hatte Leon das Abflussgitter lange nicht gesäubert, denn sofort stieg eine rötlich-braune Suppe hoch und flutete die kleine Wanne.

»Ekelhaft«, entfuhr es Monique, die zum Abfluss langte, um ein paar Haare zu entfernen. Bis auf zwei rotblonde Strähnen war das Gitter jedoch frei. Die Verstopfung musste von weiter unten kommen. Wahrscheinlich war das Rohr dicht, da immer mehr von dieser rostigen Flüssigkeit nach oben strömte. »Fast wie Blut«, murmelte sie und stellte das Wasser ab.

Auf Zehenspitzen tapste sie zum Schrank unter dem Waschbecken, wo Leon den Schraubenzieher aufbewahrte, mit dem man den Gitterrost nach oben hebeln konnte. Zwar hatte sie das selbst noch nie gemacht, doch es konnte nicht so schwer sein. Schließlich ging es nicht um

Kraft, sondern um die richtige Technik. Die Duschwanne war mittlerweile halb voll gelaufen. Monique verkantete den Schraubenzieher zwischen zwei Streben und drückte dagegen. Nichts passierte. Eine braune Welle schwappte über die Umrandung und sammelte sich zu einer Pfütze. Marta begann zu weinen, und es würde nicht mehr lange dauern, bis sie in den Arm genommen werden wollte. Monique änderte die Strategie und zog jetzt irgendwie an den Verstrebungen, was zunächst kein bisschen besser funktionierte. Erst als sie den Schraubenzieher gegen die Seitenwand des Rohrs presste, bewegte sich das Stahlgitter. Ein kleiner Spalt entstand, zwischen den sie ihren Finger stecken konnte. Der scharfe Rand schnitt ihr ins Fleisch, doch sie blieb hartnäckig und riss das Abflussgitter hoch. Triumphierend reckte sie es nach oben und ignorierte ihren blutenden Daumen.

»Also, wo ist dein verdammtes Scheißproblem?«

Die Frage war an niemanden gerichtet, doch als Antwort blubberte es kurz, und Monique zögerte nicht lange und steckte den Schraubenzieher in das Loch. Vielleicht könnte sie damit den Pfropfen lösen. Und tatsächlich: Irgendetwas saß quer und verhinderte den Abfluss. Sie legte das Werkzeug zur Seite und langte mit den Fingern hinein, bis sie etwas Fleischiges erfassten. Wie vom Blitz getroffen, zog sie ihre Hand zurück. Abgesehen vom Schnitt an ihrem Daumen war jedoch alles unversehrt. Es war bestimmt der Schockmoment gewesen, beruhigte sich Monique und langte ein weiteres Mal in den Abfluss. Wieder stieß sie auf das wabbelige Zeug. Vorsichtig knetete sie den Klumpen und verzog angewidert die Mundwinkel. Sicher eine tote Ratte, und es war ihr gutes Recht als Frau, diese Leon zu überlassen. Allerdings würde der erst spät nach Hause kommen und sicher nicht begeistert sein, wenn er sich um diese Zeit noch um den Abfluss kümmern musste. Also umfasste sie den Pfropfen, um ihn bröckchenweise aus dem Rohr zu ziehen. Kleine Klumpen poppten in der Brühe hoch, und Monique nahm einen davon in die Hand, um ihn zu betrachten.

Sieht aus wie rohes Fleisch. Rohes Fleisch mit Federn. Federn wie von einem Huhn. Dem Huhn.

Ohne es zu spüren, bebten ihre Lippen. Ohne es zu wollen, stieß sie einen Schrei aus, und ohne darüber nachzudenken, lief sie splitternackt die Kellertreppe hoch bis in den Garten, wo der nächste Schockmoment schon auf sie wartete. Eine Frau stand auf dem Rasen und sah sie mahnend an. Mahnend und verurteilend.

»Bitte, tun Sie mir nichts«, kreischte Monique beim Anblick des Rechens, den die Frau in ihrer Hand hielt. Und dann fiel ihr Marta ein, die im Keller noch in ihrem Laufstall saß.

»Wer sind Sie? Was wollen Sie hier?« Monique hatte die Frau nie zuvor gesehen.

»Beruhigen Sie sich, und ziehen Sie sich etwas an.« Die grimmig dreinblickende Alte war gut und gern siebzig Jahre alt und trug einen grauen Arbeitsoverall. »Ich bin Ihre Nachbarin und habe einen Schrei gehört. Ist Ihnen etwas passiert?«

»Wir haben keine Nachbarn«, entgegnete Monique, die noch nie einen Menschen in der Umgebung des Anwesens gesehen hatte.

»Doch haben Sie, und zwar länger, als Sie auf der Welt sind. Also noch mal, ist Ihnen etwas passiert?«

Monique erlaubte sich, kurz durchzuatmen, und wurde sich ihrer Nacktheit bewusst. Sofort legte sie die Hände vor die Scham und schüttelte den Kopf, als Marta erneut zu schreien begann.

»Nein, es ist alles gut. Ich war nur in der Sauna, deshalb ...«

»... haben Sie nichts an.«

»Ja, genau.«

»Sie haben Blut an Ihrer Hand. Ist dem Kind etwas passiert?«

»Alles gut«, stammelte Monique. »Das ist nicht das Blut meiner Tochter, nicht dass Sie denken ...«

»Heutzutage kann man ja nie wissen«, grummelte die Alte.

»Ich habe mich nur geschnitten. Trotzdem danke, dass Sie sich Sorgen gemacht haben und vorbeigekommen sind. Vielleicht trinken wir mal einen Kaffee zusammen.« Nichts hätte sie weniger gern getan, als einen Kaffee mit dieser seltsamen Person zu trinken, doch ihr fiel nichts Besseres ein, um sie schnellstmöglich loszuwerden. »Sie entschuldigen mich. Meine Tochter ...«, sagte sie mit Nachdruck in der Stimme.

»Ja, sie ist nicht zu überhören. Sie sollten sie nicht allein im Keller lassen. Eine Mutter sollte ihr Kind niemals allein lassen.«

»Es war ein Versehen, ich weiß«, entschuldigte sich Monique und ärgerte sich sogleich darüber. Wieso sollte sie sich gegenüber einer fremden Person rechtfertigen, die unerlaubt auf ihrem Grundstück auftauchte? Doch die Alte hatte sich bereits umgedreht, um zwischen zwei Sträuchern zu verschwinden.

Monique war bisher davon ausgegangen, dass hinter den Bäumen und Büschen irgendwo ein Zaun stand, um das Grundstück zu begrenzen. Anscheinend war das nicht der Fall, und sie nahm sich vor, es mit Leon zu besprechen. Das ... und die Sache mit dem Huhn.

Kapitel 7

Stella verzweifelte vor dem Stapel an Aktenordnern, der seit dem ersten Tag auf ihrem Schreibtisch lag. Natürlich hatte sie nach den drei Jahren an der Polizeifachhochschule nicht damit gerechnet, sofort einen Mordfall auf den Tisch zu bekommen, doch dieses verstaubte Sammelsurium an uralten Delikten wäre nicht mal etwas für Carl Mørck gewesen. Im Gegensatz zu dem fiktiven Kommissar des Autors Adler Olsen, der sich auf ungeklärte Mordfälle spezialisiert hatte, blätterte Stella durch vergilbte Seiten mit Einbrüchen, Brandstiftungen und Drogendelikten, die nach all den Jahren längst schon Schnee von gestern waren. Ungelöst, uninteressant und mittlerweile irrelevant. Ihre neuen Kollegen wussten das und ließen es sie spüren.

»Einen Mordfall muss man sich verdienen«, hatte Stefan Riediger, ihr altmodischer Chef, gesagt, als sie vor zwei Wochen den Dienst bei der Kripo in Potsdam angetreten war. Er wirkte dabei nicht sonderlich begeistert, einen ambitionierten Grünschnabel wie Stella aufs Auge gedrückt bekommen zu haben. Schließlich war Stella nicht irgendwer, sondern die Tochter von Karl-Heinz Bellanger, dem Polizeihauptkommissar der Kripo in Berlin. Und dazu noch eine Einserschülerin.

Gibt es etwas Schlimmeres? Diesen Spruch hat sie ihn hinter geschlossener Tür zu einer Kollegin sagen hören, so laut, dass sie ihn verstehen sollte. Vielleicht hoffte er, dass sie beleidigt ihre Sachen packen und zu ihrem Vater in die Hauptstadt gehen würde. Doch das hatte sie nicht vorgehabt.

Sie wollte keinen Bonus, keine Vorschusslorbeeren und keine Sonderbehandlung. Einen Aktenberg mit belanglosen kalten Fällen wollte sie allerdings auch nicht. Einzig Sabrina, die vor einem Jahr den gleichen Start hatte durchlaufen müssen, schien es gut mit ihr zu meinen – und Lamar natürlich, der Werkstudent, der dankbar über jede Form von Unterhaltung war. So wie in diesem Augenblick, wo er ihr dabei half, die kalten von den eiskalten Fällen säuberlich zu trennen.

»Gestern ist eine Messerstecherei reingekommen. Muss ziemlich übel gewesen sein. Drei der Beteiligten liegen im Krankenhaus …« Lamar flüsterte, als wäre es geheim und nicht für ihre Ohren bestimmt. Dabei machte er sie weniger neidisch als traurig, denn tatsächlich hatte sie nichts davon gehört.

»Na, dann klemm dich ran, Sherlock«, versuchte sie, sich ihren Frust nicht anmerken zu lassen.

»Der Chef und Martin kümmern sich darum. Irgendwas mit Clans und Drogen. Wenn wir Pech haben, übernimmt Berlin, und wir sind den Fall los, bevor der Spaß begonnen hat.«

»Tja, du hättest dich halt als Werkstudent in Berlin bewerben sollen. Da ist immer etwas geboten.« Stella rümpfte die Nase als Zeichen, dass sie keine Lust auf Small Talk hatte.

»Warum hast *du* dich nicht in Berlin beworben, sondern sitzt hier in Potsdam rum und kümmerst dich um die …«

»Gespensterfälle? Weil es nun mal so läuft, wenn man

neu anfängt. Das ist nicht wie beim Praktikum, wo man überall mal rein- und rumschnüffeln darf. Der Ernst des Polizeilebens beginnt an der Basis, und die Basis sind die alten Fälle. Danach arbeitet man sich Stück für Stück nach oben. Wirst du auch noch erfahren.«

»Ich glaube nicht, dass ich zur Polizei will«, sagte Lamar.

»Wie denn? Schon frustriert von einem Monat Schreibarbeiten?«

»Bisschen schon. Ich hätte mir mehr Action gewünscht und hin und wieder eine Schießerei vielleicht. Oder wenigstens ein paar Verhöre. Good cop, bad cop. Wie bei der CSI.«

Das hätte ich mir auch gewünscht, dachte Stella, behielt jedoch den Kommentar für sich. Es machte wenig Sinn, sich selbst und dieses Weißbrot von Studenten weiter zu frustrieren. Zumindest wusste sie im Gegensatz zu Lamar, dass Polizeiarbeit auch anders aussehen und interessant und abwechslungsreich sein konnte.

Man muss nur geduldig warten, dann klopft der große Fall an deine Tür – so die Worte ihres Vaters. Und bis dahin würde sie kalte von eiskalten Fällen sortieren, um nach einer Stecknadel im Heuhaufen zu suchen.

Kapitel 8

Nicht mal mehr die Tankstellen waren geöffnet, als Leon den SUV über die leere Landstraße peitschte, um endlich nach Hause zu kommen. Auch wenn sie bei der Lösung getrickst und bestehende Skizzen als Grundlage für den neuen Entwurf herangezogen hatten, würde es bis zum letzten Stipp dauern, um daraus eine halbwegs akzeptable Präsentation zu bauen. Es war bereits halb eins, als er die Fernbedienung fürs Garagentor in die Hand nahm. Im Haus war alles dunkel, und er überlegte, ob er die Nacht nicht besser auf der Couch verbringen sollte, um sein Töchterchen nicht zu wecken. So gern er sie auch ein bisschen an sich gedrückt hätte.

Als er jedoch die Tür aufschloss, saß Monique im Pyjama auf der Treppe und hielt ein Fleischermesser in der Hand.

»Du bist es. Gott sei Dank!«

»Wer sollte es sonst sein?«, fragte Leon gereizt und sah Monique fragend an.

»Keine Ahnung. Heute war ein verrückter Tag.«

»Willkommen in meinem Leben. Verrückte Tage sind der Standard«, grummelte Leon und legte den Schlüsselbund auf die Garderobe.

»Ich weiß ... doch ich glaube, meiner war noch etwas drastischer.«

Leon schaute auf das Messer, das Monique noch immer

angespannt in ihrer Hand hielt. »Was willst du mit dem Teil anstellen? Auf mich losgehen?«

»Sorry, ich hatte Angst.« Sie stand auf, um ihn zu umarmen.

»Ich bin fix und fertig. Wenn wir die Geschichte vom verrückten Tag vielleicht auf morgen verschieben könnten, wäre ich dir dankbar. Ich bin ja jetzt zu Hause, um euch zu beschützen.«

Monique löste sich aus der Umarmung und ging in die Küche. Sie steckte das Messer in den Holzblock und fingerte nach einem Zettel, den sie ihm entgegenhielt. In Druckbuchstaben stand *Fickhenne* darauf.

»Der klebte an unserer Haustür, als ich mit Marta vom Spaziergang heimkam.« Moniques Stimme bebte, und Tränen glitzerten in ihren Augen.

»Von wem ist der?« Die Frage war dämlich, doch ihm fiel zu dieser Beleidigung nichts Passenderes ein.

»Keine Ahnung«, kreischte Monique. »Wenn ich es wüsste, hätte ich die Person zur Rede gestellt.«

»Beruhige dich, es waren sicher Kinder.«

»Kinder? Hast du hier, außer unserer kleinen Tochter, schon mal Kinder in der Einfahrt spielen sehen? Ich jedenfalls nicht.«

»Unser Haus ist nicht Fort Knox. Vorn ist alles offen, und im Prinzip kann jeder bis zur Haustür kommen.«

»Nicht nur vorn ist alles offen«, schnaufte Monique und hielt den Zettel weiterhin wie eine Mahnung hoch. »Auch von hinten kommt anscheinend jeder in den Garten. Ich dachte, wir hätten einen Zaun.«

»Habe ich nie behauptet.« Leon fühlte sich in die Defensive gedrängt, obwohl er nichts für diesen Zettel konnte. Was wollte Monique ihm eigentlich sagen?

»Eine Frau stand heute mitten auf dem Rasen. Einfach so. Sie sagte, sie sei unsere Nachbarin.«

»Das kann sein. Nebenan wohnt eine ältere Dame, die man im Prinzip nie sieht.«

»Ich habe sie gesehen, Leon. Sie stand direkt da vorn.« Monique zeigte in die Dunkelheit.

»Na schön, dann hast du sie halt gesehen. Hat sie gesagt, warum sie auf unserem Grundstück war?«

Leon wusste nicht so recht, wie er mit Monique umzugehen hatte. Sie machte einen hysterischen und verängstigten Eindruck, und er wollte sie beruhigen. Möglichst schnell beruhigen, um noch ein bisschen Schlaf zu bekommen.

»Sie hat mich schreien hören.«

»Also wollte sie dir helfen. Das erklärt zumindest, warum sie auf dem Rasen stand. Aber warum hast du geschrien? Ist dir etwas passiert? Ist Marta etwas passiert?« Langsam übertrug sich die Sorge auch auf ihn, und er schielte nochmals auf den Zettel, der ausgebreitet auf der Arbeitsplatte lag.

»Nein, Marta geht es gut. Sie schläft sogar seit Stunden.«

»Gut, das ist gut.« Leon umarmte Monique und ließ sie auf sein Sakko rotzen. Die Reinigung würde das erledigen.

»Ich habe geschrien, weil der Abfluss in der Kellerdusche verstopft war.«

Leon hätte am liebsten laut losgelacht, doch Moniques Tränenfluss gab wenig Anlass für Humor.

»Ich habe deinen Trick mit dem Schraubenzieher angewendet und das Gitternetz entfernt.«

»Das geht manchmal etwas schwer.« Leon bemerkte

das Pflaster an ihrem Finger. Wahrscheinlich hatte sie sich verletzt.

»War schon okay. Was ich hervorgeholt habe, war dann weniger okay. Es war ein Huhn oder das, was von ihm übrig war.«

»Ein ... Huhn?« Leon wurde allmählich sauer. Was erzählte Monique ihm nur für eine abenteuerliche Geschichte? Erst der Zettel, dann die Nachbarin, ein verstopfter Abfluss, und am Ende ging es um ein Huhn.

»Du warst gestern Nachmittag so mit dem Pitch beschäftigt, dass ich dich nicht stören wollte. Morgens saß ein Huhn vor unserer Tür. Ohne Kopf.«

Es wurde immer verrückter, und er hätte Monique am liebsten eine Schlaftablette in die Hand gedrückt und sie ins Bett geschickt.

»Ein Huhn, vor unserer Tür?«

»Ja, Leon. Und seitdem passieren seltsame Dinge.«

»Jetzt beruhige dich erst einmal. Das hat doch alles nichts miteinander zu tun.«

»Ich denke schon.«

Ihre Stimme klang nachdenklich und fast ein wenig geisterhaft. Vielleicht wollte sie mit der Geschichte seine Aufmerksamkeit erlangen? Bis auf den Zettel hatte er bisher keine Beweise für diese seltsame Geschichte gesehen. Doch wollte er das überhaupt? »Wo ist denn dieses Huhn hin? Ohne Kopf kann es ja nicht weit kommen.«

»Es ist an mir vorbeigelaufen und umgefallen. Etwa da vorn.« Monique deutete auf den Wohnzimmersessel.

»Und was hast du mit dem Tier gemacht?«

»Ich habe es in den See geworfen. Nicht sehr weit, doch es ist untergegangen. Es war weg. Bis es heute Morgen wieder aufgetaucht ist. Im Abflussrohr der Kellerdusche.«

»Monique, das ist anatomisch und technisch unmöglich. Das Abflussrohr führt nicht in den See, weil es verboten wäre. Außerdem passt kein ausgewachsenes Huhn in dieses Rohr. Glaube mir, ich kenne das Teil, denn ich hole ständig deine Haare heraus.«

»Es war aber da drin. Klein gehackt, und an den Klumpen hingen weiße Federn.«

»Also gut, irgendetwas war im Abfluss. Und du hast es rausgeholt. Und was hat das Ganze mit unserer Nachbarin und diesem Zettel zu tun?«

Monique atmete schwer und zögerte mit der Antwort.

Wahrscheinlich merkt sie gerade selbst, was für einen Unsinn sie verzapft, überlegte Leon, der sich gleichzeitig entspannte. Gleich wird sie einknicken, ihn umarmen und vorschlagen, endlich schlafen zu gehen.

»Ich will, dass du zur Polizei gehst und es meldest.«

Die Antwort traf Leon wie ein Schlag ins Gesicht. »Ich soll … zur Polizei gehen?«, stotterte er perplex. »Was soll ich denen deiner Meinung nach erzählen? Dass ein Huhn ohne Kopf vor der Tür saß und sich danach im Abflussrohr verkrochen hat, während unsere Nachbarin illegal aufs Grundstück kam, um diesen Zettel an die Tür zu kleben?«

»Es ist gegen mich gerichtet.« Moniques Gesichtsausdruck verriet Entschlossenheit. Sie wirkte nicht wie jemand, der fantasierte und sich das Ganze ausdachte.

»Was … *Fickhenne*? Warum sollte jemand, der dich kennt, so etwas schreiben?«

»Weil ich eine bin, und das solltest du am besten wissen.«

»Das ist doch Blödsinn, Monique. Es ist einfach ein gemeiner Spruch, wie er unter Jugendlichen üblich ist. So wie Bitch, Alter oder Spasti. Alles nicht ernst gemeint.«

»Ich möchte trotzdem, dass du es der Polizei meldest. Vielleicht gab es in der Nachbarschaft ähnliche Vorfälle.«

»Das ist jetzt hoffentlich nicht dein Ernst? Diese Story ist einfach abstrus, und ich habe keine Lust, mich bei der Polizei zum Deppen zu machen. Ich bin froh, dass die Sache endlich ausgestanden ist, und jetzt soll ich ihnen diesen Mumpitz melden? Vielleicht hast du mitbekommen, dass ich gerade Tag und Nacht am Pitch arbeite, um unseren Lebensunterhalt zu sichern. Ansonsten gibt es bald kein Haus mehr, an dessen Tür man einen Zettel kleben könnte.«

Leon war sauer. Anstatt ihn bei seiner Arbeit zu unterstützen, machte Monique ihm mitten in der Nacht so eine Szene.

»Wenn du nicht gehst, dann gehe ich, Leon.«

»Nur zu. Es ist deine Geschichte, und man wird sich köstlich amüsieren, wenn du sie erzählst. Aber lass mich da raus. Ich habe keine Lust mehr auf Diskussionen mit der Polizei, und ich glaube nicht, dass die Dinge, die du mir erzählt hast, etwas miteinander zu tun haben.«

»Du glaubst mir nicht und lässt mich fallen?«

Monique sackte in sich zusammen und setzte sich auf den Boden. Das Thema war nicht neu, und sie holte es gern heraus, wenn sie eine Liebesbekundung von ihm hören wollte. Warum nur gerade jetzt? »Ich glaube dir, und ich liebe dich und Marta mehr als mein eigenes Leben. Bitte gib mir einen Aufschub, denn ich bin todmüde und brauche die paar Stunden Schlaf, um den Job irgendwie zu packen. Lass uns am Wochenende darüber reden, und dann entscheiden wir, was zu tun ist. Was hältst du davon?«

Leon versuchte, beruhigend auf Monique einzuwirken, obwohl es in ihm brodelte. Sie schien zumindest über die

Worte nachzudenken, und er glaubte schon, ein Lächeln ausgemacht zu haben, bis sie den Kopf schüttelte und aufstand.

»Wenn du nicht gehst, dann gehe ich. Und jetzt gönn dir deinen wohlverdienten Schlaf, denn schließlich bist du der Einzige, der hier etwas leistet.« Sie gab ihm einen gefühllosen Kuss auf die Wange und verschwand in Richtung Schlafzimmer.

Kapitel 9

Monique war zum Heulen zumute. Es war seit langer Zeit die erste Nacht gewesen, die Marta halbwegs durchgeschlafen hatte, und sie hatte nicht mal davon profitieren können. Nach dem Streit mit Leon war sie nicht mehr zur Ruhe gekommen, denn die Gedanken waren wie eine Achterbahn in ihrem Kopf herumgerast. Immer wieder boxte sich dieses Wort durch die Wolke aus Gedanken, und obwohl sie es noch nie bewusst gehört hatte, wusste sie insgeheim, dass sie damit gemeint war.

Fickhenne.

Es sah auf Papier geschrieben nicht einmal besonders feindselig aus. Nicht so krass wie Hure oder Bitch. Und dennoch wären ihr die Begriffe lieber gewesen, weil sie austauschbar und allgemein geläufig waren. *Fickhenne* jedoch war nicht nur ein Schimpfwort, es hatte eine tiefere Bedeutung. Für sie.

Monique stillte ihre Tochter und machte sich danach daran, den Frühstückstisch zu decken. Auch wenn Leon bereits unterwegs war, wollte sie in Ruhe ihren Toast essen und dabei aus dem Fenster sehen. Sie musste nachdenken, und das konnte sie am besten bei einer Tasse Kaffee. Dabei fiel ihr auf, dass der Zettel nicht mehr auf der Arbeitsplatte lag. Hoffentlich hatte Leon ihn nicht fortgeworfen, schließlich war es der einzige Beweis für ihre Story.

Sie inspizierte den Papiereimer, aber darin lag nur eine leere Schokoladenpackung, sodass sie kurzerhand nach draußen ging, um in der blauen Tonne nachzusehen. Da der Zettel nicht gleich obendrauf lag, kippte sie den Inhalt in die Einfahrt und begann damit, Papierfetzen von Pappe und Verpackungsmaterial zu trennen. Ihre Befürchtung bewahrheitete sich, denn der Zettel mit dem Schimpfwort war verschwunden. Leon musste ihn entfernt, in die Toilette gespült oder mit ins Büro genommen haben. Vielleicht wollte er seine Mitarbeiterinnen damit konfrontieren? Hoffentlich nicht!

Moniques Herz pochte, obwohl sie Dunja oder Julia durchaus so was zugetraut hätte. Auf der anderen Seite waren alle im Büro damit beschäftigt, Entwürfe für den Pitch zu zeichnen. Niemand machte den weiten Weg nach Potsdam, um ihr einen Denkzettel zu verpassen, denn das war es doch gewesen, oder? Eine Zurechtweisung oder Degradierung, vielleicht auch eine Warnung.

Monique lief es kalt den Rücken herunter, und sie hätte sich am liebsten in die Sauna gesetzt, um auf eine angenehme Körpertemperatur zu kommen. Doch im Keller lauerte das Abflussrohr der Dusche, und wer wusste schon, was heute darin verborgen war. Das waren keine Zufälle, und wenn Leon es für Hysterie hielt, dann musste sie sich eben selbst um alles kümmern.

»Aha, ja, ja. Das ist wirklich seltsam.« Die junge Polizistin saß vor ihrem Laptop, ohne etwas einzutippen.

Monique hatte zur Jeans einen beigen Blazer angezogen, den sie sich vom ersten Gehalt bei Mendel & Mendel gekauft hatte. Eigentlich war sie nicht der Typ für Businesskleidung, vielmehr gefiel sie sich in knappen Röcken und viel zu engen Blusen. Sie war eine Granate, eine Zwölf von zehn, ein Maneater, zumindest hatten ihr das die Männer bescheinigt, mit denen sie mal etwas gehabt hatte. Allzu viele waren es nicht gewesen, denn im Grunde war Monique schüchtern, weshalb ihr der Ausflug zur Polizei jetzt zu schaffen machte.

Sie war nervös und froh darüber, dass nicht der fette Kollege mit dem angebissenen Sandwich das Protokoll aufnahm, sondern eine junge Polizistin, die eher ihre Altersklasse war.

Sabrina Meier, stand auf dem Namensschild.

Monique schaukelte den Kinderwagen und blickte ihr Gegenüber erwartungshungrig an. »Was werden Sie unternehmen?«, fragte sie Sabrina Meier, die verlegen auf den Bildschirm ihres Laptops sah.

»Was meinen Sie damit?«

»Na ja, ich habe Ihnen gerade berichtet, dass jemand eine Hassbotschaft an unsere Haustür geklebt hat. Und ein Huhn mit abgeschlagenem Kopf läuft auch nicht einfach so herum. Jemand versucht, mir Angst zu machen.«

»Ja, das habe ich schon vernommen, aber was sollen wir da tun? Im Grunde ist ja nichts passiert. In Ihrer Nähe gibt es ein Schlachthaus. Kann gut sein, dass ein Huhn dabei entwischt ist ...«

Monique war sauer. Sauer und enttäuscht über die Reaktion der jungen Polizistin. »Muss denn erst etwas passieren, damit Sie sich darum kümmern? Jemand war vielleicht in unserem Haus und hat die Überreste eines Huhns im Abfluss deponiert. Wie soll es sonst dahin gekommen sein?«

Sabrina schaute wieder verschämt auf den Bildschirm

und blinzelte dann zum Kollegen, der augenblicklich einen Lachanfall bekam.

»Entschuldigung«, sagte er in Richtung Monique. »Es geht um etwas anderes.« Er versuchte, sich zu kontrollieren, fing jedoch wieder an zu grinsen, sodass Sabrina schließlich mitlachte.

»Was ist, bitte schön, so lustig. Lachen mich jetzt zwei Polizeibeamte aus, anstatt mich zu beschützen?« Monique wurde laut, und Marta fing an zu weinen.

»Bitte entschuldigen Sie, es geht wirklich um etwas anderes.« Die Polizistin mühte sich um Contenance, doch ihre Lippen bebten vor Vergnügen.

»Das ist ungeheuerlich. Ich werde mich bei Ihrem Vorgesetzten beschweren.«

»Das können Sie direkt bei mir machen.« Der rothaarige Fettsack stand vom Stuhl auf und kam auf Monique zu. »Mein Name ist Zecke, Martin Zecke, und ich habe Ihren Ausführungen gelauscht. Ich kann Ihnen versichern, dass wir so etwas ernst nehmen. Allerdings sind uns die Hände gebunden, da wir nicht allen Vorfällen, und seien sie noch so ungewöhnlich, nachgehen können.«

Erneut schmunzelte die Polizistin. »Sorry, ich habe dieses … Huhn im Kopf, und es geht einfach nicht mehr raus.«

Wieder brachen beide in Gelächter aus.

»Ich glaube, ich bin hier im falschen Film …« Monique musste unwillkürlich an Leon denken, der ähnlich reagiert hatte. Als wäre sie verrückt geworden und hätte sich das alles ausgedacht. »Was muss passieren, damit sie einer Sache nachgehen?« Die Beamten hoben beschwichtigend ihre Hände, um Monique zu unterbrechen. »Nein, wirklich. Muss jemand getötet werden? Wie wäre es mit

Vergewaltigung? Würde auch Erpressung funktionieren? Ab wann bewegt sich jemand hier in dieser Dienststelle?«

»Ich kann Ihren Frust sehr gut verstehen.« Martin Zecke hatte mittlerweile das Kommando übernommen. »Auch wir sind nicht happy, wenn wir Leute vertrösten und nach Hause schicken müssen. In Ihrem Fall haben wir allerdings nichts in der Hand, um eine polizeiliche Ermittlung zu verantworten. Sie haben nicht einmal den Zettel, der an ihrer Tür gehangen hat. Das Huhn oder das, was von ihm übrig war, haben Sie laut Ihren eigenen Ausführungen bereits entsorgt, und es spricht für die Aufmerksamkeit Ihrer Nachbarin, dass sie Ihnen zu Hilfe eilen wollte. Das hat nichts mit Hausfriedensbruch zu tun. Von daher kann ich Ihnen leider momentan nichts anderes mit auf den Weg geben, als dass Sie achtsam bleiben sollten. Falls wieder etwas in der Art passiert, dann zögern Sie nicht, uns anzurufen. Dafür sind wir da.« Martin Zecke schob ein verständnisvolles Nicken hinterher, doch Monique ahnte, dass er sich vor Vergnügen auf die Schenkel klopfen würde, sobald sie das Revier verließ.

»Ich soll also achtsam bleiben? Damit Sie sich gut amüsieren können? Mal sehen, ob Sie beide auch noch lachen, wenn ich mit durchgeschnittener Kehle auf dem Sofa liege und Sie es meinem Mann und meiner kleinen Tochter beichten müssen. Alles nur, weil Sie sich zu schade waren, ein bisschen Nachforschung zu betreiben.«

»Wir sind da, wenn Sie uns brauchen, das verspreche ich Ihnen.« Der Polizist versuchte, das Gespräch positiv zu beenden, während die junge Kollegin eifrig dazu nickte.

Zumindest hatte sie ihnen mit dem Schlussplädoyer den Humor ein wenig ausgetrieben. Monique war zerknirscht und verließ mit einer schreienden Marta das Revier.

Kapitel 10

Diesmal muss ich mich wohl selbst in den Hintern treten, mutmaßte Leon, als er die Tür aufschloss. Das Licht im Konferenzraum brannte, und er war gestern der Letzte im Büro gewesen. Wobei das nicht ganz stimmte, da er gemeinsam mit Julia in die Tiefgarage gefahren war. Er hatte ihr angeboten, sie nach Hause zu bringen, doch Julia hatte dankend abgelehnt und sich aufs E-Bike geschwungen. Vielleicht hatte sie das Licht angelassen, denn an den Wänden hingen die überarbeiteten Layouts, über die sie heute diskutieren wollten. Nicht mal schlecht, das musste er zugeben. Julia hatte alle sichtbaren Lichtquellen aus den Büros verbannt und durch indirekte Strahler ersetzen lassen. Zudem zog jetzt eine Traverse durch den Empfangsbereich, die industriell und völlig abgefahren aussah. Eigentlich machte man so was nicht, aber genau deshalb hatten sie ja eine zweite Chance bekommen. Um etwas zu kreieren, das man eigentlich nicht machte. Beim zweiten Blick kam sogar Begeisterung in ihm auf, denn die Layouts hatten Klasse und wimmelten nur so von Details, auf die man erst mal kommen muss.

Julia war weit über die Ideen aus dem Brainstorming hinausgeschossen, und er würde ihr einen Bonus auszahlen, falls sie den Pitch gewinnen sollten. Dabei hatte er sie heute Morgen noch verdächtigt, den Zettel mit dem Schimpfwort verfasst zu haben. Nicht als Exekutive, versteht sich, denn sie waren gestern gemeinsam im Büro gewesen. Aber die Botschaft war unmissverständlich, auch wenn er es Monique gegenüber so nicht zugegeben hatte. Sie war wegen dieses ominösen Huhns sowieso schon durch den Wind gewesen, und er hatte kein weiteres Öl ins Feuer gießen wollen, zumal er wusste, dass sie sich nur zu gern auf die Ex-Kolleginnen einschießen würde. Leon sah keine Notwendigkeit, in alten Wunden zu bohren, und hatte den Zettel unterwegs aus dem Fenster geworfen. Jetzt schämte er sich sogar dafür, Julia verdächtigt zu haben, die mit ihrem Geistesblitz vielleicht die Firma retten würde.

Er ging gerade ein zweites Mal die Layouts durch, als Rainer, Julia und Dunja ins Büro kamen. In Anbetracht der langen Arbeitszeiten wirkten sie erstaunlich ausgelassen und machten sogar Witze. Es sah fast so aus, als würde der Pitch sie alle zusammenschweißen. So wie damals.

»Großartiger Job, Julia. Die Designs sind überragend.« Leon formte die Hände zu einem Danke und verneigte sich vor Julia, die ihren Wintermantel auszog.

»Du hast sie schon gesehen?«

»Na ja, sie hingen an der Wand, da habe ich schon mal einen Blick darauf geworfen.«

Julia wirkte überrascht und ging an Leon vorbei in den Konferenzraum, um die aufgehängten Skizzen zu betrachten.

»Die Idee mit der Traverse ist grandios, und wie du mit dem Licht umgehst, wird sie sicher von den Stühlen hauen. Wenn wir den Job klarmachen, ist für dich ein Bonus drin.« Leon lehnte sich mit den Vorschusslorbeeren weit aus dem Fenster und hoffte, dass Julia durch den *finanziellen Verstärker* nochmals eine Schippe drauflegen würde.

Doch die sah weiterhin kritisch auf die DIN-A3-Ausdrucke an der Wand.

»Es sind doch deine Vorschläge, oder?«, hakte Leon nach.

»Mehr oder weniger.« Julias Blick hatte sich an einem diagonalen Schacht verhakt, in dem ein Gliederheizkörper steckte.

»Fußbodenheizung im Retro-Look. Das ist genial!«

»Ja, ist es«, kam es trocken und beinahe leblos.

Dabei hatte sie vor ein paar Minuten noch Sprüche mit den Kollegen geklopft.

»Alles gut, Julia? Ich wollte dich eigentlich nur loben. Wenn ich mitbekommen hätte, dass du gestern Nacht noch alles aufgehängt hast, dann hätte ich direkt einen Blick darauf geworfen. Du kannst stolz auf dich sein, ich bin es zumindest.«

»Es war Teamwork. Wir haben alle hart daran gearbeitet, wie du weißt.«

»Schon klar, aber die meisten der Ideen gehen über das Gesagte weit hinaus. Von daher vermute ich, dass es auf deinem Mist gewachsen ist.«

»Wie gesagt, mehr oder weniger sind das die Ideen, die wir besprochen haben. Trotzdem schön, dass es dir gefällt, Chef. Also, danke für die Lorbeeren.« Julia lächelte gezwungen und ließ Leon im Konferenzraum stehen.

Irgendwie sind alle gerade seltsam drauf, fand er und musste an Monique denken, die jetzt wahrscheinlich ohne ihn beim Frühstück saß. Er würde es wiedergutmachen, nahm er sich vor. Mit einem schönen Essen oder einem Besuch im Club vielleicht. Sie könnten sich einen Babysitter für den Abend nehmen und endlich wieder Zeit gemeinsam verbringen. So wie damals, als alles seinen Anfang nahm.

»Schön, dass es geklappt hat.« Leon freute sich nicht wirklich darauf, Dr. Joachim Deckert zu sehen, erinnerte ihn die massige Gestalt doch an das zähe Ringen der vergangenen Monate. Elf Monate, in denen sein Leben auf den Kopf gestellt worden war.

Er hatte sich in die hinterletzte Ecke im Café Einstein verkrochen und nippte an einer Tasse Tee, während Joachim sich ihm gegenüber hinsetzte.

»Ich hatte dich erst in zwei Wochen erwartet. Ist irgendwas passiert?«

Joachim war kein Smalltalker, sondern kam in der Regel auf den Punkt. Eigentlich ungewöhnlich für einen Anwalt, denn schließlich berechnen Winkeladvokaten gern im Minutentakt, und so war Leon froh, dass ihn das informelle Treffen zunächst einmal nichts kosten würde.

»Nicht direkt«, druckste er herum und wartete, bis Joachim seine Bestellung aufgegeben hatte.

»Also ist indirekt etwas passiert. Ist Monique schon wieder schwanger?«

»Nein, das ist es nicht. Mal abgesehen davon, dass das an ein Wunder grenzen würde. Marta ist gerade mal zehn Monate alt und wird gestillt. Es ist eher so, dass ich mich gern absichern würde, was das Thema Erbschaft angeht. Momentan mache ich keine leichte Zeit durch, wie du dir sicher denken kannst, und der Firma geht es auch nicht prickelnd. Wobei wir gerade an etwas Großem dran sind.«

»Klingt vielversprechend.« Joachim ließ sein Gegenüber gern plaudern, ohne etwas von sich preiszugeben. Eine Angewohnheit, die Leon an ihm hasste und ebenso bewunderte.

»Die monatlichen Raten für das Haus fressen mich auf. Das war schon zu Helenas Zeiten nicht so easy, und da hatten wir noch eine andere Auftragslage. Ich brauche endlich Klarheit bezüglich Erbe und Versicherung.«

»Kann ich mir vorstellen.«

Joachims unverbindliche Reaktion machte Leon wahnsinnig, schließlich führten sie die Unterhaltung nicht zum ersten Mal. »Es sind nur noch zwei Wochen, Joachim. Und es geht schließlich um meine Frau.«

»Um welche jetzt?«

»Du weißt, wen ich meine. Sag mir wenigstens, was ich in etwa bekommen werde, damit ich vorausplanen kann. Wenn wir den Pitch nicht gewinnen, dann war es das mit dem Haus am See. Helenas Masterpiece. Sie hätte sicher nicht gewollt, dass ich es verkaufen muss.«

»Hm.« Joachim schien darüber nachzudenken und nippte am Kaffee. Wie immer schwarz, mit zwei Stück Würfelzucker.

»Selbst wenn ich wollte, könnte ich dir nichts sagen. Es gibt in meinem Beruf so etwas wie die Schweigepflicht, und ich muss und werde mich daran halten.«

»Sie war meine Frau, Joachim. Und eine gute Freundin von dir. Das macht uns quasi ebenfalls zu Freunden ...«

»Sie war meine Klientin, Leon. Und das sticht jede Freundschaft aus.«

Das mit der Freundschaft war im Grunde ein Witz, da er Joachim erst durch Helena kennengelernt hatte – und das auch nur geschäftlich. Er war ihr gemeinsamer Anwalt und Vermögensverwalter gewesen und kannte damit jedes noch so kleine Geheimnis.

Fast jedes.

»In zwei Wochen kommt eh alles auf den Tisch. Du könntest mir wenigstens ein Gefühl dafür geben, wie hoch die Summe sein wird.«

»Du sagst es, in zwei Wochen wird Helena für tot erklärt und du erfährst, was sie dir hinterlassen hat. Die Versicherung wird sich ebenfalls bei dir melden, falls die Police auf dich ausgestellt war. Von daher wundert es mich, dass wir heute schon hier sitzen.«

»Keine Ahnung, warum ich dachte, dass hinter der Fassade so etwas wie ein Mensch steckt. Tut mir leid, Joachim, ich dachte, wenn nicht an mir, würde dir wenigstens etwas an Helena liegen. Und sie hätte sicher nicht gewollt, dass ich unter ihrem Tod so lange leide.«

»Ist mir gar nicht aufgefallen, Leon.«

»Was ist dir nicht aufgefallen?«

»Dass du leidest. Immerhin hast du jetzt ein Kind … und eine neue Flamme.«

»Du weißt, wieso.«

»Wieso denn?«

Leon schüttelte den Kopf und ärgerte sich, dass er es überhaupt versucht hatte. Joachim war schon immer ein Korinthenkacker gewesen, und das würde sich nie ändern. Am Ende saß er jedes Mal wie vor Gericht, wenn er ihn traf, ohne selbst etwas zu erreichen. Er würde sich gedulden müssen, was nicht wirklich seine Stärke war. Wie gern hätte er sich vor dem Termin am Freitag etwas Luft verschafft, hingegen lag sein wirtschaftliches Überleben in den Händen von dieser Amanda Brinkmeier. »Alles klar, Joachim. Trotzdem danke, dass du dir die Zeit genommen hast. Wir sehen uns.«

Joachim nickte kurz und sah bereits auf die Uhr. Gerade einmal zehn Minuten hatte das Gespräch gedauert. Es sollte ihm recht sein, denn Leon mochte den Anwalt heute noch weniger als gestern.

Kapitel 11

Monique war vom Polizeibesuch enttäuscht. Enttäuscht und frustriert, sodass sie beschloss, zu Fuß nach Hause zurückzugehen. Als melodische Untermalung dieses Scheißtags schrie Marta wie am Spieß und weckte die Aufmerksamkeit von Passanten, die immer wieder abfällig auf sie und den Kinderwagen blickten. Trotz der tristen Witterung trug sie eine Sonnenbrille und ignorierte die blöden Kommentare und jede rote Ampel.

Sollen sie mich ruhig umnieten, vielleicht nimmt mich dann jemand ernst!

Monique lief noch etwas schneller.

Als sie endlich ihr Haus erreichte, schnappte sie nach Luft. Es war weniger die Erschöpfung, sondern vielmehr ein dumpfes Gefühl im Magen, dass schon wieder etwas Seltsames passieren würde. Ein Paket lag vor der Tür, und obwohl sie nichts bestellt hatte, stand ihr Name auf dem Etikett. Sie zerfetzte den Karton direkt an Ort und Stelle und holte einen rosa Babystrampler heraus. Wer kommt auf so eine Idee, zumal Marta noch genügend Zeit bis zu ihrem ersten Geburtstag blieb? Vielleicht ja ihre Mutter, die mittlerweile etwas schusselig geworden war und alles durcheinanderbrachte. Aber würde die etwas im Internet bestellen? Monique zerriss die Plastikfolie und faltete den Strampelanzug auseinander. Ein lila Schriftzug prangte in der Mitte, auf dem ein Mädchenname stand. Doch es war nicht Marta, sondern *Marissa,* und für Monique war spätestens jetzt klar, dass alles, was zuletzt passiert war, irgendwie zusammenhing.

»Okay, ihr Pisser. Wo habt ihr euch versteckt?«, schrie sie in die menschenleere Einfahrt und bekam als Antwort nur ein Brabbeln ihrer Tochter.

Jemand will mich in den Wahnsinn treiben. Davon war sie überzeugt und öffnete die Abfalltonne, um den Strampler zu entsorgen. Damit wäre allerdings schon wieder ein Beweisstück einfach so verschwunden, und so entschied sie sich dagegen.

Sie holte Marta aus dem Kinderwagen, schloss die Tür auf, ging ins Wohnzimmer und setzte die Kleine behutsam in den Laufstall. Danach klappte sie, noch in Straßenschuhen, den Laptopdeckel hoch, um den gemeinsamen Amazon-Account zu kontrollieren. Lange brauchte sie nicht zu suchen, denn der Strampler mit individuellem Schriftzug für 39,95 Euro stand ganz oben bei ihren Bestellungen.

Ein Feuer loderte in Monique, und sie war kurz davor, Leon auf dem Handy anzurufen. Andererseits hasste sie Streitgespräche am Telefon, also schmiss sie ihre Schuhe in die Ecke, ihre Jacke gleich hinterher, und kramte stattdessen Bügelwäsche aus dem Schrank.

Immer noch die beste Beschäftigung, um sich ein wenig abzulenken.

Als der Range Rover um 17.00 Uhr in die Garage einfuhr und Leon durch die Tür kam, stand Monique immer noch am Bügelbrett und faltete ein letztes Shirt zusammen. Er hatte einen Blumenstrauß in der Hand und hielt ihn wie ein Friedensangebot nach oben.

»Überraschung!«, tönte er und gab ihr einen Kuss. »Du weißt, wie sexy ich Frauen bei der Hausarbeit finde.«

Er schien gute Laune zu haben, und Monique überlegte, einen Rückzieher zu machen. Sie wollte nicht als zickige Freundin abgestempelt werden, zumal er augenscheinlich etwas gutmachen wollte. Er gab Marta, die im Laufstall eingenickt war, einen Luftkuss und umarmte Monique danach von hinten.

»Die Kleine schläft«, flüsterte er ihr ins Ohr, und sie bekam vor Erregung eine Gänsehaut. »Wir könnten diese Fügung des Schicksals nutzen und nach oben gehen. Was meinst du?«

Warum bist du schon um fünf zu Hause? Warum hast du diesen Strampler mit dem falschen Namen bestellt?

Die Fragen lagen schwer wie Blei auf der Zunge, doch da spürte sie bereits die Hand in ihrem Schritt. Er wusste schon immer, wie er sie ins Bett kriegen konnte, und genau das liebte sie an ihm. Also schluckte sie die Fragen herunter und zog bereits im Treppenaufgang ihre Klamotten aus.

Monique gab Leon am nächsten Morgen einen Kuss zum Abschied, bevor er ins Büro fuhr. Anscheinend lief es gut mit der Präsentation, und sie lagen perfekt im Zeitplan, sodass er sich das leisten konnte. Das waren zumindest seine Worte beim Abendessen gewesen, bevor sie zum dritten Mal miteinander im Bett gelandet waren. Ein genießerisches Lächeln huschte über Moniques Lippen, denn sie war jedes Mal gekommen. Genauso wie am Anfang ihrer Liaison, als alles prickelnd und verboten gewesen war. Dennoch seltsam, dass er ihr den Strampler geschickt und nicht einmal im Gespräch erwähnt hatte. Zumal Marissa kein x-beliebiger Name für sie war – und für ihn noch weniger. Monique beschloss, die Sache erst einmal zu verdrängen, und nahm sich vor, den Tag mit Yoga zu beginnen. Bei dem sonnigen Wetter könnte sie sogar draußen ihre Übungen machen, und Marta würde im Laufstall dabei zusehen.

Sie schaute flüchtig zum Steg und bekam einen gewaltigen Schrecken. Da stand jemand auf dem Rasen. Schwarz gekleidet, die Mütze ins Gesicht gezogen. Monique suchte nach dem Handy, bis ihr einfiel, dass es im Schlafzimmer am Ladekabel hing. Gebannt blickte sie weiter auf den Fremden, der sie ebenfalls beobachtete.

Ich brauche eine Waffe, schoss es Monique durch den Kopf, und sie ging ein paar Schritte rückwärts in Richtung Küche, um ein Messer aus dem Holzblock zu entfernen. Dabei musste sie kurz weggesehen haben, denn als sie wieder in den Garten blickte, war die Person verschwunden. Wie vom Erdboden verschluckt. Anstatt sich zu entspannen, wuchs in ihr die Sorge, dass dieser jemand schon im Haus sein könnte.

Da! Plötzlich ein Geräusch!

Monique drehte sich um und sah aus dem Küchenfenster in die Einfahrt. Niemand da. *Ich muss mich bewegen und alle Türen kontrollieren.* Wenn nicht für mich, dann für Marta, die oben seelenruhig in ihrem Bettchen schlief. Mit vorsichtigen Schritten tippelte sie zur Verandatür und drückte dagegen.

Geschlossen.

Ein Blick in den Garten, zum Steg.

Nichts.

Fehlte noch der Keller.

Monique beeilte sich und ging leise die Treppe hinunter.

»Hallo?!«

Das *Ist da jemand?* sparte sie sich, denn wenn tatsächlich jemand im Keller auf sie lauern würde, dann käme dieser Jemand sicher nicht in bester Absicht. Ich muss meine Tochter beschützen, glühte der Satz erneut wie eine Leuchtreklame vor ihrem inneren Auge auf, und sie stieg die Treppenstufen hinunter. Sachte, nicht zu schnell, damit sie ja nichts überhörte. Ihr Puls stampfte lauter als ein Presslufthammer in ihren Ohren.

»Hallo?«, wiederholte sie.

Spar dir das, du blöde Kuh! Sie ärgerte sich sofort über den zweiten Versuch, Kontakt mit einem potenziellen Eindringling aufzunehmen. *Du verhältst dich wie diese dummen Puten aus den Horrorfilmen. Die, die gleich am Anfang abgestochen werden.*

Der erste Kellerraum war so was wie die Vorratskammer, in der Leon Weinflaschen und Bierkästen stapelte. Hier befanden sich auch die Waschmaschine und der Trockner. Stand irgendetwas nicht am angestammten Platz? Monique sah sich hektisch um, konnte aber nichts und niemanden entdecken. Wie eine Ninja-Kämpferin bewaffnet, ging sie mit erhobenem Messer in den muffigen Wellnessraum und knipste das Licht an. Niemand da. Doch was war mit der Sauna? Im Inneren könnte sich ein Einbrecher verstecken ...

Es half nichts. Sie musste allen Mut zusammennehmen und die Tür öffnen, um sicherzugehen.

»Denn ich muss meine Tochter beschützen«, presste sie die Worte laut heraus und öffnete die Tür mit einem Ruck. Der Rückstoß ließ sie straucheln, und Panik füllte ihre Lunge, sodass sie für den Bruchteil der Sekunde keine Luft mehr bekam.

»Nein, nein ...« Monique stöhnte und versuchte, auf die

Beine zu kommen. »Das Messer, das Messer ...« Es musste ihr beim Sturz heruntergefallen sein. Sie fühlte sich wie benebelt und traute sich nicht, ins Innere der Sauna zu blicken.

Erst das Messer, erst das Messer.

Es fühlte sich an wie ein Wettlauf gegen die Zeit, und Moniques Pupillen weiteten sich in Panik. Sie wollte alles gleichzeitig sehen und auf alles gleichzeitig gefasst sein. Scheiß Multitasking! Wieder so ein Wort, über das sie sich gern lustig machte und ihr in den blödesten Momenten in den Sinn kam. Jetzt, wo sie sich konzentrieren musste. Und da lag es. Das Messer. In dem kleinen, dunklen Spalt zwischen der Fußmatte und der Duschwanne. Sie griff danach, als würde es um wenige Sekunden gehen, um anschließend wie ein Überfallkommando den Saunaraum zu inspizieren.

Niemand drin.

Ein Blick zur Kellertür.

Zu.

Ein Rütteln an der Klinke.

Verschlossen.

Ausatmen, einatmen, Monique!

Monique hatte die Nase gestrichen voll. Erst die seltsamen Ereignisse der letzten beiden Tage und dann die vermummte Gestalt im Garten. Sie würde den Trantüten von der Polizei jetzt Zunder machen, und auch Leon musste nach der Präsentation langsam in die Gänge kommen und seine Rolle als Beschützer wahrnehmen.

Sie suchte im Wohnzimmer nach dem perfekten Accessoire und entschied sich für die kitschige Figur aus Asien. Ein Überbleibsel von Helena. Das hässliche Ding hatte sie von Anfang an gehasst, und jetzt schleuderte sie es mit Schwung auf den Parkettboden, wo es explodierte. Das tat gut, aber reichen würde es noch nicht.

»Weiter geht's«, sagte Monique zu sich selbst und zog die Schublade aus dem Fernsehschrank, um den Inhalt wie eine Streubombe auf dem Boden zu verteilen. Nicht schlecht, aber zu wenig, um Respekt zu bekommen. Also stieg sie die Treppen hoch ins Schlafzimmer und machte sich an ihrem Schmuck zu schaffen.

Kapitel 12

Ein Faden Speichel rann ihr aus dem Mund und landete auf dem Papier. Verdammt, ich bin eingeschlafen, wusste Stella und kniff sich in den Oberschenkel. Instinktiv griff sie zur Tasse, doch der Kaffee war bereits kalt. Sie verzog das Gesicht und sah sich in der Dienststelle um. Lamar war mit zwei Kollegen auf Streife, und Sabrina saß mit Martin am Empfang, wie sie den Doppelschreibtisch ganz am Eingang nannten. Die anderen waren unterwegs oder machten Mittagspause.

Selbst der Werkstudent hat einen spannenderen Job als ich, grollte sie innerlich und klappte die Akte zu, während vorn das Telefon klingelte. Sie sah zu, wie die beiden Kollegen um den Apparat herumstanden und sich vor Lachen nicht mehr einkriegten.

Wie konnte ein Anruf bei der Polizei nur so lustig sein, wunderte sich Stella und versuchte, aus Sabrinas Antworten etwas zu entziffern.

»Bleiben Sie, wo Sie sind, wir schicken jemanden raus.«

Mit dem Satz endete das Gespräch, und Stella musste unwillkürlich schlucken. Wieder so ein Einsatz, bei dem sie nicht dabei sein würde. Zu ihrer Überraschung kam Martin wenig später auf sie zu und lächelte, wobei es mehr ein unterdrücktes Lachen war. »Stella, wir haben einen Spezialauftrag für dich.«

»Aha.«

»In einem Haus am Jungfernsee ist eingebrochen worden, und wir müssen uns das ansehen.«

»Cool, dann begleite ich dich also?«

»Nein, ich muss mit Sabrina hier die Stellung halten, da alle gerade ausgeflogen sind. Von daher wäre es gut, wenn du dir ein Fahrzeug nimmst und selbst kurz rausfährst. Mach einfach eine Liste von den gestohlenen Sachen und lass dir von der Frau erklären, was passiert ist.« Beim letzten Satz brach er erneut in schallendes Gelächter aus, und Stella konnte hören, wie Sabrina aus der Ferne mit einstieg.

Sie versuchte, krampfhaft mitzulachen, um nicht wie ein verschlafener Langweiler zu wirken, tat sich aber schwer, von null auf hundert hochzufahren.

»Muss ich sonst noch etwas wissen? Scheint ja ein lustiger Fall zu sein.«

»Hier ist die Adresse. Das Haus gehört Helena Mendel, angerufen hat aber eine Monique Wächter. Und glaube mir, je weniger du im Vorfeld weißt, desto besser wird es. Ist dein erster großer Fall, also vergeig ihn nicht.« Martin lachte noch einmal ausgiebig, wobei sich das Doppelkinn wie ein Blasebalg nach oben hob und wieder senkte.

Kein schöner Anblick, fand Stella und krallte sich den Zettel mit der Anschrift.

Eigentlich war es ihr egal, ob es ein aufregender oder langweiliger erster Einsatz sein würde, denn zumindest kam sie aus dem muffigen Büro raus, das penetrant nach der E-Zigarette ihres Chefs stank. Wie Hasenfurz, stellte sie fest. Stella konnte den Geruch nicht ausstehen. So, wie sie ihren Chef und den Rest der faulen Bande nicht besonders mochte. Ihr Vater hätte in der Dienststelle längst aufgeräumt, glaubte Stella und fuhr den Wagen, einen blauen BMW ohne Polizeikennung, in die Einfahrt des besagten Hauses.

Nicht übel.

Sie pfiff unwillkürlich durch die Zähne. Die Architektur erinnerte an eine Villa aus den Siebzigern, und die Lage am See war mehr als erste Sahne. So ein Grundstück würde niemals auf dem freien Markt erscheinen.

Stella stieg aus und betätigte die Klingel. Ein Baby begann zu schreien, und die Gegensprechanlage blinkte auf.

»Wer ist da?« Eine Frauenstimme erklang. Ziemlich jung, vielleicht ihr Alter.

»Mein Name ist Stella Bellanger von der Polizei in Potsdam. Ich möchte zu Frau Monique Wächter.«

Die Tür wurde von einer jungen Frau geöffnet, die in einem blauen Trainingsanzug vor ihr stand. Sie hatte rotblonde Haare, die zu einem Pferdeschwanz zusammengebunden waren. Die Augen waren dezent geschminkt, und sie hatte roten Lippenstift aufgetragen.

»Sind Sie allein?«, kam es als Antwort.

»Sie haben einen Einbruch gemeldet, und ich bin gekommen, um die Dinge aufzunehmen, die gestohlen wurden. Darf ich reinkommen?«

»Ich hatte eigentlich eine Frau Meier erwartet und diesen … diesen Herrn Zecke.« Sie sprach den Namen aus, als wäre er ein Schimpfwort.

»Das sind meine Kollegen, die leider unabkömmlich sind. Aber ich bin ja jetzt da.«

»Sind Sie so was wie eine Auszubildende? Nicht, dass Sie mich falsch verstehen, denn ich habe nichts gegen Nachwuchskräfte, aber Sie sehen so jung aus und tragen nicht mal eine Uniform oder eine … Waffe.« Monique wirkte enttäuscht.

»Keine Sorge, ich bin ausgebildete Kriminalbeamtin und habe den Abschluss mit Prädikat bestanden. Sie sind bei mir in guten Händen.« Stella konnte selbst kaum glauben, dass sie das gesagt hatte, denn bisher war selbstbewusstes Auftreten nicht wirklich ihre Stärke gewesen.

»Also schön, dann kommen Sie mal rein.«

Nachdem sie eine Liste mit den gestohlenen Schmuckstücken angelegt hatte, machte Stella ein paar Fotos von der Unordnung im Wohnzimmer. Eine zerbrochene Figur und ein paar herausgehebelte Schubladen, aus denen angeblich nichts fehlte. Danach war der Täter offensichtlich ins Schlafzimmer gegangen, um den Kleiderschrank zu öffnen. Ohne weitere Unordnung zu verursachen, hatte er sich dann auf die Schublade mit den Dessous gestürzt, um ein Schmuckkästchen zu öffnen, aus dem drei Ringe, eine Uhr sowie eine Kette von Cartier fehlten. Auch ohne Prädikatsstudium hätte Stella sagen können, dass der Überfall fingiert war. Fast wie bei einer Polizeiübung. Sie befürchtete bereits, dass ihr erster echter Fall zu Ende war, bevor er begonnen hatte, als Monique ihr die Sache mit der Inszenierung beichtete.

»Ich hatte Sorge, dass niemand kommen würde, sollte ich nichts vorzuweisen haben.«

Sie saßen am Esstisch bei einer Tasse Kaffee, und Stella starrte auf die Liste mit den fehlenden Schmuckstücken. »Also ist gar nichts gestohlen worden?«

»Nein, das sagte ich doch gerade. Es ist viel Schlimmeres passiert.« Monique sah sie unschlüssig und verängstigt an.

Wahrscheinlich hat sie Schiss, dass ich gleich wieder weg bin, glaubte Stella und legte das Handy auf den

Tisch. Schließlich hatte sie Zeit, denn jede Minute, die sie nicht im Büro vergeudete, war eine gute. Also forderte sie Monique auf, die Geschichte zu erzählen, was diese mit Erleichterung und in voller Länge tat.

»Sie glauben also, dass das Huhn mit dem abgeschlagenen Kopf, der Zettel an der Eingangstür und die geheimnisvolle Person im Garten etwas miteinander zu tun haben?«

»Sie finden das auch lustig, oder? So wie Ihr Kollege, dieser ... Zecke?« Monique blickte Stella durchdringend an, als wäre sie diejenige, die zum Verhör geladen worden war.

»Ganz und gar nicht«, antwortete sie wahrheitsgemäß, denn obwohl die Story abgefahren klang, wirkte Monique keineswegs verwirrt. »Ich sehe nur die Verbindung nicht so ganz, Frau Wächter.«

»Monique. Bitte nennen Sie mich Monique. Wir können uns auch gern duzen, da wir offensichtlich im gleichen Alter sind.«

»Also schön, Monique, doch ich würde gern beim Sie bleiben, falls das okay ist? Sie können mich gern Stella nennen.«

»Danke. Es tut gut, mit jemandem zu reden, der einem nicht gleich das Gefühl gibt, völlig durchgedreht zu sein.«

»Haben Sie die Vorfälle mit Ihrem Mann besprochen?«

»Leon ist nicht mein Mann. Also noch nicht. Er ist mein Freund, und natürlich habe ich ihm alles erzählt.«

»Wie hat er reagiert?«

»Wie Männer halt so reagieren. Auf dem einen Ohr geht es rein, aus dem anderen kriecht es wieder heraus. Hauptsache, er hat seine Ruhe, um sich auf die Arbeit zu konzentrieren. Ist bei Ihnen sicherlich genauso, oder? Haben Sie einen Freund, Stella?«

Die Frage war sehr persönlich, und Stella musste innehalten. »Ähm, momentan nicht, da ich mich auf die Arbeit fokussieren möchte.«

»Dann sind Sie so wie er ... wie Leon. Sie wären sicherlich sein Typ.«

Schon wieder so eine persönliche Bemerkung, die Stella nicht behagte. »Hat er nichts dazu gesagt? Vielleicht hatte er eine Idee, wie es zusammenhängen könnte oder wer der Fremde in Ihrem Garten war.«

»Von den heutigen Ereignissen weiß er noch nichts, da er momentan sehr beschäftigt ist. Mein Mann, also mein Freund, ist Architekt und arbeitet gerade an einem großen Auftrag. Von daher kommt er oft spät heim und fährt früh wieder ins Büro. Er hält das alles für einen Kinderstreich.«

»Und Sie, Monique, schließen das aber aus, oder? Dass es vielleicht Jugendliche waren, die Ihnen einen Schrecken einjagen wollten?«

Monique lehnte sich vor, als wollte sie Stella ein Geheimnis verraten. »Ich habe Ihnen nicht die ganze Wahrheit erzählt. Auf dem Zettel an der Tür stand nicht Bitch, sondern *Fickhenne*. Und es gab noch ein Paket, das ich in meiner Erzählung unterschlagen habe. Darin lag ein Babystrampler. Gedacht für unsere Tochter Marta. Doch auf dem Body stand nicht Marta, sondern *Marissa*. Sehen Sie, Stella, es waren keine Jugendlichen, und alles hängt miteinander zusammen.«

Kapitel 13

Leon hatte gute Laune. Es war gerade mal 18 Uhr, und die Präsentation war fertig. Nicht nur fertig, die Skizzen sahen wie geleckt aus, und der Entwurf war spektakulär. Etwas Besseres hatten sie im ganzen Jahr nicht abgeliefert, und er fieberte dem Termin mit Brinkmeier & Cie. entgegen. Die Göre wird die Klappe vor Staunen nicht mehr zukriegen, glaubte er, und der Alte wird am Ende nicken und den Deal besiegeln.

Er stellte den SUV in der Garage ab und freute sich auf Monique. Bereits zum zweiten Mal in Folge kam er früher als geplant nach Hause, und sie würden mit Sicherheit erneut im Bett landen.

Im Gegensatz zu seinem Tatendrang lag sie jedoch dösend mit Marta auf der Couch und hatte ein Handtuch um den Kopf gebunden.

»Meine zwei Mädchen ... was für ein wundervoller Anblick.« Er küsste zuerst seine Tochter, dann Monique, die sich mit einem Zungenkuss bei ihm revanchierte. Anscheinend hatte sie sich beruhigt und ebenfalls gute Laune.

Am liebsten hätte er sie an Ort und Stelle durchgevögelt, doch Marta war aufgewacht, und sie würden sich gedulden müssen. Er küsste seine Kleine auf die Stirn und setzte sie auf die Krabbeldecke zu ihren Spielsachen.

»Wie ich sehe, hast du ein intensives Pflegeprogramm hinter dir. Sieht so aus, als hättest du mich erwartet.«

»Vielleicht ...« Monique öffnete lustvoll ihre Lippen, was ihn nur noch schärfer machte. »Der eigentliche Grund ist aber, dass ich mich tatsächlich besser fühle, jetzt, wo ich es losgeworden bin.«

»Was bist du losgeworden?«

»Ich war bei der Polizei, Leon.«

Bumm! Das hatte gesessen, und seine gute Laune war in Nullkommanix verflogen. Von der Lust auf Sex ganz zu schweigen. »Was ... warum? Ich meine, was hast du denen denn erzählt?«

»Alles. Alles, was passiert ist. Heute Morgen stand schon wieder jemand in unserem Garten. Er hätte mich vergewaltigen oder Marta etwas antun können.«

Leons Gedanken rasten wie im Hamsterrad. Nicht, dass er Monique für panisch oder aufmerksamkeitsheischend hielt, aber die von ihr geschilderten Vorfälle waren allesamt bizarr.

»Vielleicht war es die Nachbarin, die letztens schon mal da war. Ich meine, die Polizei, Monique. Ist das dein Ernst? Nach all den Untersuchungen und Gesprächen, die ich im letzten Jahr über mich ergehen lassen musste, rufst du ausgerechnet jetzt die Polizei. In zwei Wochen wird Helena offiziell für Tod erklärt, und dann wir können tun und lassen, was wir wollen.«

»Vielleicht hat es miteinander zu tun.«

»Bei dir hat immer alles miteinander zu tun. Was soll das sein? Eine große Verschwörung gegen dich und mich?«

»Ich denke schon.« Monique stand auf und öffnete eine der Schubladen im Wohnzimmerschrank. Dabei fiel ihm auf, dass die kleine Kali-Figur fehlte, die Helena einst in einem Asia-Shop in Kreuzberg gekauft hatte.

»Hast du umdekoriert?«

»Kann man so sagen.« Monique warf ihm einen pinken Strampelanzug zu.

»Schöne Farbe, gefällt mir.« Musste er jetzt auch noch Babysachen bewundern?

»Mir gefällt er ganz und gar nicht.«

Leon faltete den Body sorgsam auseinander und starrte auf den Namen auf der Brust. *Marissa.*

»Von wem ist der?«

»Er wurde von deinem Amazon-Account an mich verschickt. Und wenn du es nicht warst, dann haben wir jetzt ein noch größeres Problem.«

»Du kennst das Büro, Monique. Und du kennst mich. Ich sitze nicht die ganze Zeit am Rechner, genauso wenig sperre ich den Bildschirm. Außerdem steht eine Alexa auf dem Regal. Weißt du noch, wie wir am Anfang Bestellungen per Voice gemacht haben?«

»Wie ich schon sagte, wenn du es nicht warst, haben wir ein *noch* größeres Problem.«

»Ich war es nicht. Dennoch gibt es dafür sicher eine einfache Erklärung.« Leon überlegte fieberhaft, wie es zu dieser unangenehmen Bestellung kommen konnte, doch ihm fiel partout nichts ein.

»Du brauchst dir nichts aus den Fingern zu saugen, um mich zu beruhigen. Wie gesagt, ich bin alles losgeworden, und eine junge Polizistin kümmert sich darum. Sie würde dir gefallen.«

»Warum sagst du das? Meinst du, es macht die Sache besser, wenn sie mir sympathisch ist? Herrgott, Monique. Ich habe die Nase voll von Fragerunden durch die Polizei.«

»Aber von fremden, vermummten Gestalten auf unserem Grundstück, die mir und Marta etwas anhaben könnten, hast du nicht die Nase voll? Vielleicht willst du mich ja in den Wahnsinn treiben?«

Monique war weit davon entfernt, entspannt zu klingen. Ganz im Gegenteil, jetzt funkelten ihre Augen und sie sah angriffslustig aus.

»Wahnsinn trifft es ziemlich gut, denn deine Unterstellung ist der Wahnsinn, genau wie die Meldung bei der Polizei. Und ohne dir etwas zu wollen, aber ... das Grundstück gehört allein mir.«

»Eigentlich gehört es deiner Ex.«

»Helena ist tot, und du tust uns beiden keinen Gefallen damit, wenn du sie immer wieder als Vorwand für irgendetwas herauskramst.«

Wäre ich nur bis Mitternacht im Büro geblieben, dachte sich Leon. Selbst ein After-Work mit den Mitarbeitern wäre im Nachhinein die bessere Wahl gewesen, als sich mit Monique zu zoffen. Zudem ärgerte es ihn, wenn sie immer wieder von Helena sprach und alte Wunden damit aufriss. Gerade jetzt, wo ihr Tod endlich offiziell sein würde und er Abschied nehmen konnte. Er und ein paar andere.

»Glaub mir, Leon. Ich würde sie am liebsten aus meinen Gedanken radieren, aber ihr Geist spukt nach wie vor in diesem Haus herum, und einen Beweis davon hältst du gerade in der Hand.«

Leon knüllte den Babystrampler zusammen und warf ihn in den Müll. Dann nahm er Marta auf den Arm und drückte sie fest an sich. Ihr Körper fühlte sich warm und unschuldig an. Wie ein Gegenpol zu seiner aufgebrachten Freundin. »Wir sprechen am Wochenende darüber, Monique. Bis dahin möchte ich nicht, dass du mit irgendjemandem darüber redest, und am allerwenigsten mit der Polizei.«

»Keine Sorge. Es war nur eine Nachwuchskraft. Gut aussehend, aber unerfahren.«

»Dann ist es ja recht.«

Leon beendete die Diskussion und verabschiedete sich unter die Dusche. Er wollte nur noch etwas essen und auf der Konsole rumzocken. Den Kopf freikriegen. Von Ereignissen, von Stress ... von bösen Geistern.

Showtime. Früher liebte er diese Tage, an denen er sein kommunikatives Können demonstrieren konnte. Wie ein Tiger lief er durch den Konferenzraum und servierte Charts und Zeichnungen, abgestimmt wie bunte Show Acts. Heute Morgen fühlte er sich jedoch nicht wie ein Showmaster, sondern hatte schlichtweg Schiss. Was wäre, wenn, war die Frage in seinem Kopf, mit der er noch vor dem Wecker wach geworden war. Was wäre, wenn sie es nicht nahmen? Was wäre, wenn er die Mitarbeiter nicht mehr würde bezahlen können? Was wäre, wenn die Leute bei der Lebensversicherung weiterhin die Hände auf der Police hielten und er das Haus verkaufen musste? Was wäre, wenn seine verbliebenen Freunde und Geschäftskontakte ihn am Boden sehen und fallen lassen würden?

Ich kriege eine Scheiß-Panikattacke!

Er schüttelte sich und versuchte, den Gedanken daran wegzulächeln. So war er nicht getaktet, denn für Leon war es viele Jahre nur nach oben gegangen. Wer hätte schon gedacht, dass aus dem Möchtegern-Journalisten mit der großen Klappe mal ein angesehener Architekt und Geschäftsmann werden würde?

Leon zog das braune Samtsakko mit dem eingenähten

Einstecktuch über und schnappte sich den Autoschlüssel. Er würde das Ding schon schaukeln und den verstaubten Bankfuzzis ein Raumschiff vor die Tür setzen, motivierte er sich selbst und öffnete das Garagentor. Es war nicht abgeschlossen, was ihn wunderte, da er sonst sehr zuverlässig vor dem Schlafengehen alles zusperrte. Unwillkürlich musste er an Monique und ihre seltsamen Beobachtungen denken. An Monique und an sich selbst. Er sah sich um, aber alles wirkte wie immer und stand am angestammten Platz. Zumindest war der Range Rover abgeschlossen, und er setzte sich ans Steuer. Ein Zettel klebte an der Windschutzscheibe, und Leon stieg aus, um ihn zu entfernen.

Von einem Restaurant natürlich. Er grinste erleichtert. Es war jedoch weniger ein Zettel als eine zusammengefaltete Serviette. *Everest Summit Lodge Pangboche* prangte ein Logo auf dem billigen Fetzen Papier. Darunter drei mit Kugelschreiber gemalte Herzen mit den Initialen *L, H* und *M.*

Leon, Helena und Marissa.

Kapitel 14

Am nächsten Morgen betrat Stella unter dem juchzenden Jubel der Kollegen das Revier und setzte sich an ihren Schreibtisch. Selbst Lamar schien eingeweiht zu sein und grinste sie erwartungshungrig an, als hätte sie einen Serienmörder überführt.

»Hast du das Huhn erlegt?« Martin Zecke setzte sich provokativ auf die Kante ihres Schreibtischs und stachelte die aufgeheizte Stimmung weiter an.

»Hat sich im See ertränkt«, entgegnete Stella und zwang sich zu einem Lächeln.

»Und wo lebt die junge Dame? In einem finsteren Geisterschloss voll unheimlicher Monster und Gefahren?«

»Eher in einer Luxusvilla. Die hätte dir sicherlich gefallen. Also die Villa und die Frau. Zu schade, denn jetzt ist es mein Fall.« Stella versuchte, witzig zu klingen, aber sie meinte es todernst.

»Und den nimmt dir garantiert auch niemand weg. Versprochen.« Die Bürogemeinschaft lachte wie in einem abgestimmten Kanon. »Und, wurde was gestohlen? Sie hat irgendwas von einer Uhr und goldenen Ringen erzählt ...«

Sabrina stützte sich gespannt auf ihre Ellbogen. »Ich habe eine Liste gemacht und werde der Sache nachgehen.«

»Wow, du klingst wie eine echte Kriminalbeamtin!« Martin nahm sie augenscheinlich auf den Arm. »Wenn du nicht weiterkommst, stehe ich dir mit Rat und Tat zur Seite.«

»Nicht nötig. Bei meinem ersten Fall, den ich nicht verkacken darf, wende ich mich lieber an den Chef.«

»Solange du damit nicht zu deinem Papa läufst …« Und mit diesem Giftpfeil verschwand Martin zurück an seinen Schreibtisch, während Stella wenig später in die verkniffene Miene von Lamar blickte.

»Was?«, ranzte sie ihn an.

»Den hast du wohl verärgert.«

»Ist mir echt egal, denn anscheinend machen sich alle über eine Frau lustig, die verzweifelt unsere Hilfe sucht.«

»Na ja, die Geschichte mit dem Huhn und der Vogelscheuche im Garten war schon ziemlich abgefahren. Aber zumindest kommst du mal von diesen Akten weg.«

Wie mitfühlend von diesem kleinen Scheißer, grollte Stella innerlich.

»Und hast du Parktickets ausgestellt, Lamar?«, giftete sie ihn an.

»Wo denkst du hin? Ich habe mit der Laserpistole Verkehrssünder kaltgemacht. Inklusive einer zweiminütigen Verfolgungsjagd.«

Prahlte diese Stubenfliege etwa gerade vor ihr mit einem schnöden Außeneinsatz? »Na ja, beim Ablesen von Messgeräten kann man nicht viel falsch machen. Genau das Richtige für einen Werkstudenten.«

»Da ist wohl jemand eingeschnappt. Was war denn jetzt mit dieser Frau am See? Glaubst du, sie hat die Story erfunden, um Aufmerksamkeit zu bekommen?«

»Wie schon gesagt, ich werde der Sache nachgehen.«

»Kann ich dir dabei helfen, Stella?«

»Wieso solltest du? Schließlich musst du Verkehrssünder verfolgen.«

»Na gut, die Verfolgungsjagd war ein Missverständnis, weil der Kerl die Kelle nicht gesehen hatte. Außerdem war es ein einmaliges Vergnügen, da ein Kollege ausgefallen ist und sie jemanden gesucht haben, der den Laser halten kann. Kein Spaß, wenn man vier Stunden lang damit auf Autofahrer zielt, die dich aus der Ferne schon erkennen. Außerdem hat Martin mich dir zugeteilt. Er meinte, ich sollte dir in den nächsten Tagen helfen.«

»Helfen, da ich selbst nicht klarkomme? Da kann so ein erfahrener Werkstudent wie du sicher gute Dienste leisten.« Es brodelte in ihr, und sie war kurz davor hinzuschmeißen. Hätte sie mal das Angebot von ihrem Vater angenommen und wäre nach Charlottenburg gegangen. Aber sie musste ja unbedingt ihren Dickkopf durchsetzen, um es ohne Vitamin B zu schaffen.

»Also gut, dann versuch bitte, etwas über Monique Wächter und ihren Freund Leon Mendel herauszufinden. Ihm und seiner Ex-Frau Helena gehört das Haus am Jungfernsee. Bei der Gelegenheit kannst du auch gleich recherchieren, ob es in der Nachbarschaft ähnliche Vorfälle gegeben hat.«

»Ich soll Leute befragen? Was soll ich denen erzählen? Dass ein Huhn ohne Kopf durch die Gegend läuft?«

»Tja, Lamar, du bist jetzt anscheinend mein Assistent, und ich erwarte, dass du dich entsprechend verhältst.«

Den hatte sie erst einmal ruhiggestellt, glaubte Stella und ging zur kleinen Kaffeeküche, um sich eine Tasse aus dem Schrank zu holen.

Stella tippte das Protokoll in den Laptop ein und ließ das Ende zunächst offen. Zwar hatte das Opfer zugegeben, den Diebstahl selbst fingiert zu haben, auf der anderen

Seite wollte Stella nicht, dass ihr erster Fall bereits zu Ende war, bevor er richtig losging. Es juckte ihr in den Fingern, selbst zu recherchieren, doch wofür hatte sie jetzt einen Assistenten? Dabei musste sie unwillkürlich schmunzeln und schaute sich nach Lamar um. Irgendwann war er aufgestanden und nicht mehr an seinen Platz zurückgekehrt, und Stella hatte Sorge, ihn vergrault zu haben. Im Grunde war er kein schlechter Typ, und sie war insgeheim froh, überhaupt jemanden zum Reden zu haben. Schließlich wartete zu Hause niemand auf sie, denn sie lebte allein in Potsdam. *Im Feindgebiet,* wie ihr Vater immer sagte. Er hatte ihr das Apartment in der Innenstadt gekauft.

Stella war vertieft in Überlegungen, als Lamar zurückkam und ihr etwas zeigen wollte. »Du hast den Konferenzraum reserviert?«

»Na ja, er war frei und verfügt über einen Beamer.«

»Einen Beamer? Was hast du vor? Können wir das nicht so besprechen?« Es war Stella peinlich, mit Lamar den Konferenzraum zu blockieren. Schließlich ging es nur um ein paar Recherchen. Und das für einen Fall, der in den Augen der Kollegen nicht mal einer war.

»Ich habe ein paar Fotos zusammengestellt und nicht geschafft, sie vorher auszudrucken. Du wirst staunen!«

Stella wurde mulmig im Magen, denn anscheinend machte Lamar mehr aus seiner Aufgabe, als ihr gerade lieb war. Der ließ sich jedoch nicht von seiner Mission abbringen, also folgte sie ihm und setzte sich, während er das erste Chart einblendete.

Drei Profilfotos. Zwei Frauen und ein Mann.

»Das sind unsere Hauptdarsteller«, begann Lamar zu referieren. »Diese ziemlich scharf aussehende junge Frau ist die dir bekannte Monique Wächter.«

»Das weiß ich selbst, und ich würde dich bitten, deine unqualifizierten Kommentare für dich zu behalten. Außerdem sieht sie gar nicht ...«

»... so gut aus? Habe ich mir fast gedacht, denn das Foto ist aus Instagram, und wer bescheißt da nicht mit einem Filter.«

»Na ja, es kommt dem schon recht nah«, korrigierte sich Stella, die Monique recht attraktiv fand. *Scharf* traf es in der Tat noch besser.

»In der Mitte haben wir Leon Mendel. Ungefiltert, denn er hat weder ein Facebook- noch ein Instagram-Profil. Er ist ein angesehener Architekt mit eigener Firma. Das Büro heißt Mendel & Mendel und befindet sich in Berlin-Mitte. Rechts davon ist seine Frau Helena.«

»Er ist noch mit ihr verheiratet?«

»Offiziell schon. Inoffiziell ist sie vor einem knappen Jahr tödlich verunglückt, auch wenn man ihre Leiche nie gefunden hat.«

»Wie ist es passiert?«

»Sie war mit ihm auf einer Trekkingreise im Himalaja und ist über Nacht verschwunden. Man vermutet, abgestürzt.«

Stella stand auf und ging näher an die Leinwand heran, um die Fotos zu betrachten. Dabei blieb sie vor dem Porträt von Helena Mendel stehen. Eine Frau mit markanten, leicht maskulinen Gesichtszügen und schwarzen langen Haaren. Gut aussehend, aber durch die dichten Augenbrauen auch ein wenig diabolisch.

»Ich erinnere mich an die Geschichte. Das war die Frau, die im Basislager des Everest verschwunden ist. Der Fall ging ein paar Tage durch die Presse, bis eine neue Sau durchs Dorf getrieben wurde.«

»Auf jeden Fall jährt sich in zwölf Tagen ihr Verschwinden, und sie soll offiziell für tot erklärt werden. Was bedeutet, dass Leon Mendel eine Menge Asche erben wird. Also ... vermutlich.«

»Was meinst du damit?«

»Helena stammt aus einer wohlhabenden Familie. Ihr Vater war Botschafter und hat mit der Familie die halbe Welt bereist, bevor er und seine Frau, also Helenas Mutter, tödlich verunglückt sind. Ein Autounfall in Thailand. Helena hat einen Großteil des Erbes in ihre Firma gesteckt, um sie entsprechend hochzuziehen. Leon ist erst später, nach der Hochzeit, vor fünf Jahren mit eingestiegen. Sie hat noch einen Bruder, Oscar. Der hatte damals Zweifel an der Geschichte vom tragischen Unfall geäußert.«

»Ach ja? Woran glaubt er denn?«

»Es gibt ein Video auf *Vice*, auf dem er Leon für den Tod von Helena verantwortlich macht. Ist nur ein kurzes Statement, das vor einem Bürogebäude in der Innenstadt gedreht wurde und wenig Klicks bekommen hat. Vice ist tot, wie du weißt.« Lamar lachte über seinen eigenen Wortwitz.

»Und wie und wann kommt Monique ins Spiel? Immerhin sind die zwei zusammen, haben ein Kind, und sie tat so, als wäre Leon bald ihr Ehemann.«

»Monique hat als Assistentin bei Mendel & Mendel gearbeitet. Allerdings nur für ein paar Monate, dann ist sie wieder ausgestiegen.« Lamar hob entschuldigend die Hand, als wäre es nicht sein Verschulden.

Stella betrachtete das Instagram-Foto von Monique. Ihren jugendlichen, lasziven Blick, die lockigen rotblonden Haare. Sie sah wie die perfekte Versuchung aus, auf die Leon augenscheinlich angesprungen war. Die Frage war nur, ob es nach oder vor dem Unglück zwischen den beiden gefunkt hatte.

Kapitel 15

Seitdem sie die Sache selbst in die Hand genommen hatte, ging es Monique besser. Sollte Leon ruhig fluchen oder sich über sie lustig machen. In diesem Fall ging es nun mal nicht um ihn, da die Beleidigungen und Zeichen gegen sie gerichtet waren. Das Flittchen, die Fickhenne, die sich ins gemachte Nest gelegt hatte, um Leon eine Tochter zu gebären. Wenn sie nur wüssten. Doch sie wussten nicht, und Monique war gewillt, noch einen Schritt weiterzugehen. Die junge Polizistin hatte sie zwar ernst genommen, aber auch gesagt, dass sie aktuell nichts ausrichten könne. Nur leider war das so nicht akzeptabel, denn schließlich ging es um ihre Sicherheit und die ihrer kleinen Tochter. Also packte sie Marta in den Kinderwagen und spazierte auf die Uferpromenade, die um diese frühe Uhrzeit menschenleer war. Nach wenigen Metern bog sie in den kleinen Feldweg ein, der zum Nachbargrundstück führen musste. Die Zufahrt wirkte mit den Sträuchern links und rechts wie der Pfad zu einem Geisterhaus, und Monique fragte sich, ob es nicht besser gewesen wäre, auf Leon zu warten. Doch der hätte ihr diese Idee sicher wieder ausgeredet.

Im Gegensatz zu den luxuriösen Seevillen sah das Haus wie ein abgewohntes Überbleibsel aus der Jahrhundertwende aus. Düster, verwahrlost und unheimlich. Am liebsten hätte sie sich umgedreht und wäre davongerannt, doch was hätte sie damit gewonnen? Also spazierte sie bis zur Einfahrt und drückte auf die Klingel.

Zumindest bellt hier keiner dieser Höllenhunde!

Monique atmete erleichtert auf und betrachtete die abgeblätterte Fassade. Der letzte Anstrich musste lange her sein, denn man konnte nicht mal mehr die Farbe identifizieren. Weiß, beige, grau oder gar braun? Schwer zu sagen bei dem Dreck und Moos, das sich vom Boden bis zum Dach hochzog. Monique inspizierte die Fenster, die mit Gardinen zugezogen waren. Nichts bewegte sich dahinter, oder etwa doch? Da, am linken Fenster im ersten Stockwerk, war eine Bewegung auszumachen und löste einen Krampf in Moniques Eingeweiden aus.

»Geh nach Hause, du Dummchen«, flüsterte sie zu sich selbst und umklammerte den Griff des Kinderwagens. Doch sie kam nicht mehr dazu.

Die Frau aus dem Garten erschien plötzlich auf der Veranda und zielte mit einem Gewehr auf ihren Kopf. »Was machen Sie hier?«

»Um Himmels Willen, nehmen Sie die Waffe runter. Ich habe mein Baby dabei.«

»Ich habe Ihnen geraten, besser aufzupassen!«

»Nein, Sie sagten, ich solle mein Kind nicht allein lassen. Deshalb habe ich es mitgenommen, und jetzt nehmen Sie die verdammte Knarre runter. Das ist illegal.«

»Was Sie hier treiben, ist illegal.«

»Ich habe geklingelt, während Sie zweimal in unserem Garten standen, um mir einen Schrecken einzujagen.«

Die Alte lockerte den Griff um das Gewehr und nahm es schließlich herunter, um es an den Türrahmen zu lehnen.

»Ich habe Ihren jämmerlichen Schrei gehört und dachte, Ihnen wäre was passiert.«

»Sie waren noch mal da, mit einer Mütze über dem Gesicht.«

»Keine Ahnung, was Sie meinen, und es ist mir auch egal. Sie gehen mir komplett am Arsch vorbei. Es ging mir um das Kind.«

»Warum sagen Sie das? Wir kennen uns nicht einmal.«

»Ich kenne Ihren Freund. Und ich kannte dessen Frau. Und Sie möchte ich nicht kennenlernen. Also verschwinden Sie von meinem Grundstück.«

»Ich habe Ihnen nichts getan.«

»Das sagen sie alle, dabei sind sie die Wurzel allen Übels. Und Sie, Sie ... Früchtchen, bilden da keine Ausnahme.«

Monique hatte keine Ahnung, was die Frau ihr damit sagen wollte, doch sie musste schleunigst von hier verschwinden. Auch wenn es keine Antwort auf ihr ungelöstes Rätsel gab, konnte sie Stella endlich etwas präsentieren. Eine verrückte Alte, die Leute mit einem Gewehr bedroht, sollte reichen, um die Ermittlungen zu starten.

Kapitel 16

»Alles okay bei Ihnen, Herr Mendel?«

Leon blickte in die gespielt besorgte Miene von Amanda Brinkmeier. »Ja, alles gut.«

»›Alles gut‹ ist aber nicht die Antwort auf meine Frage.« Die Jungunternehmerin saß wie ein Dobermann vor ihm und wollte augenscheinlich gleich zubeißen.

Mit Mühe und Not hatte er die Präsentation durchgestanden, bevor seine Gedanken zur Papierserviette abgedriftet waren. Der Papierserviette aus Pangboche ... mit den Namen und den Herzen. »Sorry, ich war kurz woanders«, entschuldigte er sich und schaute Dunja an, in der Hoffnung, dass sie ihm aus der Patsche helfen würde. Doch ihr Blick blieb steif und ausdruckslos. »Könnten Sie die Frage bitte wiederholen?«

»Also gut, Herr Mendel. Es ging um das Budget, das ich in Anbetracht Ihres extravaganten Vorschlags in Gefahr sehe. Uns stehen 15 Millionen Euro zur Verfügung. Für alles.« Amanda Brinkmeier machte ein triumphierendes Gesicht, als hätte sie ihn überführt.

»Das wissen wir, Frau Brinkmeier, und haben entsprechend versucht, den Spagat zwischen Innovationskraft und wirtschaftlicher Darstellbarkeit zu schlagen. Natürlich sind die angedachten Materialien edel und teuer, allein das Aquarium verschlingt einen fünfstelligen Betrag. Allerdings bekommen wir durch die Kombination aus

Fernwärme und Solar steuerliche Geschenke, die wir verrechnen können. Dunja wird sich darum kümmern und Ihnen nächste Woche die Kalkulation zusenden.«

»Ich brauche sie spätestens Montag früh in meinem E-Mail-Postfach. Schließlich sind Sie nicht allein im Wettbewerb, und das Budget ist mindestens so wichtig wie die Strahlkraft des Objekts.«

»Natürlich.« Leon seufzte genervt und traute sich kaum, Dunja dabei anzusehen.

»Nicht so niedergeschlagen, Herr Mendel. Das war eine ausgezeichnete Präsentation, oder was meint ihr?« Amanda blickte zu den beiden Damen, dann zu ihrem Onkel.

»Meine Nichte hat Sie zur Höchstleistung getrieben. Es ist bemerkenswert.«

Das war alles, was Dr. Adam Brinkmeier zum neuen Vorschlag sagte, und Leon fragte sich, ob es am Ende reichen würde, zumal er keine Ahnung hatte, wie sie die Kosten ins Budget bekommen sollten. Gefühlt lagen sie fünfzig Prozent darüber, und er hatte insgeheim darauf gesetzt, dass der Chef an die Reserven gehen würde. Doch der hatte augenscheinlich seine Eier an die Nichte abgetreten, die sich einen Spaß daraus zu machen schien, Leon mit halsbrecherischen Timings unter Druck zu setzen.

Diesen Druck hätte er früher locker abgeschüttelt und im Zweifel nicht mal reagiert, schließlich hatten sich Neukunden die Klinke in die Hand gegeben. Die Zeiten hatten sich jedoch geändert, und Leon war nicht in der Position, die kleinen Spitzen wegzulächeln. Er musste dienen, und er musste liefern. Zwei Dinge, die ihm als Alphatier nicht leichtfielen, zumal ihm Dunja jetzt in der Nachbesprechung weiteren Wind entgegenblies.

»Entweder wir streichen die Ambientebeleuchtung und das Aquarium und kaufen Möbel bei IKEA, ansonsten sehe ich keinerlei Chance, auch nur in die Nähe des Budgetrahmens zu kommen«, moserte sie und blendete die Kalkulation ein.

»Wir müssen aber«, entgegnete Leon. »Zumindest für den Pitch. Wenn am Ende alles teurer wird, stecken das die Kunden meistens weg. Welches Bauvorhaben wird heutzutage schon frist- und kostengerecht umgesetzt? Wir müssen sie blenden und Leistungen notfalls exkludieren.«

»Selbst wenn ich die billigsten Materialien kalkuliere, sparen wir am Ende 1 bis 2 Millionen. Das ist … nichts.«

»Das ist ein Anfang. Nimm die Arbeitskosten raus und versieh sie mit einem Sternchen. Gleiches gilt für unser Honorar. Sternchen und noch ein Sternchen. So machen das alle großen Architekturbüros. Wir brauchen den Auftrag und müssen kreativ sein. Bei den Designs waren wir es auch.«

»Die kamen aus Helenas Schublade.«

»Mag sein, dass wir eine alte Idee recycelt haben, doch Julia hat dem Ganzen die Krone aufgesetzt. Da stecken so viele neue Ideen drin, die es vorher nicht im Ansatz gab.«

»Falls sie es denn war.«

Jetzt giftet Dunja auch noch gegen Julia …

Leon und nahm sich vor, mit ihr zu reden. Aber nicht hier und heute, denn er brauchte diese Kalkulation und einen freien Kopf, um nachzudenken. Vielleicht hatte Dunja von der Serviette in der Everest Summit Lodge in Pangboche etwas gewusst und wollte ihm ein schlechtes Gewissen einjagen. Sie und Helena waren beste Freundinnen und Dunja am Boden zerstört gewesen, als er ohne Helena aus dem Urlaub zurückgekehrt war. Sie hatte ihm nie verziehen, dass er kurz nach dem Unglück mit Monique zusammengezogen war, um Marta großzuziehen.

Der Kopf dröhnte vom ganzen Nachdenken, und Leon beschloss, nach Hause zu fahren. Auf das Angebot könnte er am Sonntag schauen, um notfalls ein paar Zahlen zu frisieren. Jetzt galt es, den Stress der letzten Tage abzubauen, und er nahm sich vor, eine Runde um den See zu joggen. Monique hatte ihn angesteckt mit ihren Zeichen und Wahnvorstellungen, und jetzt sah er plötzlich auch Gespenster, wo eigentlich keine waren.

Mit einem gefühlten Zementklotz im Magen schritt er den Wagen in der Tiefgarage ab und atmete erleichtert auf. Kein weiterer Zettel, keine neue Botschaft, kein mieses Spiel. Es sind nur deine Gedanken und Erinnerungen, beruhigte sich Leon und setzte sich ans Steuer. Dabei fiel sein Blick zum leeren Beifahrersitz, wo noch immer die Serviette lag. Entgegen dem Impuls, sie zu entsorgen, faltete er sie sorgfältig zusammen, um sie ins Handschuhfach zu legen.

Er hatte sich gerade etwas beruhigt, als ihm der dunkelblaue BMW ins Auge stach. Das Fahrzeug stand in der Einfahrt und blockierte die Garage, sodass er in zweiter Reihe parken musste. Jetzt hat sie auch noch einen Lover, schoss es Leon durch den Kopf, der seit dem Streit der letzten Nacht nicht mehr mit Monique gesprochen oder geschrieben hatte. Ein saures Aufstoßen würgte ihn, und ihm wurde augenblicklich übel. Traf sich Monique tatsächlich mit einem fremden Mann, während ihre gemeinsame Tochter oben schlief? Leon stürmte ins Haus, wo ihm Moniques aufgekratzte Stimme schon entgegenklang.

»Schatz, bist du das?«

Mit einem aufgesetzten Lächeln stapfte er ins Wohnzimmer und blickte in die Gesichter von zwei unbekannten Leuten. Eine junge Frau und ein noch jüngerer Mann saßen auf dem Sofa und tranken Kaffee mit Monique, während Marta im Laufstall an ihrer kunterbunten Rassel drehte.

»Schön, dass du heute früher kommst.« Monique strahlte und stand auf, um Leon einen Kuss zu geben. »Wie du siehst, haben wir Besuch. Das sind Stella Bellanger und Lamar Bonda von der Kripo in Potsdam, aber wir können sie beim Vornamen nennen. Ich bringe die beiden gerade auf den neuesten Stand. Und was soll ich dir sagen? Sie nehmen die Sache ernst. Sogar ziemlich ernst.«

Kapitel 17

Leon Mendel sieht aus wie Bradley Cooper, fand Stella, als sie ihn begrüßte. Zuvor hatte sie nur Fotos aus dem Internet von ihm gesehen, doch in echt wirkte er deutlich attraktiver. Er schien nicht sonderlich erfreut darüber zu sein, die Polizei im Haus zu haben, und schüttelte entgeistert ihre Hand, während er Lamar völlig ignorierte.

»Braucht ihr hier noch lange? Ich würde gern eine Runde joggen gehen.« Die Frage klang genervt, ganz so, als wären Lamar und sie zum Kaffeeklatsch gekommen.

»Setz dich bitte zu uns, Leon. Vielleicht kannst du kurz die Geschichte mit dem Zettel für Stella und Lamar bestätigen. Nicht, dass sie denken ...«

»Jetzt fang doch nicht schon wieder damit an, Monique. Die Polizei hat sicher Wichtigeres zu tun, als Kinderstreiche aufzuklären. Sorry, aber meine Frau ist gerade etwas durch den Wind, befürchte ich.«

Leon verdrehte die Augen und blickte zu Stella, als wollte er sich für Monique entschuldigen. Er wirkte wie der typische Macho, der Frauen für naiv und überaus hysterisch hielt.

»Nachdem, was uns Monique berichtet hat, gehen wir nicht von einem zufälligen Ereignis oder einem Jugendstreich aus.«

»So? Was hat sie Ihnen denn erzählt, dass Sie zu dieser scharfsinnigen Schlussfolgerung gekommen sind? Bei der

Gelegenheit würde ich gern Ihre Dienstmarken sehen. Nichts für ungut, aber Sie beide sehen ziemlich jung für Kriminalbeamte aus.«

Stella fühlte sich erneut von Leon ausgehebelt und kramte nervös den Ausweis aus der Tasche. »Mein Kollege, Herr Bonda, ist Werkstudent. Er hat noch keinen Ausweis«, entschuldigte sie den Assistenten und hielt angespannt die Luft an.

»Sorry, dass ich die nette Runde crashen muss, aber mir ist gerade nicht nach einem Gespräch mit Nachwuchspolizisten. Ich hatte eine harte Woche und würde jetzt gern mit Monique und meiner Tochter allein sein.« Er holte Marta demonstrativ aus dem Laufstall und wiegte sie in den Armen.

»Das ist absolut verständlich«, entgegnete Stella. »Ihre Freundin sagte bereits, dass Sie an einem wichtigen Auftrag arbeiten. Sie sind Architekt und führen ein Büro in Berlin-Mitte, richtig, oder?«

»Vortrefflich recherchiert. Glückwunsch!«

Leon Mendel wollte anscheinend die Arschlochnummer durchziehen.

»Sie sind vor fünf Jahren in das Business Ihrer Frau Helena mit eingestiegen, der Frau, die im Himalaja verunglückt ist. Monique meinte, dass der Zettel und der Babystrampler mit dem falschen Namen vielleicht damit zu tun haben könnten. Sehen Sie das auch so?«

Leons Gesichtszüge entgleisten, und Stella wurde klar, dass sie einen wunden Punkt getroffen hatte.

»Wer sind Sie eigentlich? Kommen direkt von der Polizeischule, setzten sich in mein Wohnzimmer, um mir blödsinnige Fragen zu stellen und Wunden aufzureißen, die sich längst noch nicht geschlossen haben. Wir brechen an der Stelle ab, und ich bitte Sie zu gehen. Jetzt.«

Leon war aufgebracht und hatte Mühe, sich im Zaum zu halten. Er setzte Marta zurück in den Laufstall und steckte ihr den Schnuller in den Mund. Stella sollte sich verabschieden und schleunigst von hier verschwinden. Ja, das sollte sie, doch sie blieb sitzen und hakte nochmals nach.

»Ihre Freundin hat uns außerdem erzählt, dass sie von einer Nachbarin bedroht wurde. Diese hat angeblich ein Gewehr auf sie gerichtet. Kennen Sie die Frau? Sie wohnt rechts von Ihnen. Also, von mir aus rechts.«

»Es wird ja immer schöner. Was hast du den beiden eigentlich erzählt?«, herrschte Leon Monique an, die verängstigt aussah.

»Nur die Wahrheit. Ich war heute Morgen bei ihr, um sie mit dem Besuch im Garten zu konfrontieren. Sie macht mir Angst, Leon, und dich scheint das nicht einmal zu jucken.«

»Das ist völliger Humbug. Natürlich interessiert es mich, wenn du oder Marta bedroht werden. Aber das, was hier passiert ist, ist kein Fall für die Kriminalpolizei. Ich habe dich gebeten, bis zum Wochenende damit zu warten, damit wir alles in Ruhe besprechen können. Ich war bis obenhin mit Arbeit dicht. Also entschuldigt, dass ich gerade etwas lauter werde, aber ich wäre jetzt gern allein mit meiner … Freundin.«

»Wir sind so gut wie weg, Herr Mendel. Trotzdem wäre es hilfreich, wenn Sie uns vielleicht etwas zu der älteren Dame sagen könnten. Wenn sie eine Waffe auf Menschen richtet, dann ist das gegen das Gesetz, und wir können etwas gegen sie unternehmen.«

»Hören Sie, Frau Stella oder wie auch immer Ihr werter Name ist. Egal, wie oft Sie versuchen, mich ins Gespräch zu zwingen, bleibt die Aufforderung die gleiche. Und die heißt Abmarsch. Ich bin nicht in der Stimmung, zu diesem Märchen etwas beizusteuern.«

»Die Alte hat auf mich gezielt, Leon!« Monique brüllte die Worte heraus, sodass Marta ihr Gesicht verzog und zu weinen anfing.

Vielleicht die letzte Gelegenheit, um es nochmals zu versuchen, überlegte Stella. »Kennen Sie die Frau? Schließlich geht es um die Sicherheit von allen.«

»Sie war eine flüchtige Bekannte meiner Frau. *Verstorbenen* Frau. Reicht das? Und nein, sie kam mir keineswegs seltsam vor, sondern war ab und an zum Kaffeetrinken da. Genau wie Sie beide jetzt gerade.«

»Wussten Sie, dass sie eine Waffe im Haus hat?«

»Nein, ich hatte keine Ahnung. Sie lebt seit der Trennung von ihrem Mann allein und hat vielleicht Angst, beklaut oder überfallen zu werden.«

»Trennung von ihrem Mann?«

»Hören Sie, wenn Sie etwas über die Dame erfahren wollen, dann fragen Sie sie am besten einfach selbst. Ich habe in meinem Leben vielleicht drei Sätze mit ihr gewechselt. *Wie geht's? Puh, ist es heute heiß. Dieses Jahr hat es viele Mücken.* Aufregend, nicht wahr?«

Leon war immer noch genervt, doch Stella hatte ihn zumindest ins Gespräch verwickelt. Sie blinzelte kurz zu Lamar, der eingeschüchtert in dem viel zu großen Sessel saß und an seinen Fingernägeln kaute.

»Wer, glauben Sie, hat den Zettel an die Tür geklebt und *Fickhenne* daraufgeschrieben?«

»Wer, glauben Sie, druckt Schimpfwörter auf Papier, um sich anschließend im Gebüsch zu verstecken? Kinder, Jugendliche, Pubertierende tun so was.«

»Wie alt ist eigentlich Ihre Tochter?«

»Was hat das jetzt damit zu tun? Sicherlich zu jung, um ihrer Mutter einen Zettel an die Tür zu kleben.«

»Sie heißt Marta, richtig?« Keine Antwort. »Na jedenfalls habe ich mich gefragt, wann Ihre Tochter zur Welt gekommen ist. Ihre Frau, sorry Ex-Frau, ist vor einem Jahr verunglückt, und die Kleine ist ja noch ein Baby ...«

»Wer sind Sie, Miss Marple?«

»Sie ist zehn Monate und acht Tage alt«, entgegnete Monique.

»Das heißt, Sie waren mit Marta schwanger, als Leon mit seiner Frau im Himalaja auf Reisen war. Also zu dem Zeitpunkt, wo das Unglück passierte.«

»Ich glaube, Sie gehen jetzt besser«, sagte Monique mit erstickter Stimme und sah verstohlen auf die leere Kaffeetasse.

»Ich werde mich bei Ihrem Vorgesetzten über Sie beschweren«, tönte Leon und tippte etwas in sein Handy ein. »Sie reißen alte Wunden und Geschichten auf, die nichts mit all dem hier zu tun haben. Glauben Sie mir, ich habe der Polizei in Berlin monatelang alles haarklein erzählt und aufgedröselt und fühlte mich am Ende wie ein Mörder und Verräter. Meine Frau ist tödlich verunglückt, und ich habe keine Ahnung, ob Sie wissen, wie es ist, wenn man zu zweit in den Urlaub fährt und allein zurückkommt. Wie es ist, wenn man jeden Tag verhört wird und Freunde und Verwandte einen misstrauisch beäugen, als hätte man die eigene Frau ermordet. Lassen Sie uns in Ruhe, und gehen Sie zurück auf ihre Polizeischule. Und jetzt raus hier, sonst beschwere ich mich bei der echten Polizei.«

Sie hatte mehr erfahren, als sie erwartet hatte, und es wurde Zeit zu gehen. Auffordernd blickte Stella zu Lamar, der wie paralysiert dasaß und keine Anstalten machte aufzustehen.

»Komm, Lamar. Wir haben jede Menge Arbeit vor uns.«

Stella kramte die Lebensmittel aus der Einkaufstasche und stellte sie auf die blank geputzte Arbeitsplatte. Vielleicht ist es ja meine Nüchternheit, die Männer auf Distanz hält, überlegte sie, denn in ihrer Wohnung sah es so steril wie in einem Möbelladen aus. Noch nie hatte sie einen Mann nach Hause mitgenommen, und es wirkte nicht so, als sollte sich das ändern. Sie setzte heißes Wasser für die Nudeln auf und goss Tomatensoße in die Pfanne. Nicht gerade kreativ, auf der anderen Seite ging Pasta meistens schnell und machte nicht viel Dreck. Dazu öffnete sie eine Flasche Lambrusco, den sie niemals in Gesellschaft trinken würde. Ihre Freundinnen würden sie auslachen, schließlich trank man heute Hugo, Spritz oder Wildberry Lillet und nicht den süßen Fusel aus Modena.

Wenn schon ein kulinarisches Desaster, dann bitte richtig!

Stella lachte in ihr leeres Wohnzimmer und schaltete den mobilen Lautsprecher an, um Musik zu hören. Je beschissener der Tag, desto härter die Beats, was bedeutete, dass es zuletzt nur ACDC auf die Ohren gab. Heute jedoch war ihr nach sanfteren Klängen, denn sie fühlte sich zum ersten Mal wie eine Polizistin. Kriminologin, um exakt zu sein. Das erste Verhör war im Kasten, und sie hatte nicht nur einen Fall, sondern sogar einen Assistenten.

Lamar hatte ihr eine Kladde zusammengestellt, die Stella zum Abendessen durcharbeiten wollte. Die Sache mit der tödlich verunglückten Ex-Frau klang spannend, und Leons Reaktion auf Stellas Frage nach dem Baby war alles andere als cool gewesen. Gut möglich, dass die aktuellen Ereignisse mit dem Unglück irgendwie zusammenhingen.

Ihr Assistent hatte etwa ein Dutzend Zeitungsartikel herausgesucht, die mehr oder minder allesamt das Gleiche publizierten: Ein angesehenes Berliner Architektenpaar war auf einer Trekkingreise im Himalaja unterwegs, als es in einen Schneesturm geriet, der für diese Jahreszeit wohl ungewöhnlich war. Aufgrund der überraschenden Wetterkapriolen entschied man sich dazu, im Zelt zu übernachten. Am nächsten Morgen war Helena plötzlich nicht mehr da. Nachdem er die Umgebung abgesucht hatte, entschied sich Leon dazu, nach Namche Bazar abzusteigen – in der Hoffnung, dass Helena dort auf ihn warten würde. Tat sie aber nicht, worauf er sie drei Tage nach der ominösen Nacht im Basislager als verschollen meldete. Die anschließende Suche mit dem Helikopter blieb erfolglos. Aufgrund der Indizien gehe man aktuell von einem Unglück aus und befürchte, dass Helena bei einem morgendlichen Spaziergang in eine Gletscherspalte gestürzt sei, schrieb die *BZ*. Darunter ein Foto von den beiden.

Stella überflog die anderen Texte, die alle mehr oder minder den gleichen Inhalt wiedergaben, bis sie auf einen Artikel in der *Berliner Morgenpost* stieß, der drei Wochen nach dem Unglück erschienen war. Man hatte Helenas Rucksack in der Nähe des Gokyo Sees gefunden. Weit entfernt vom Basislager und abseits der üblichen Abstiegsroute nach Namche Bazar. Man ging davon aus, dass sie in dem unzugänglichen Gebiet vom Weg abgekommen und gestürzt war. Der Unfall war besonders tragisch, da wenige Monate später eine neue Verordnung in Kraft trat, nach der Touristen fortan nur noch mit einem Bergführer durch Nepal trekken durften.

Schlimme Geschichte, fand Stella, die dem Bergsteigen nicht sonderlich viel abgewinnen konnte. Das Ganze klang nach einem bedauernswerten Unfall, auch wenn einige Fragen in ihr aufkeimten. Warum war Helena allein den langen Rückweg angetreten? Warum hatte Leon nicht vorher schon Alarm geschlagen? Und hatte Helena von der Affäre mit Monique gewusst, die zu der Zeit bereits mit dem Kind von Leon schwanger war?

Kapitel 18

»Es gibt keine sie. Es gibt nur uns. Also kümmere dich darum.«

Leons Brustkorb hob und senkte sich. Angstschweiß stand ihm auf der Stirn, obwohl es ziemlich kalt war. Eiskalt. Sie war zu weit gegangen. Oder war er es, der zu weit gegangen war?

»Nein ...« Seine Stimme wurde vom Wind geschluckt, nur ein Krächzen kam heraus. Ein Krächzen und gefrorener Atem, der in den sternenlosen Nachthimmel aufstieg.

»Entscheide dich, sonst entscheide ich für dich!« Ihre Stimme dröhnte durch die Windungen seines Gehörgangs, um sich in den Hinterkopf zu fressen.

Leon schrie und riss die Augen auf. Es war noch immer dunkel, doch längst nicht mehr so kalt. Er lag eingerollt auf der Couch im Wohnzimmer und starrte gegen die Decke. Ein Traum, ein gottverdammter Albtraum ... Er atmete erleichtert auf.

Hoffentlich habe ich die Kleine nicht geweckt, war der zweite Gedanke, denn schließlich lag er wegen Marta immer noch hier unten. Wegen Marta und Monique.

Wie hatte sie nur die Polizei alarmieren können? Nach allem, was er in den letzten Monaten an Fragen über sich hatte ergehen lassen müssen. Warum hatte sie nicht warten können, bis Helena offiziell für tot erklärt worden war? Bis es geregelt und endlich abgeschlossen sein würde.

Weil irgendjemand was dagegen hat, flüsterte ihm eine innere Stimme zu, und Leon stand wie von der Tarantel gestochen auf. Er zog die Turnschuhe an und nahm den Autoschlüssel vom Garderobenhaken.

Beim Öffnen der Haustür sah er sich unwillkürlich nach allen Seiten um und lauschte. Außer dem Rauschen des Windes, der das Restlaub von den Bäumen fegte, war es still, und im Gegensatz zu dem Himmel in seinem Albtraum war dieser hier voller Sterne. Eigentlich ganz friedvoll, fand Leon und öffnete das Garagentor. Er setzte sich auf den Beifahrersitz des Range Rovers und klappte das Handschuhfach auf, um die Serviette herauszuholen. Bisher hatte es keine Gelegenheit dazu gegeben, sie in Ruhe zu betrachten, und so rieb er mit den Fingern sachte über das Papier. Es musste ein Fake sein, doch tief in seinem Inneren wusste er, dass es die Serviette war, die Helena in Pangboche mit drei Herzen vollgekritzelt und in ihrer Daunenjacke verstaut hatte. Jetzt war sie augenscheinlich wieder aufgetaucht und lag in seiner Hand. Schwer in seiner Hand.

»Was machst du da?«

Leon bekam einen eisigen Schrecken und ballte instinktiv die Hand zur Faust. Er hatte Monique nicht kommen sehen, die jetzt in der Garageneinfahrt stand und mit der Handylampe auf ihn zielte.

»Leon, was tust du mitten in der Nacht in der Garage?«

»Ich, ich … weiß nicht. Ich dachte, es wäre jemand hier.«

»Was hast du in deiner Hand?

»Nichts, ein Taschentuch. Ich habe mir die Nase geputzt.« Er imitierte ein Schnäuzen, traute sich jedoch nicht hineinzurotzen.

»Gib es mir.« Monique deutete mit dem Lichtstrahl auf seine zitternde Hand, die krampfhaft um das Stück Papier gelegt war.

»Es ist nur … ein Taschentuch.«

»Dann gib es mir.«

»Das geht nicht, Monique.«

»Warum geht es nicht? Weil vielleicht eine Botschaft darauf steht? Etwas Beleidigendes? Ein Kinderstreich? Oder ist es eine Liebeserklärung? Natürlich ist es eine Liebeserklärung an den einzigartigen Leon Mendel. Denn die Bitch, sorry, die *Fickhenne*, steht ja auf der anderen Seite. Und jetzt gib mir endlich den beschissenen Zettel.«

Leon öffnete die Hand und ließ Monique gewähren. Sie faltete ihn auseinander und unterdrückte einen Schrei. Nur ein hohles Krächzen brachte sie heraus.

Sie saßen auf der Couch und flüsterten verlegen wie ein frisch verliebtes Ehepaar, auch wenn der Inhalt alles andere als leidenschaftlich war. Monique war in eine Felldecke gehüllt, während Leon Jeans und Hemd trug, als würde er zur Arbeit fahren. Er blickte auf die große Uhr im Esszimmer. Fast halb zwei. Es war mitten in der Nacht, und sie diskutierten über eine mit Kugelschreiber beschriftete Serviette, die Monique wie ein Beweisstück auf dem Wohnzimmertisch ausgebreitet hatte. Natürlich war es mehr als das, denn sie hatte Leon da, wo sie ihn haben wollte. Es gab keine Chance mehr, die Dinge als bloßen Zufall abzutun.

»Woher hast du das?« Monique tat sich hörbar schwer, ihre Stimme zu kontrollieren.

»Es hing an der Windschutzscheibe. Einfach so.«

»Und, ist es echt?«

»Keine Ahnung, Schatz. Ich bin kein Gerichtsmediziner, und nein ... wir schalten auch keinen Forensiker hinzu.«

»Ich hatte recht, und du hast mich für verrückt erklärt.«

»Ich habe dich nicht für verrückt erklärt, sondern nur um einen Aufschub bis zum Wochenende gebeten.«

»Ach ja? Das heißt, du hättest mir heute alles erzählt, auch von dieser Liebesbotschaft?« Monique nahm die Serviette in die Hand und wedelte damit vor Leons Gesicht herum.

»Es ist keine ... Liebesbotschaft. Und wenn schon, es stammt aus einer völlig anderen Zeit.«

»Also ist es echt?«

»Wie gesagt, ich bin kein Experte, Monique.«

»Aber du kennst es? Hast es schon mal gesehen?«

Er nickte und dachte zurück an den Abend im Restaurant der Everest Summit Lodge, wo Helena mit ihm Zukunftspläne geschmiedet und er dazu genickt, gelacht und ihr einen Kuss gegeben hatte.

»Wie kommt dieses Stück Papier an die Scheibe deines Autos? Du musst es die ganze Zeit bei dir gehabt haben ... ihre Liebesbotschaft.«

»Jetzt hör endlich auf! Ich weiß es einfach nicht, und sie war verdammt noch mal meine Frau. Nur weil wir beide zu der Zeit eine Affäre hatten, heißt das nicht, dass ich sie nicht noch ...«

Er biss sich auf die Zunge. Monique würde seine Beweggründe nicht verstehen.

»Was wolltest du sagen, Leon? Dass du sie zu dem Zeitpunkt noch geliebt hast? Dass du gar nicht mit mir zusammenleben wolltest? Dass alles nur so gekommen ist, weil sie einen tödlichen Unfall und du freie Bahn hattest? Besser Monique, die alte Fickhenne, als allein durchs Leben zu tingeln? Ach ja, deine Tochter trägt sie bei der Gelegenheit auch noch aus. Wie praktisch.«

Leon spürte Adrenalin durch seine Venen pumpen und hätte Monique am liebsten eine gescheuert. Er liebte ihren revolutionären Geist, doch er hasste die Ausbrüche und Verbalattacken, die sich stundenlang hinziehen konnten.

»Du weißt, dass es anders war. Ich liebe dich, und wenn du es verlangst, sage ich es jeden Tag. Dennoch war die Zeit nicht leicht für mich. Ich habe mich von Helena nicht trennen oder scheiden lassen können, da mir die Chance dazu genommen wurde.«

»Vielleicht war es am Ende besser so …« Monique hatte sich wieder im Griff und versuchte, Leon aufzubauen.

»Wie kannst du so was sagen? Sie ist tot, und es wäre mir tausendmal lieber gewesen, ihr alles zu beichten.«

»Was, glaubst du, hätte sie dazu gesagt? Es akzeptiert und dir und mir ein schönes Leben gewünscht, um aus der Villa auszuziehen?«

»Keine Ahnung, Monique. Ich denke, sie hätte es verstanden.«

»Oh, ich denke nicht, dass sie das getan hätte. Jedenfalls nicht die Helena, die ich in der kurzen, glorreichen Zeit bei Mendel & Mendel kennengelernt habe. Sie hätte mir die Augen ausgekratzt, natürlich erst nach der Geburt.«

»Ich möchte jetzt nicht mehr darüber reden, Monique.« Leon stand auf und füllte zwei Gläser voll mit Whiskey. »Lass uns lieber überlegen, wie wir vorgehen.« Er reichte Monique ein Glas und setzte sich zu ihr.

»Was meinst du?«

»Na ja, irgendjemand will uns ein schlechtes Gewissen bereiten, und ich vermute, dass es mit dem Stichtag der offiziellen Todeserklärung zusammenhängt. Bis dahin müssen wir die Füße stillhalten. Es geht schließlich um viel Geld.«

»Das weißt du doch gar nicht. Du weißt ja nicht mal, was sie dir hinterlassen hat.«

»Mag sein. Doch ich weiß, wie hoch die Versicherungspolice ist. Und das ist immerhin genug, um uns von den monatlichen Raten für das Haus hier zu befreien.«

»Ich hasse dieses Haus, Leon. Von mir aus können wir in eine Wohnung in der Stadt ziehen.«

»Das steht nicht zur Diskussion, denn solch ein Grundstück findest du nie wieder. Das hier ist unser Zuhause, es ist *mein* Zuhause. Falls du auch ein Haus am See hast, können wir darüber reden.«

»Du bist so ein Arschloch!« Monique sah ihn wütend an und kippte den Jack Daniels in einem Zug herunter.

»Ich finanziere dir und Marta ein großartiges Leben, und dafür solltest du ein bisschen dankbar sein. Dankbar und geduldig.«

»Danke, mein Gebieter. Leider fühlte sich das Leben zuletzt gar nicht so großartig an, wie du behauptest. Sondern ziemlich beängstigend. Aber anstatt etwas zu unternehmen, riskierst du lieber meinen Tod und den deiner Tochter. Lass die alte Hexe von nebenan den Job für dich erledigen. Dann bist du endlich frei. Frei von Helena, frei von mir und frei von all den Erinnerungen, die dich so schwer belasten. Na, wie wäre das?«

Es war einfach zu viel, und Leon gab ihr eine Ohrfeige. Ein roter Striemen blieb zurück, und Monique betastete ihre Wange, als würde Blut darüber fließen. Dann holte sie mit beiden Händen aus und prügelte auf Leon ein. Sie boxte ihn in den Bauch und kratzte über seine Arme, bis er sie packte und umklammerte.

»Beruhige dich, Monique. Verdammt, beruhige dich!«

Er spürte ihr Herz an seiner Brust schlagen und lauschte ihrem Atem, der langsam auf Normalniveau zurückging.

Sie kam zur Ruhe.

»Es tut mir leid«, flüsterte er ihr ins Ohr und ließ sie schließlich los.

»Mir auch«, seufzte Monique. »Umarm mich noch ein bisschen, ja?«

»Solange du willst.« Leon drückte sie fest an sich und gab ihr einen Kuss auf die Stirn.

Wir müssen zusammenhalten, schwor er sich auf die nächsten Tage, Wochen, Monate und vielleicht Jahre ein. Sonst wäre alles umsonst gewesen.

Kapitel 19

Dichte Nebelschwaden klebten an den Baumstämmen, als Stella mit dem BMW zum Nachbarhaus der Mendels fuhr. Auch so ein Wetterphänomen, das ihr in Potsdam zu schaffen machte. Bis auf wenige sonnige Momente war es im Herbst oft neblig und nasskalt, und der heutige Tag machte keine Ausnahme. Beim Anblick des verwitterten Hauses fand Stella es fast mutig, dass Monique allein mit ihrer Tochter bis hierher spaziert war. Jetzt ärgerte sie sich, dass sie nicht auf Lamar gewartet hatte, der einen frühen Termin an der Uni wahrnehmen musste. Nicht, dass er ihr im Ernstfall eine Hilfe sein würde, doch allein seine Präsenz hätte ihr jetzt gutgetan.

Zumindest hatte sie ihre Dienstwaffe, eine Walther P99, eingesteckt, die sie vorsichtig in das Holster schob, bevor sie den Wagen verließ, um am Eingangstor zu klingeln. Stella betrachtete das Haus wie durch einen grauen Filter und hielt die Luft an. So musste es Monique gegangen sein, schoss es ihr durch den Kopf, als die Haustür aufflog und ein junger Mann mit Kapuzenpulli auf die Veranda trat.

»Ja?«

»Ich suche eine Ricarda Wellendörfer. Ist sie vielleicht zu Hause?«

»Wer will das wissen?«

»Mein Name ist Stella Bellanger von der Kripo in Potsdam. Ich hätte ein paar Fragen an Frau Wellendörfer zu Vorfällen in der Nachbarschaft. Ist sie zu sprechen?«

Der junge Mann schien darüber nachzudenken und rief schließlich nach der gesuchten Dame.

Wenig später erschien eine ältere Frau, die sich mit verschränkten Armen hinter ihn stellte. »Wer will was von mir?«

»Wie ich Ihrem ... dem jungen Mann hier bereits sagte, bin ich Stella Bellanger von der Kripo in Potsdam und würde Sie gern bezüglich einiger Vorkommnisse auf dem Grundstück Ihres Nachbarn, Leon Mendel, befragen. Dürfte ich vielleicht reinkommen? Es ist kalt, und die Sicht ist schlecht. Der Nebel ...«

»Muss ich Sie reinlassen?«, blökte die Alte und schickte den jungen Mann ins Haus.

»Nein, natürlich nicht. Aber es würde die Sache leichter machen. Es geht auch fix.«

»Na, wenn es fix geht, dann schießen Sie mal los.« Ricarda war ein zäher Brocken, und Stella konnte nachvollziehen, dass Monique sich in ihrer Anwesenheit unwohl gefühlt hatte.

»Also gut, wenn Sie lieber hier draußen mit mir reden wollen ...«

»Nein, will ich eigentlich auch nicht.«

»Wie gesagt, es sind nur zwei, drei Fragen, die mir vielleicht weiterhelfen würden. Haben Sie in letzter Zeit in der Gegend etwas ... Seltsames bemerkt? Sind Ihnen vielleicht Personen aufgefallen, die Sie hier noch nie zuvor gesehen haben?« Stella musste die Frage fast schreien, um die Distanz zu überwinden.

»In der Tat. Gestern war diese Person von nebenan hier und hat, genau wie Sie jetzt, dumme Fragen gestellt. Deshalb sind Sie doch gekommen, oder etwa nicht?«

Die Alte kommt schnell auf den Punkt, merkte Stella und entschied sich für die Wahrheit. »Ich hatte gestern ein Gespräch mit Monique Wächter, und sie erwähnte, dass sie bei Ihnen war. Sie sagte auch, dass Sie ein Gewehr auf sie gerichtet hätten.«

»Sehen Sie hier etwa ein Gewehr? Fühlen Sie sich von mir bedroht?« Die Alte ließ ein humorloses Lachen folgen.

»Haben Sie denn eine Waffe im Haus?«

»Haben Sie denn eine Waffe am Gürtel?«

Stella blickte unwillkürlich hinab zum Holster, in dem die Walter steckte. Gesichert mit einer Lasche.

»Sorry, Frau Wellendörfer, aber so funktioniert das leider nicht. Sollten Sie ein Gewehr ohne Waffenschein besitzen, dann ist das illegal. Das kostet nicht nur Geld, sondern vielleicht auch die Freiheit.«

»Ich habe keine Ahnung, wovon Sie reden.«

»Dürfte ich mich davon überzeugen?« Stella unternahm einen weiteren Versuch, um ins Haus zu kommen, doch auch diesmal prallte sie an Ricarda ab wie an einem Trampolin.

»Haben Sie einen Durchsuchungsbefehl?«

Stella schüttelte den Kopf.

»War es das mit Ihren Fragen?«

»Nein. Eigentlich habe ich gerade erst angefangen, denn mich würde Ihre Beziehung zu den Mendels interessieren. Schließlich wohnen Sie seit vielen Jahren neben ihnen.«

»Seitdem sie da ist, gibt es keinen Kontakt mehr.«

Augenscheinlich meinte sie Monique, was Stella zum Anlass nahm, weiter nachzubohren. »Mit *sie* meinen Sie Frau Wächter, also die Frau, die gestern bei Ihnen war, richtig? Was ist mit Herrn Mendel, sehen Sie ihn hin und wieder? Vielleicht bei der Gartenarbeit?« Stella sah sich um und merkte augenblicklich, wie dumm die Idee klingen musste. Der Rasen sah aus, als wäre er seit Jahren nicht gemäht worden, zudem versperrte der Wald den Blick aufs Nachbargrundstück.

»Seit dem Verschwinden seiner Frau habe ich ihn nicht mehr gesehen.« Der Satz war eigentlich zu Ende, doch Ricarda ließ noch ein »Besser für ihn!« folgen.

»Warum ist es besser für ihn? Mögen Sie ihn nicht besonders?«

»Warum stehen Sie vor meinem Haus und stellen mir diese Fragen?«

Schon wieder drehte die Alte den Spieß um und konterte mit einer Gegenfrage.

»Weil sich Frau Wächter von Ihnen bedroht fühlt. Angeblich standen Sie, ohne Einladung, auf dem Grundstück der Mendels, und angeblich haben Sie ihr gestern eine Waffe entgegengehalten. Es gab Anfeindungen und Hassbotschaften.«

»Wundert mich nicht.«

»Warum wundert Sie das nicht, Frau Wellendörfer?«

»Lassen Sie das mit dem Wellendörfer. Mein Mann ist schon lange ausgezogen.«

»Das heißt, Sie haben wieder Ihren Mädchennamen angenommen?«

»Nein, das heißt es nicht. Es heißt nur, dass ich diesen Namen nicht ausgesprochen hören möchte. Und am allerwenigsten von Ihnen. Wenn Sie also keine weiteren Fragen haben, würde ich Sie jetzt bitten zu gehen.«

»Nur noch eine letzte. Mich würde interessieren, wie Sie zu Helena Mendel standen. Kannten Sie sich gut? Was war sie für ein Mensch?«

»Sie war eine starke Persönlichkeit. Nicht wie dieses Flittchen, das jetzt bei ihm wohnt.«

»Wie kann ich sie mir vorstellen?«

»Wie das exakte Gegenteil. Sie hat es nicht verdient zu sterben. Der Hurenbock hat sie krepieren lassen.«

»Nur, damit ich es richtig verstehe«, grätschte Stella in die Hasstirade. »Der ›Hurenbock‹ ist Leon Mendel, oder?«

»Alle Männer sind Hurenböcke. Das werden Sie, Sie junges Früchtchen, auch noch irgendwann am eigenen Leib erfahren.«

Gut, dass ich gerade keinen Freund habe, seufzte Stella innerlich und setzte noch mal nach. »Was, glauben Sie, ist damals auf der Trekkingreise passiert? Sie sagten gerade, dass Leon seine Frau ... krepieren ließ. Ich habe gelesen, dass es ein tragischer Unfall war, oder wissen Sie da mehr?«

»Wenn Sie das gelesen haben, dann war es sicher so.«

»Und Sie denken das nicht?«

Die Alte wirkte etwas ausgehebelt, als hätte sie mehr erzählt, als ihr lieb gewesen war.

»Verschwinden Sie endlich, denn Sie stehlen meine Zeit.«

»Wohnen Sie allein hier?«

»Was soll die Frage?«

»Na ja, ein junger Mann hat mir die Tür geöffnet. Ist das Ihr ...?

»Ha!« Frau Wellendörfer lachte dreckig auf und verzog die Mundwinkel zur Grimasse. »Dachten Sie, das wäre mein Lover? Dachten Sie, ich würde mir kleine Jungs ins Haus bestellen, um sie zu ficken? Hat sie Ihnen das erzählt?«

»Nein. Ich war davon ausgegangen, dass Sie allein hier leben.«

»Tja, wie Sie sehen, bin ich immer für eine Überraschung gut. Und jetzt verpissen Sie sich endlich von meinem Grundstück.«

Ricarda knallte die Tür zu und ließ Stella in der Einfahrt stehen.

Was für eine Hexe, dachte Stella und nahm sich vor zu recherchieren. Sie musste sich schlaumachen – über sie, ihren Mann und den jungen Kerl.

Kapitel 20

Es war nicht Stellas erste Einsatzbesprechung, doch die erste, zu der sie etwas beizutragen hatte. Ganz am Ende, als alle anderen mit ihren Fällen durch waren.

»Ich kümmere mich mit Lamar um den Einbruch in der Seevilla. Das Haus gehört einem Architekten namens Leon Mendel. Gemeldet wurde das Delikt jedoch von seiner Freundin, Monique Wächter, die von der Nachbarin mit dem Gewehr bedroht worden war. Es gab auch eine Hassbotschaft an der Haustür, die vielleicht etwas mit dem Verschwinden von Leons Ex-Frau Helena zu tun hat. Sie ist letztes Jahr bei einem gemeinsamen Trekkingurlaub in Nepal verschwunden und vermutlich tödlich verunglückt.«

»Helena Mendel, die verschollene Frau aus dem Himalaja?« Der Kommissar hustete warmen Qualm aus.

»Exakt die! Lamar hat herausgekriegt, dass die Leiche bisher nicht gefunden wurde und nächste Woche offiziell für tot erklärt wird. Bei meinem Besuch in der Villa hatte ich kurz die Gelegenheit, mit Leon Mendel zu sprechen. Er war sehr ... abweisend, genau wie diese Nachbarin. Ricarda Wellendörfer.«

»Hm«, machte der Kommissar und zog intensiv an der E-Zigarette. »Die Kripo Berlin hat sich damals um das Thema gekümmert. Am Anfang wurde in der Presse darüber spekuliert, ob der Mendel seine Frau vom Berg geschubst haben könnte. Er hat sie erst drei Tage nach dem Verschwinden als vermisst gemeldet. Das ist viel Zeit in dieser Höhe.«

»Vielleicht ist da ja was dran, da seine jetzige Freundin Monique zu dem Zeitpunkt bereits schwanger von ihm war.« Stella fühlte sich zum ersten Mal wichtig in der Runde, denn sie hatte die ungeteilte Aufmerksamkeit von ihrem Chef und erlebte das offensichtliche Missfallen von Martin Zecke, der die Hand hob, um sich einzubringen.

»Ich habe gute Kontakte zu den Kollegen und könnte mich etwas umhören«, bot er an und presste die Hände in die Hüften, als würde er gleich damit loslegen wollen.

»Nicht nötig, Martin. Die habe ich im Zweifel auch, und du bist mit der Drogensache rund um den Araber-Clan beschäftigt. Das ist wichtiger.«

»Das könnte auch Sabrina übernehmen, sodass ich Zeit für ...«

Der Kommissar hob abwehrend die Hand. »Nein, es ist Stellas Fall. Außerdem ist, bis auf den Einbruch, nichts Weltbewegendes passiert. Also nichts, worüber wir uns Sorgen machen müssten. Ich war nur überrascht, dass dieser Mendel darin involviert ist.«

»Was soll ich als Nächstes tun?« Stella blickte ihren Chef an und wedelte den Zigarettenqualm zur Seite.

»Sie mögen keinen Rauch, was?«

»Sorry, dass ich das so sagen muss, Chef. Aber ihre Zigarette riecht verdammt nach Hasenfurz!« Stella konnte kaum glauben, dass ihr die Bemerkung gerade herausgerutscht war. Endlich nahm der Mann im muffigen Cordsakko sie zur Kenntnis, und sie hatte nichts Besseres zu tun, als ihn und seine Zigarette zu beleidigen.

»Wirklich?« Er schaute die Kolleginnen und Kollegen an, die verschämt nach unten blickten.

»Also gut, dann schalte ich sie eben aus. Genau das wäre mein Rat für sie im Mendel-Fall. Falls Ihnen zufällig der Einbrecher über den Weg läuft, dann buchten Sie ihn ein. Der Rest ist bisher reines Hörensagen und nicht wert, dass Sie Ihre Zeit darauf verschwenden.«

Aber Stella wollte ihre Zeit darauf verschwenden, da alles besser war, als unter den Bergen alter Akten zu verstauben. Zudem glaubte sie fest daran, dass der Mendel-Fall noch ein paar Überraschungen bereithielt, sodass sie die Information über den fingierten Einbruch nach wie vor für sich behielt.

Lamar saugte am Strohhalm eines grünen Mixgetränks, als Stella zurück an ihren Schreibtisch kam.

»Und, was hat der Chef gesagt?«

»Dass du schlampig recherchiert hast und dein Drink wie eine Fangopackung aussieht.«

»Das ist ein Spinat-Bananen-Smoothie. Den solltest du auch versuchen, angeblich bekommt man davon schöne Haut.«

»Danke für den Tipp, Kleiner, doch schöner wird's nicht. Und jetzt schieb dieses ekelhafte Gesöff zur Seite und sieh zu, dass du etwas zu Ricarda Wellendörfer und Helena Mendel herausfindest.« Stella fingerte an ihren Haaren herum und formte sie zu einem Pferdeschwanz.

»Das heißt, wir sind noch dran an diesem Fall?«

»Natürlich sind wir ... dran. Aber unter dem Radar. Während du also gleich in der Nase popeln und das Internet durchkämmen darfst, statte ich meiner neuen Freundin Monique einen Besuch ab.«

»Du willst noch mal hinfahren?« Lamars zusammengekniffene Augen verrieten, dass er das für eine schwierige Mission hielt.

»Ja, ich denke, dass sie mir irgendetwas verheimlicht. Bewusst oder unbewusst. Das muss ich herausfinden.«

»Glaubst du, sie ist in Gefahr?«

»Vielleicht ist sie selbst die Gefahr. Wer weiß das schon?« Stella kramte die Dienstwaffe und ihren Ausweis aus der Schublade und verließ das Polizeirevier.

Kapitel 21

Jetzt kocht die ganze Scheiße wieder hoch! Monique hatte es von dem Moment an gewusst, als das Huhn an ihr vorbeigelaufen war. Zufälle reihten sich nun mal nicht wie Perlen auf einer Kette aneinander, und sie ahnte, dass es längst noch nicht das Ende war. Was konnte sie dafür, dass sie sich in Leon und er sich in sie verliebt hatte? Was konnte sie dafür, dass Helena auf einer Urlaubsreise tödlich verunglückt war? Natürlich wäre ihr Leben anders verlaufen, und sie würde jetzt allein wohnen. Oder sie hätte jemand anderen kennengelernt. Und Leon wäre immer noch mit seiner Ex zusammen. Mit ihr und mit ... Marissa.

Monique legte dezent Mascara auf und betrachtete sich im Spiegel. Sie sah blass und erwachsen aus, ganz so, als wäre sie in den letzten Tagen um zwei, drei Jahre gealtert.

Die Jugend hat mich verlassen, schoss ihr der Gedanke durch den Kopf, während Marta im Hintergrund vergnügt kreischte. Es war nie Moniques Plan gewesen, mit sechsundzwanzig Jahren schon ein Kind zu haben. Aber manchmal hat man keine andere Wahl, und anstatt es zu respektieren, legten einem die Leute Steine in den Weg. Ja, sie hassten es, wenn andere Menschen glücklich waren. Es war eine Missgunstgesellschaft, in der sie lebten, und irgendeiner dieser Neider hatte es auf sie abgesehen. Auf uns, korrigierte sich Monique im Geiste, denn schließlich hatte man auch Leon eine Botschaft hinterlassen. Auch wenn er es als Zufall oder Jugendstreich abtat, wusste sie, dass es ihn innerlich bewegte, schließlich war Helenas Tod eine Zäsur gewesen. Eine Zäsur für ihre Affäre, die bereits dem Untergang geweiht gewesen war.

Monique hatte dies geahnt und sich, so gut es ging, auf das Ende ihrer kurzen Beziehung vorbereitet. Doch es hatte kein Ende gegeben, sondern einen Anfang, und daran wollte sie jetzt festhalten.

Eine Böe erfasste das Haus und ließ die Scheiben in den Fenstern kurz vibrieren. Sie zuckte unwillkürlich zusammen und verzog den Lidschatten. Ein schwarzer Strich zierte ihre Wange, der wie eine Tränenspur aussah. Sie verwischte die Farbe, als es an der Tür klingelte.

»Okay, die creepy Geistershow geht weiter«, flüsterte sie zu sich selbst und tippelte zum Schlafzimmerfenster, um hinunterzusehen. Vor der Garage parkte der dunkelblaue BMW der jungen Polizistin, über die sich Leon maßlos aufgeregt hatte. Monique dachte darüber nach, sich einfach totzustellen, als Marta wieder zu weinen begann. Niemand nimmt mir ab, dass ich meine Tochter allein zu Hause lasse, nicht einmal diese naive Göre. So hatte Leon sie genannt, was nicht weiter ungewöhnlich war, da alle ambitionierten Frauen unter fünfundzwanzig für ihn aufmüpfige Gören waren. Wahrscheinlich hat er sich deshalb in mich verliebt, orakelte Monique, die mit Karriere nichts im Sinn hatte. Wie auch ... bei dem finanziellen Background ihrer Eltern.

Sie nahm Marta auf den Arm und ging nach unten, um die Tür zu öffnen.

»Hallo, Monique. Entschuldigung, dass ich Sie störe, doch mir kreisen ein paar Fragen durch den Kopf. Haben

Sie vielleicht einen Moment Zeit? Es dauert auch nicht lange ...«

Stellas Haare wirbelten in alle Richtungen, und Blätter flogen wie Konfetti durch die Luft.

»Es ist jetzt gerade etwas schlecht ...«, stammelte Monique.

»Es geht schnell, versprochen. Ich war bei Ihrer Nachbarin, Frau Wellendörfer.«

»Ach ja?«

»Ich glaube, dass sie mit Helena Mendel gut befreundet war. Vielleicht ist das der Grund, warum sie nicht gut auf Sie, Monique, zu sprechen ist. Diese Frau könnte ein Problem werden. Darüber möchte ich mit Ihnen reden.«

Also doch. Monique hatte es gewusst, und die Polizistin bestätigte das alles nun. Die verrückte Alte war die Neiderin, die es auf sie abgesehen hatte. Aber warum gerade jetzt? »Danke, dass Sie extra hergekommen sind, um es mir zu sagen. Ich werde auf mich aufpassen.«

»Könnten wir trotzdem miteinander reden? Vielleicht bei einer Tasse Kaffee? Es ist arschkalt und ... ziemlich windig.« Stella ruderte mit den Armen, als würde sie gleich abheben.

»Ich weiß nicht, ob das eine gute Idee ist. Ich habe etwas überreagiert, denn im Grunde ist ja nichts passiert. Mir geht es gut, Marta geht es gut, und die alte Dame wollte sicher nur behilflich sein. Wenn man allein hier draußen ist, wird man etwas seltsam oder sieht verrückte Dinge.« Monique hoffte, dass Stella sich damit zufriedengeben würde, schließlich hatte sie Leon versprochen, die Füße zunächst stillzuhalten.

»Ich glaube nicht, dass Sie sich das eingebildet haben. Und wer weiß, vielleicht sind Sie ja tatsächlich in Gefahr.«

»Ich denke nicht. Und wenn doch, dann melde ich mich bei Ihnen. Es ist nur gerade etwas schlecht. Die Kleine braucht mich.«

»Wie hat Helena damals darauf reagiert?«

»Worauf ... reagiert?«

Stella ist wie ein Köter, der sich verbissen hat und nicht mehr loslassen will, ärgerte sich Monique. Warum hatte sie diese ... Göre nur so nah an sich herangelassen?

»Na ja. Sie waren schwanger mit dem Kind von Leon. Hatte Helena davon gewusst?«

Monique fühlte sich in die Ecke gedrängt. Anstatt ihr zu helfen und die Alte ins Visier zu nehmen, kramte diese Polizistin in der Vergangenheit herum. Einer Vergangenheit, die nur sie, Leon und Helena etwas anging.

»Es ist anders, als Sie denken. Und damit möchte ich das Gespräch beenden. Wie schon gesagt, glaube ich, dass alles ein Missverständnis war und ich überreagiert habe. Bitte entschuldigen Sie, dass ich Ihnen Unannehmlichkeiten beschert habe. Es wird nicht mehr vorkommen.«

»Sie haben mir keine Unannehmlichkeiten beschert. Ganz im Gegenteil, es ist mein Job, für Ihre Sicherheit zu sorgen.«

Langsam ging ihr Stella auf die Nerven. Warum fuhr sie nicht einfach ins Revier und kümmerte sich um echte Verbrechen? »Das ist gut zu wissen, und ich verspreche Ihnen, mich sofort zu melden, falls etwas Ungewöhnliches passiert. Schönen Tag noch.« Monique rang sich ein Lächeln ab und fingerte nach der Tür.

»Haben Sie geweint, Monique?«

»Was? Wieso?«

»Da ist Lidschatten auf Ihrer Wange.«

»Ach das! Nur ein Versehen.«

»Haben Sie vor etwas Angst? Vielleicht vor Leon? Hat er Ihnen geraten, nicht mit mir zu reden?«

»Angst vor Leon? Mein Gott, Sie denken ja wie ein Psycho. Bitte, gehen Sie jetzt.«

Stella nickte, als hätte sie Bestätigung für den Verdacht erhalten, und lief geduckt zu ihrem Fahrzeug, während der Wind durch ihre Haare peitschte.

Dann war sie weg, und Monique wieder allein. Allein mit Marta und ihren Gedanken und dem Wissen, dass Stella recht hatte: Sie hatte Angst. Aber nicht vor Leon.

Kapitel 22

Natürlich bekam er von Amanda Brinkmeier eine Abwesenheitsnotiz, als er ihr das Angebot per E-Mail schickte. Diese Bitch! »Keinen Anstand, aber eine große Klappe«, grummelte Leon, der trotzdem überzeugt war, den Zuschlag zu bekommen.

Dunja war es gelungen, die Kosten um fünfundzwanzig Prozent zu senken, und sie hatten ihr Honorar aus dem Angebot herausgenommen. Außerdem würde keiner der Wettbewerber ein so innovatives Gebäude planen wie Mendel & Mendel, davon war Leon überzeugt. Es hatte die Qualität der guten alten Zeiten, nur ohne Helena, was es vielleicht noch etwas besonderer machte.

Er saß allein im Konferenzraum und starrte durch die Scheiben auf sein Team, das sich pärchenweise gegenübersaß. Am Kopfende tuschelten Dunja und Julia, während Rainer und Tom konzentriert in ihre Tastaturen tippten. Natascha und Veronika waren zu Besuch bei einem Kunden, während Tibor ganz allein am Doppelschreibtisch thronte. Die andere Hälfte war für Praktikanten oder Werksstudenten vorgesehen. Oder für Spezialfälle, wie Monique einst einer gewesen war.

Wer von seinen Leuten hatte ihm die Serviette an die Scheibe gesteckt? Die mit den drei Herzen. Die mit dem Kindernamen Marissa, von dem nur wenige Eingeweihte etwas gewusst hatten. Dunja und Julia vielleicht? Oder

Tom, den Helena damals attraktiv fand? Vielleicht war es aber auch Joachim gewesen, ihr gemeinsamer Anwalt, der immer auf Helenas Seite gestanden hatte und es selbst jetzt, nach ihrem Tod, noch so handhabte. Oder Oscar, Helenas Bruder, oder vielleicht am Ende doch Ricarda? Keine Ahnung, was Helena in ihr gesehen hatte, denn für Leon war sie schon damals eine gemeine alte Schachtel gewesen. Gemein und überaus verdorben.

Warum will mir jemand von denen ans Bein pinkeln, überlegte er, als sein Handy klingelte.

Monique, auch das noch.

»Was ist jetzt schon wieder los?«

»Sie haben Marta gestohlen!« Monique schrie in den Hörer, ihre Stimme bebte. Doch nicht vor Trauer, sondern vor nackter Panik. Und vor Wut. Wut auf ihn.

»Was ... was redest du denn da?«

»Leon, sie haben unsere Tochter entführt.«

»Wer hat unsere Tochter entführt? Jetzt beruhige dich und erzähl mir, was passiert ist.« Leons Herz pochte in seinem Schädel und erzeugte ein Gefühl von Schuld, das er zu gut kannte.

»Du musst sofort kommen, Leon. Du und die Polizei.«

»Natürlich komme ich«, versuchte Leon zu deeskalieren. »Aber was genau ist denn passiert? Wo ist die Kleine?«

»Ich war spazieren. Die übliche Runde. Einkaufen. Alles wie immer. Ich stand beim Obst. Ich habe mich nur kurz umgedreht. Zwei Sekunden. Ich habe niemanden bemerkt, und dennoch war Marta weg. Sie lag einfach nicht mehr im Kinderwagen. Als wäre sie herausgesprungen und fortgelaufen.«

»Das geht doch gar nicht.«

»Weiß ich selbst, dass das nicht geht!« Monique schrie jetzt wieder, und irgendetwas ging zu Bruch.

»Hast du im Supermarkt nachgefragt? Jemand muss etwas gesehen haben.«

»Natürlich habe ich die blöden Verkäuferinnen gefragt, die aber niemanden mit einem Kind im Arm gesehen haben. Es war diese Hexe, Leon. Die junge Polizistin hat bestätigt, dass sie gefährlich ist. Und jetzt hat sie unsere Tochter. Und das ist allein deine verfickte Schuld.«

»Beruhige dich, Monique. Hast du schon mit der Polizei gesprochen?«

»Nein. Das durfte ich ja nicht. Wegen der Erbschaft und dem ganzen Scheiß. Aber das ist mir jetzt so was von egal, denn sie haben ...«

»Bleib, wo du bist, ich bin in einer guten halben Stunde da und kümmere mich um alles.«

»Du kümmerst dich einen Scheißdreck um alles. Wegen dir und deinem Nichtstun ist Marta jetzt verschwunden.«

»Und ich bringe sie zurück. Das verspreche ich dir. Also, bleib cool und warte, bis ich bei dir bin.«

Leon legte auf, um keine weitere Zeit mit Diskussionen zu verschwenden. Gemeine Botschaften waren das eine, die Entführung seines Kindes ein anderes Kaliber, und er hoffte, dass am Ende alles nur ein böser Irrtum war.

Er trat das Gaspedal voll durch und schoss mit 98 km/h an der eigenen Hauseinfahrt vorbei. Monique würde sich gedulden müssen, denn zuvor wollte er noch etwas ausschließen. Ausschließen oder Bestätigung erlangen. Er fuhr den zugewachsenen Waldweg bis zu Ricardas Haus und drückte viermal auf die Hupe. Sie würde ihn schon hören, wie sie alles hörte und sah … hinter ihren eisernen Vorhängen.

Leon öffnete die Fahrertür und lauschte. Hätte er zu Hause viermal gehupt, wäre Marta sicher darauf angesprungen und hätte angefangen zu schreien. Außer dem Rauschen des Windes war jedoch nichts zu hören, und Leon betätigte die Klingel. Es dauerte fünf Minuten, in denen nichts passierte, außer dass die Sorge in ihm wuchs. Plötzlich ging die Tür auf, und Ricarda erschien mit verdreckter Kittelschürze und ungekämmten Haaren.

»Du hast Mut, hier aufzukreuzen.«

»Hast du sie? Hast du meine Tochter?« Leon versuchte, in Ricardas Gesicht etwas zu lesen.

»Hat deine kleine Hure sie verloren? Wundern würde es mich nicht …«

»Spar dir deine Beleidigungen!«, ächzte Leon. »Hast du Marta entführt? Hast du mir diesen Schmierfetzen an die Windschutzscheibe gesteckt?«

»Dir scheint ja ganz gehörig die Muffe zu gehen. Hast dich rargemacht im letzten Jahr.«

»Mir ist jetzt nicht nach alten Geschichten, Ricarda. Ich will nur wissen, ob du irgendetwas mit der Entführung meiner Tochter zu tun hast?«

»Meinst du, sie ist hier? In meinem Haus?«

»Wäre ja nicht das Einzige, was du dort versteckt hältst, oder?«

Ricarda ging ein paar Schritte auf Leon zu. Ganz so, als wollte sie ihn ebenfalls in Augenschein nehmen, um seine Absichten zu lesen.

»Interessant, dass ausgerechnet du das sagst. Ich glaube, du solltest besser zu deiner Hure gehen und dein Kind suchen.«

»Du hast sie mit einer Waffe bedroht und warst auf unserem Grundstück. Dafür könnte ich dich anzeigen.«

»Siehst du hier eine Waffe? Ich nicht. Und auf eurem Grundstück war ich schon eine Ewigkeit nicht mehr. Seitdem du sie zurückgelassen hast ...«

Leon spürte, wie sich ihm die Kehle zuschnürte. Er durfte sich nicht provozieren lassen. Nicht von dieser Frau.

»Ich frage dich ein letztes Mal. Hast du etwas mit dem Verschwinden meiner Tochter zu tun?«

»Ja, sicher. Sie ist hier bei mir im dunklen Keller, und ich erzähle ihr, was für ein Schwein ihr Vater ist. Genau wie alle anderen Männer auch.«

Leon schüttelte resigniert den Kopf und wendete sich ab. Er würde aus Ricarda keinen ehrlichen Satz herauspressen können, auch wenn er insgeheim bezweifelte, dass sie mit Martas Verschwinden etwas zu tun hatte.

Es wurde Zeit, nach Hause zu fahren, denn vielleicht war Marta zwischenzeitlich aufgetaucht.

Doch das Gegenteil war der Fall, und Monique trommelte mit den Fäusten auf Leons Oberkörper ein, während er versuchte, die Arme wie eine Zwangsjacke um sie zu legen. Er ließ sie kreischen, schreien, weinen, fluchen, er ließ sie gewähren, bis sie schließlich erschöpft zu Boden sank und sich um seine Füße krümmte wie ein Embryo.

»Steh auf, Monique. Wir müssen einen klaren Kopf bewahren und Marta finden.«

»Es war diese Hexe ...«, stammelte seine Freundin und wischte sich die Tränen aus den Augen.

»Ich war gerade bei ihr. Sie wirkte ahnungslos.«

»Dann lügt sie, Leon. Sie ist böse, und ich möchte, dass

du jetzt die Polizei anrufst und ein Suchkommando losschickst, das mir meine Tochter wiederbringt.«

»*Unsere* Tochter, Monique. Vielleicht versuchen wir erst einmal selbst, sie zu finden. Ich durchforste den Supermarkt und befrage die Mitarbeiter. Danach fahre ich die Gegend ab.«

Er wusste, dass er mit dem Plan Monique in Rage bringen würde, doch *diese* Attacke hatte er nicht kommen sehen. Sie krallte sich mit den Fingernägeln in seinen Knöchel und kratzte über die Haut.

»Scheiße, was soll das?« Leon riss sich ruckartig los und traf Monique an der Oberlippe. Ein Rinnsal Blut rann über ihr Kinn, und sie sah wie ein Vampir aus. »Sorry«, japste Leon und half ihr auf.

»Ich scheiße auf dein Sorry. So, wie ich auf dein Geld und dieses verfluchte Haus scheiße. Ich will mein Kind zurückhaben. Und ich will, dass du die Polizei verständigst. Und zwar sofort. Und wenn dir die ... Göre nicht passt, dann such jemand anderen, der endlich etwas unternimmt.«

Monique spuckte ihm das Wort *Göre* förmlich vor die Füße, und er nahm es dankbar auf.

»Ist schon gut, gib mir ihre Nummer, und dann rufe ich sie an.«

Besser eine junge, unerfahrene Polizistin als ein gestandener Kommissar, der die Vergangenheit auseinandernimmt.

Er tippte Stellas Nummer in sein Handy.

Kapitel 23

»Kommst du am Wochenende nach Hause? Wir vermissen dich, Schatz.«

Stella verdrehte innerlich die Augen. Ihre Mutter machte jedes Mal einen Terz, wenn es nicht nach ihrer Nase ging. »Ja, ich vermisse euch auch, Mama. Und nein, ich muss arbeiten.«

»Woran arbeitest du denn so intensiv? Du wirst doch sicher einen der beiden Tage freibekommen, oder etwa nicht?«

»Es ist gerade viel zu tun, und ich kann einfach nicht weg. Vielleicht nächstes Wochenende.«

»Nächstes Wochenende sind dein Vater und ich auf Rügen. Unser Hochzeitstag, wie du weißt.«

»Ja, sicher. Dann übernächstes halt …« Stella wurde durch das Anklopfen eines Anrufers unterbrochen und starrte aufs Display. Unbekannt. »Du, Mama, ich habe jemanden in der Leitung und sollte rangehen. Bestell Papa einen schönen Gruß von mir und bis bald.« Stella würgte ihre Mutter ab und drückte auf die grüne Taste. »Hallo?«

»Spreche ich mit Stella Bellanger von der Polizei in Potsdam?«

Stellas Herz begann, schneller zu schlagen, denn sie kannte die Stimme, und die Stimme klang aufgeregt. Ziemlich aufgeregt. »Ja, hier ist Stella. Wer ist denn da?«

»Leon Mendel. Sie haben meiner Freundin Ihre Rufnummer gegeben und ... wir haben einen Notfall. Könnten Sie vielleicht vorbeikommen?«

Stella sah auf ihr Handy, das gerade einmal 15.00 Uhr anzeigte. Sie hatte heute eher Feierabend gemacht, da ihr einziger Fall *on hold* war und sie keine Lust dazu gehabt hatte, es Lamar zu beichten. Anscheinend hatte sich der Status gerade auf *in progress* geändert, und obwohl Leon am Telefon nichts sagen wollte, willigte sie dankbar ein und spurtete zum Auto.

Im Gegensatz zu ihrer ersten Begegnung wirkte er diesmal geradezu devot, als er sie an der Tür begrüßte.

»Stella, ich darf doch Stella sagen, oder? Jedenfalls schön, dass Sie so kurzfristig kommen konnten.«

Er gab ihr die Hand, kraftvoll und warm, was so gar nicht zu seinem nervösen Gesichtsausdruck passte. Er dirigierte Stella ins Wohnzimmer, wo Monique eingerollt in eine Decke auf dem Sofa saß und aus verquollenen Augen blinzelte. Die Mascara war über das Gesicht verteilt, und ihre Hände zitterten, als hätte sie einen epileptischen Anfall erlitten.

»So sieht man sich wieder.« Die Worte klangen fast wie eine Entschuldigung für das abweisende Verhalten am Vormittag.

»Was ist passiert?«

»Man hat mir mein Kind gestohlen. *Sie* hat mir mein Kind gestohlen.« Monique hob den Zeigefinger und deutete nach draußen.

»Das wissen wir doch gar nicht«, unterbrach Leon, der Stella unaufgefordert ein Glas Wasser in die Hand drückte, während er sich etwas Alkoholisches in einen Whiskey-Schwenker kippte. »Wollen Sie auch einen?«, fragte er Stella.

»Ich bin im Dienst. Aber danke für das Wasser. Und jetzt bitte von vorn. Was genau ist passiert?«

»Unsere Tochter ist verschwunden. Meine Freundin, also Monique, war mit Marta einkaufen und hat den Kinderwagen einen Moment aus den Augen gelassen. Und danach lag die Kleine nicht mehr drin. Ich bin sofort nach Hause gefahren und habe Sie angerufen. Das ist in aller Kürze die Geschichte.«

»Ich habe sie aus den Augen gelassen? Wie kannst du so was sagen?« Monique presste die Worte wütend heraus und befreite sich aus der Decke.

»So war es nicht gemeint, Schatz. Aber hättest du in diesem Augenblick auf den Kinderwagen geachtet, wäre sie noch immer da. Es sagt niemand, dass es deine Schuld war.«

»Du sagst es doch genau so, Leon. Ich hätte nicht aufgepasst, und deshalb ist Marta jetzt verschwunden. Anstatt dich um die Hexe von nebenan zu kümmern, gibst du also mir die Schuld.«

Stella beobachtete den Streit wie von einer Zuschauerterrasse aus und fand wenig Gemeinsamkeiten zwischen den beiden. Bis auf das Aussehen vielleicht.

»Haben Sie im Supermarkt nachgefragt? Vielleicht ist Ihre Tochter aus Versehen aus dem Kinderwagen ge... krabbelt?« Stella kannte sich nicht sonderlich gut mit Kindern aus und überlegte, ob so ein Baby wohl eigenständig aus dem Kinderwagen fliehen konnte.

»Natürlich habe ich im Supermarkt nachgefragt. Ich habe den ganzen Laden zusammengeschrien, aber niemand hat etwas gesehen. Sie haben mich angeschaut, als wäre ich mit einem leeren Kinderwagen reingekommen. Und unsere Tochter kann gerade mal sitzen.«

Eine durchaus valide Option, dachte Stella, in Anbetracht von Moniques geistiger Verfassung. Andererseits war das Kind verschwunden, und sollte es entführt worden sein, dann wäre dieser Fall weit über ihrer Erfahrungs- und Gehaltsklasse.

»Monique, Sie deuteten vorhin an, dass vielleicht Ihre Nachbarin, Frau Wellendörfer, etwas damit zu tun haben könnte. Gibt es dafür irgendeinen Hinweis? Etwas, das ich noch nicht weiß?«

»Sie war es ...«

»Es bringt doch nichts, wildfremde Menschen zu beschuldigen, Monique. Sorry, Stella, aber sie ist gerade ziemlich durcheinander.«

»Sie ist keine Wildfremde. Du warst vorhin bei ihr und hast sie anschließend in Schutz genommen.« Monique funkelte Leon an, der sichtlich angeschlagen wirkte.

»Sie waren bei ihr?«

»Ja, ich bin nach Moniques Anruf zu Frau Wellendörfer gefahren und habe sie direkt gefragt.«

»Sie haben sie gefragt, ob sie Ihre Tochter entführt hat, und sie hat Nein gesagt?«

»Hören Sie, Stella, das mag für Sie naiv klingen, aber ich glaube nicht, dass die Frau etwas damit zu tun hat. Meinetwegen nehmen Sie sie auseinander, es ist nur wichtig, dass wir keine weitere Zeit mit Schuldzuweisungen verlieren, sondern endlich etwas unternehmen. Was macht man denn in einem solchen Fall?«

Gute Frage, dachte Stella, die den Polizeieinsatz bei Kindesentführung nur aus der Theorie kannte.

»Die richtigen Fragen stellen. Oft kommt der Täter direkt aus dem Bekannten- und Verwandtenkreis. Sollte

Marta tatsächlich entführt worden sein, dann wird sich der Entführer melden. Die ersten vierundzwanzig Stunden sind von entscheidender Bedeutung, von daher werde ich jetzt meinen Vorgesetzten, Kommissar Stefan Riediger, verständigen, der den Einsatz leiten wird.«

»Was soll das heißen? Sie sind raus, weil Sie überfordert sind?«

»Nein, Leon. Ich bin raus, weil es meine Kompetenzen überschreitet. Wie Sie selbst sagten, sehe ich nicht nur jung aus, sondern bin es mit vierundzwanzig Jahren auch. In Ihrem Fall benötigen Sie einen erfahrenen Polizisten, und da sind Sie bei meinem Chef in exzellenten Händen.« Es war das erste Mal, dass sie seinen Vornamen ausgesprochen hatte, und obwohl er es ihr angeboten hatte, fühlte es sich seltsam an.

»Monique und mir ist es wichtig, dass Sie an Bord bleiben, Stella. Wir haben eine Vertrauensbasis zu Ihnen aufgebaut, und ich erwarte, dass Sie für uns da sind.«

Stella konnte den Turnaround kaum nachvollziehen, da er sie beim ersten Besuch noch aus dem Haus geworfen hatte.

»Das entscheidet mein Chef, den ich jetzt anrufen werde, damit wir mit der Suche starten können. Einverstanden?« Stella blickte zu Monique und zu Leon und zückte dann ihr Handy.

Stefan Riediger war der Typ Polizist, den Stella für ein Auslaufmodell hielt. Altmodisch, übergewichtig und alles andere als zielstrebig und agil. Wäre da nicht die E-Zigarette, könnte man meinen, dass er aus einer anderen Epoche stamme. Einer Zeit ohne Internet, Handys und soziale Medien.

Nachdem Stella ihn angerufen hatte, war er mit Martin Zecke im Schlepptau zum Haus am See gekommen, um sich mit Leon und Monique zu unterhalten. Sie war raus, und ihr schmieriger Kollege würde übernehmen, davon war Stella überzeugt, bis ihr Chef sie mit hinzubat.

»Stella, Sie und ich fahren jetzt zum Supermarkt, befragen die Mitarbeiter und lassen uns das Videomaterial zeigen. Irgendetwas ist vielleicht darauf zu sehen, das uns einen Hinweis gibt.« Trotz der Dringlichkeit der Lage sprach er ruhig und gelassen. »Du, Martin, informierst alle Dienststellen im Umkreis und schickst ihnen ein Foto von der Kleinen. Sag ihnen, dass es einen Verdacht auf Kindesentführung gibt, das sollte für Alarm sorgen.«

»Und wir, was können wir selbst tun?« Leon klopfte mit der Faust in seine offene Hand, als würde er am liebsten selbst den Einsatz leiten wollen.

»Sie bleiben hier und kümmern sich um Ihre Freundin, der es nicht besonders gut geht. Vielleicht meldet sich jemand in der Zwischenzeit, der Ihre Tochter gefunden oder irgendwas gesehen hat. Oder es meldet sich jemand, der Sie erpressen will. In der Regel wird sich etwas in den nächsten Stunden tun. Seien Sie darauf gefasst.«

Monique stöhnte kurz auf und fing an zu weinen, was so etwas wie das Zeichen für den Aufbruch war.

»Wem habe ich das zu verdanken?«, fragte sie ihren Chef, als sie im Auto saßen.

»Dass Sie einen alten Sack chauffieren dürfen?«

»Ich hätte darauf gewettet, dass ich raus bin und Martin übernehmen wird. Außerdem sind sie mit sechzig noch lange kein alter Sack. Sagt zumindest mein Vater von sich selbst, und der ist dreiundsechzig.«

»Aber Sie halten mich für einen alten Sack. Für einen Sesselpupser«, entgegnete ihr Chef, und Stella überlegte, ob und mit wem sie über ihn gelästert hatte.

»Ich hatte bisher keine Gelegenheit, mir ein Bild von Ihnen zu machen. Aber jetzt sind wir ja Partner.« Stella versuchte, mit einem Scherz die Situation zu lösen, und entlockte ihrem Beifahrer ein mattes Schmunzeln.

»Dieser Mendel sagte, dass Sie ein Vertrauensverhältnis zu ihm und Frau Wächter aufgebaut hätten und er sie unbedingt dabeihaben wolle.«

»Also bin ich wegen ihm dabei.«

»Unter anderem.«

»Und Sie halten mich für eine oberschlaue Polizistentochter, die es ihrem Dad beweisen will.«

»Unter anderem.«

»Sie können mich nicht leiden, oder?«

Der Kommissar blickte ungerührt aus dem Fenster und schien an einer Antwort zu feilen.

»Sie können ruhig ehrlich sein«, forderte Stella ihn auf.

»Oh, keine Sorge. Ich mag etwas schwerfällig wirken, aber mit Ehrlichkeit habe ich keinerlei Probleme. Also ja, ich mag Sie nicht besonders, was sicherlich an Ihrem Vater liegt. Er mag mich auch nicht, sodass wir uns in diesem Punkt mal einig sind. Sie können also nichts dafür, Stella.«

»Da bin ich ja beruhigt. Es muss Sie ordentlich wurmen, dass wir jetzt gemeinsam unterwegs sind.«

»Keine Sorge, wenn mich das wurmen würde, dann säßen Sie jetzt am Schreibtisch mit den alten Fällen.«

»Ich will was lernen, okay?« Stella blickte ihren Chef an und vergaß für einen Augenblick die Ampel, die auf Grün sprang.

»Wer weiß, vielleicht lerne ich ja was von Ihnen, Kindchen. Sie können übrigens fahren.«

Der Lebensmittelmarkt befand sich in einem kleinen Industriegebiet am Stadtrand. Ein einfallsloser Betonbau, umgeben von einem Schachbrettmuster aus Parkplätzen, dahinter direkt Wald. Ideal, um nach einem Diebstahl im Dickicht zu verschwinden. Nach einem Diebstahl ... oder einer Kindesentführung.

Der Marktleiter führte sie in ein fensterloses Büro direkt am Eingang. Ein Schwarz-Weiß-Bildschirm zeigte Liveaufnahmen aus dem Supermarkt, während auf dem Laptop Umsatzzahlen offen flimmerten. Ringsherum ein Sammelsurium aus Aktenordnern, die Stella an die Kladden im Revier erinnerte. Die mit den Gespensterfällen.

»Was wollen Sie sehen?« Achim Bortzer war ein hagerer Typ mit Halbglatze und lang gezogenen Koteletten, der wie der typische Leiter eines Supermarktes aussah.

»Alles zwischen 13 und 14 Uhr, mit Fokus auf den Tomaten.«

»Da muss ich Sie enttäuschen, Herr Kommissar, denn in der Obst- und Gemüseabteilung hängt keine Kamera. Niemand klaut mehr einen Apfel. Auf dem Screen sehen Sie das Spirituosenregal mit Champagner, Gin und teurem Whiskey, hier die Kosmetika, und auf dem Bildschirm oben haben wir die Kassen eins bis sechs. Das war's.«

Der Kommissar rieb sich mit den Fingern übers Kinn. »Was ist mit dem Eingang? Dem Parkplatz?«

»Wir haben noch eine Kamera im Außenbereich direkt über den Türen. Allerdings zeichnen wir nur auf und überwachen nicht pausenlos.«

»Wir brauchen alles, was Sie haben. Das gesamte Material«, grummelte der Kommissar.

»Das sind IP-Überwachungskameras. In welcher Form benötigen Sie die Daten?«

»Darum kümmert sich meine Kollegin.« Der Kommissar blickte zu Stella, die schmunzelnd dazu nickte.

»Außerdem möchte ich mit allen Mitarbeitern reden, die zu dieser Uhrzeit Dienst hatten. Waren Sie im Markt, Herr Bortzer?«

»Nein, eine der Kassiererinnen hat mich angerufen, als es passiert ist. Ich bin dann sofort hergekommen, allerdings war die Dame mit dem verschwundenen Kind schon weg, sodass ich nichts mehr für sie tun konnte. Um die Mittagszeit waren Frau Katutschku und Frau Ivanova im Markt, die jetzt im wohlverdienten Feierabend sind. Ist es sicher, dass das Kind entführt wurde?«

»Weggelaufen ist es jedenfalls nicht, oder haben Sie ein Baby zwischen den Regalen umherkrabbeln sehen?«

»Nein, natürlich nicht.« Der Marktleiter guckte verschämt zu Boden.

»Haben Sie etwas dagegen, wenn ich mich umsehe, während Fräulein Bellanger mit Ihnen die Videoaufnahmen durchforstet? Und rufen Sie die beiden Damen an. Ich brauche sie hier. Und zwar sofort.«

»Jetzt noch? Das könnte schwierig werden.« Der Marktleiter schaute auf die Armbanduhr, als wäre es schon Mitternacht.

»Wir haben es vielleicht mit einer Kindesentführung zu tun, und da zählt jede Minute. Also ja, jetzt noch.«

Der wird doch in dieser Situation nicht wirklich einkaufen gehen, überlegte Stella und schielte aufs Kamerabild an den Kassen, wo ihr Chef einen Einkaufskorb stibitzte und zielstrebig in Richtung der Regale lief.

Währenddessen schüttelte Achim Bortzer den Kopf. »Frau Katutschku und Frau Ivanova sind nicht zu erreichen.«

»Versuchen Sie es weiter. In der Zwischenzeit schauen wir uns den Feed zwischen 13 und 14.00 Uhr an.«

»Was halten Sie davon, wenn ich Ihnen das Material überspiele, sodass sich Ihre Spezialisten darum kümmern können?« Der Marktleiter baute sich vor dem Bildschirm auf, Schweißperlen benetzten seine Stirn.

»Die Spezialistin steht vor Ihnen, also beginnen wir mit dem Zeitpunkt, wo Frau Wächter in den Markt kommt.«

Herr Bortzer spulte den Videofeed von Kamera drei auf 13.00 Uhr zurück und drückte dann auf Play. Von den sechs Kassen waren zwei besetzt, vor denen eine Handvoll Kunden stand. Der Kamerawinkel machte es unmöglich, die Gesichter der Personen zu erkennen, da er auf die Mitarbeiterinnen ausgerichtet war. Beide erstaunlich attraktiv für einen Supermarkt im Hinterland.

»Sind das Frau Ivanova und Frau Katutschku?« Stella zeigte mit dem Finger auf den Bildschirm.

Achim Bortzer nickte.

»Und sonst waren keine Mitarbeiter im Markt?«

»Um diese Zeit ist kaum was los. Außerdem bin ich normalerweise da und kümmere mich um alles.«

»Versuchen Sie noch mal anzurufen. Wir brauchen die beiden hier, und zwar pronto!«

»Ich kann nichts versprechen.«

»Rufen. Sie. An!«

Stella ging die Abwehrhaltung des Supermarktchefs langsam auf die Nerven. Anstatt sie zu unterstützen, tat er alles, um seine Mitarbeiterinnen aus der Sache herauszuhalten. Sie zog einen der Plastikstühle heran und setzte sich vor den Bildschirm, um selbst die Vorspultaste zu bedienen. Zu der Uhrzeit war tatsächlich tote Hose, denn um 13.09 Uhr verließ eine der Damen ihren Arbeitsplatz, nachdem sie vorher etwas in ihr Handy getippt hatte. Sie blinzelte verstohlen in die Linse, als würde sie dem Betrachter eine nonverbale Botschaft schicken wollen. Dann war sie verschwunden.

»Wo geht sie hin?«, fragte Stella, doch der Marktleiter winkte ab und deutete aufs Handy.

Stella blickte zurück zum Bildschirm, wo ein Mann im Anzug Lebensmittel aufs Band legte, gefolgt von einer alten Frau, die einen Plastikbeutel aus dem Korb ihres Rollators nahm. Sah wie Gemüse aus, fand Stella und spulte zweieinhalb Minuten vor, bis sie reflexartig auf Stopp und anschließend auf Play drückte. Eine sichtlich aufgebrachte Monique lief an der kleinen Schlange vorbei ins Bild und redete auf die Kassiererin ein, die hin und wieder mit den Schultern zuckte. Zwei Minuten und vierunddreißig Sekunden später packte Monique den leeren Kinderwagen und lief in Richtung Ausgang.

Stella kniff die Augen zusammen und konzentrierte sich auf das Gesicht der Dame an der Kasse, die genervt aussah und unentwegt den Kopf schüttelte, während sie den nächsten Kunden abkassierte. Wenig später erschienen zwei Männer in Bomberjacken, die, ohne etwas einzukaufen, an der Kasse vorbei in Richtung Ausgang liefen. Danach passierte zunächst nichts, sodass Stella zwei Minuten und sechsundzwanzig Sekunden vorspulte, bis die zweite Kassiererin zurückkam und sich neben ihre Kollegin stellte, um zu quatschen.

Fünfzehn Sekunden später tauchte Monique plötzlich wieder auf, diesmal ohne den Kinderwagen, und redete auf die beiden Frauen ein. Es sah wie ein Streit aus, der immer hektischer wurde, bis sie wutentbrannt zum Ausgang lief.

Stella spulte das Band weitere zehn Minuten vor, doch weder kam Monique zurück noch schienen sich die Frauen mit der Sache länger zu beschäftigen. Ganz so, als wäre nichts geschehen.

Irgendetwas stimmt hier nicht, fand Stella und wählte die Handynummer ihres Chefs.

Kapitel 24

Leon zuckte jedes Mal zusammen, wenn eine WhatsApp auf dem Handy eintraf. Alles nur Geplänkel, nichts, was zählte. Mittlerweile gab es für Martas Verschwinden keine andere Erklärung, als dass man sie tatsächlich am helllichten Tag entführt hatte.

»Hörst du mir überhaupt zu?« Monique wedelte mit der Hand vor seinen Augen herum.

»Ja, aber deine Anschuldigungen bringen uns nicht weiter.«

»Du musst es der Polizei erzählen, Leon. Du *musst* ihnen davon erzählen.«

Leon sah Monique entgeistert an, als hätte sie den Verstand verloren. »Was hat das eine mit dem anderen zu tun? Hättest du nur besser aufgepasst!«

»Aber ich habe aufgepasst, Leon«, wisperte Monique. »Das müssen Profis gewesen sein.«

»Profis hin oder her. Du musst doch irgendwas oder jemanden bemerkt haben.«

»Es war niemand in der Nähe, der mir aufgefallen wäre. Die blöde Bitch an der Kasse hat auch nichts gesehen, obwohl der Kidnapper direkt an ihr vorbeigekommen sein muss. Glaub mir, das waren Profis. Und hinter allem steckt diese Ricarda.«

»Nein, das tut sie nicht.«

»Warum nimmst du sie in Schutz? Was verbindet dich mit dieser Hexe?«

»Nichts. Gar nichts. Es gibt einfach keinen Grund, warum sie unser Kind entführen sollte.« Konnte Monique nicht endlich ihre Klappe halten? Schließlich brauchte er jetzt seine volle Konzentration, um dem Täter auf die Spur zu kommen.

»Helena war mit ihr befreundet. Und du auch, Leon. Habe ich recht?«

»Das führt zu nichts, Monique. Ich fahre jetzt in die Stadt und suche unsere Tochter.«

»Du fährst in die Stadt? Wohin? Nach Potsdam, nach Berlin? Verdammt, sie ist in einem Supermarkt gekidnappt worden. Außerdem hat die Polizei gesagt, dass wir warten sollen, bis ... jemand anruft.«

»Ich kann nicht warten, während Marta irgendwo da draußen ist und sich die Kehle aus dem Leib brüllt. Ich werde sie finden und zurückbringen.«

»Weil du weißt, dass diese Entführung mit ihr zusammenhängt.«

»Du bist paranoid, Monique. Helena ist tot, und niemand macht sie lebendig, indem er unser Kind entführt. Außerdem war die Kleine Helenas ganzes Glück, ihr Lebenstraum. Und alle, die sie kannten, wussten das.«

»Nur dass nicht Marta ihr Traum gewesen war, sondern Marissa.«

»Das ist doch nur ein Name.«

»Nein, es ist eine völlig andere Person. Verstehst du das denn nicht, Leon?«

Er stand auf und schob das Whiskeyglas zur Seite. Eigentlich war er zu betrunken, um zu fahren, aber wer sollte ihm das jetzt verübeln? Es gibt nichts Schlimmeres, als sich seinem Schicksal zu ergeben, und so wollte er selbst die Liste derer abhaken, die er im Verdacht hatte. *Bevor es die Bullen tun und Fragen stellen.*

Die Fahrt nach Berlin-Mitte verlief für Leon wie im Rausch. Der Alkohol betäubte seine Reaktionen, und er ließ den SUV behände durch die großen Pfützen gleiten. Am liebsten wäre er einfach gegen einen Baum gefahren.

Augen zu, Vollgas geben, Ruhe haben.

Die viktorianische Villa mit dem kleinen Vorgarten war hell erleuchtet, als er im Schritttempo vorbeifuhr, um sich einen Parkplatz in der Dunkelheit zu suchen. Leon stellte den Wagen ab, betrachtete sich im Rückspiegel und hauchte in die Innenfläche seiner Hand. Der Schnaps ließ sich nicht leugnen, und so holte er einen Kaugummi aus dem Handschuhfach und spritzte sich Parfum ans Kinn.

Veronika Deckert sah mit ihrer Kochschürze und dem knallroten Lippenstift wie eine dieser TV-Köchinnen aus, als sie ihm die Tür öffnete.

»Leon! Mein Gott, wir haben uns gefühlte Ewigkeiten nicht gesehen. Seit ...« Sie hielt inne und suchte nach Worten, dann bat sie ihn herein und er folgte in die Diele. »Joachim ist noch nicht da, müsste aber jeden Augenblick nach Hause kommen. Möchtest du mit uns essen?«

»Sorry, dass ich so hereinplatze, aber ich war gerade in der Nähe und wollte kurz Hallo sagen. Es ist schön, dich wiederzusehen, dich und die Kinder. Wo sind die beiden?«

Leon sah sich um und blickte ins Esszimmer. Der Tisch war mit teurem Porzellan gedeckt, und es gab Besteck für mindestens drei Gänge.

»Klara ist in ihrem Zimmer, und Tim turnt im Wohnzimmer herum. Tim? Kommst du mal bitte, wir haben Besuch.«

Ein sechsjähriger Blondschopf kroch mit einem gebastelten Modellflugzeug zwischen zwei Fernsehsesseln hervor und gab Leon pflichtbewusst die Hand.

»Lange nicht gesehen, Timi. Du bist groß geworden.«

»Das sagt Oma auch immer ... als wäre ich ein Riese.«

»Das bist du auch.« Veronika strich dem Jungen durch die Haare und zeigte auf den Esstisch.

»Setz dich, Leon, und schenk dir etwas von dem Wasser ein oder ... bediene dich an der Bar. Ich muss mich ums Fleisch kümmern, bevor es anbrennt. Darf ich für dich mit decken?«

Leon betrachtete den Jungen und nickte. Auch wenn es vor unsagbarer Angst um sein Kind in ihm brodelte, musste er so tun, als wäre alles in bester Ordnung. »Wenn es keine Umstände macht, bleibe ich gern zum Essen.«

Zehn Minuten später kam Joachim nach Hause. Er summte die Melodie eines aktuellen Radiosongs und legte die Laptoptasche auf dem Stuhl ab. Als er Leon zwischen Tim und Klara mit einem Glas Bourbon am Esstisch sitzen sah, schlug die gute Laune sichtbar um.

»Schau mal, wer uns spontan besuchen kommt, Schatz. Ich habe Leon zum Essen eingeladen«, flötete Viktoria und stellte eine Schüssel mit Kartoffelpüree ab.

»Leon ... Was verschafft uns die Ehre?«

»Ich hatte einen Termin ganz in der Nähe und dachte mir, ich sage kurz Hallo. Viktoria und die Zwerge habe ich ewig nicht gesehen. Sie sind groß geworden ...« Leon strahlte künstlich.

»Ja, so ist es bei Kindern. Ehe man sich versieht, sind sie in der Pubertät. Aber das wirst du sicher auch bald erleben.«

»Werde ich das?« Leon nahm Joachim ins Visier und achtete auf seine Mimik.

»Du musst uns unbedingt von deiner Tochter erzählen. Hast du nicht ein Bild von ihr auf deinem Handy? Wie heißt sie gleich noch mal?« Viktoria lächelte und füllte ihrem Mann den Teller auf.

»Marta. Sie heißt Marta.«

»Ja, die alten deutschen Namen kommen wieder schwer in Mode. Das ging uns mit Klara damals genauso. Aber jetzt erzähl mal, wie ist es so als frisch gebackener Vater?«

»Marta wird bald ein Jahr alt.«

»Stimmt. Ich vergaß. Es muss eine emotionale Achterbahnfahrt für dich gewesen sein, Leon.« Viktoria versuchte, ihre Nervosität mit Plaudern zu überspielen, während sich Joachim schweigend eine Gabel mit Kartoffelstampf in den Mund schob. Er schien nachzudenken.

»Es war keine leichte Zeit.«

»Jedenfalls ist es schön, dass du vorbeigekommen bist. Wir haben so oft vorgehabt, nach Potsdam zu fahren, um deine Freundin endlich kennenzulernen. Aber irgendwas ist immer dazwischengekommen. Wie heißt sie noch gleich?«

»Na ja, Joachim hat sicher viel zu tun. Aber nett, dass du es erwähnst, Viktoria. Monique würde sich über ein Kennenlernen sicher freuen. Und Marta natürlich auch. Wobei ich mir nicht sicher bin, ob Joachim die Kleine nicht schon mal gesehen hat ...«

Joachim zuckte sichtbar zusammen, sagte jedoch nichts.

»Du kennst Leons Baby bereits?«, hakte Viktoria nach.

»Ich wüsste nicht, wann das gewesen sein sollte. Wir haben uns kaum gesehen in letzter Zeit.«

Du Lügner, dachte Leon, ging jedoch nicht darauf ein. »Das ist wohl leider wahr. Dann habe ich das sicherlich verwechselt«, sagte er stattdessen und nickte Joachim verschwörerisch zu.

»Wie ist es dir – oder euch, muss man ja jetzt sagen – so ergangen? Hat sich … Monique eingelebt am See. Ich meine, es kann ziemlich einsam sein da draußen.«

»Wir kommen klar, Veronika. Und einsam ist es eigentlich nicht. Wir haben sogar einen Supermarkt ganz in der Nähe.«

»Wie gesagt, wir sollten euch unbedingt einmal besuchen kommen, nicht wahr, Schatz?«

»Sicher«, entgegnete Joachim und kaute demonstrativ auf einem Fleischknorpel herum.

»Kinder sind schon etwas Wunderbares. Kaum auszudenken, wenn ihnen etwas zustoßen würde.« Leon ging das abwehrende Verhalten des Anwalts auf die Nerven. Er musste ihn aus der Reserve locken, denn schließlich war er nicht wegen eines Abendessens hergekommen.

»Kinder, was haltet ihr davon, wenn ihr schon mal nach oben geht?« Joachim versuchte sich an einem unverbindlichen Lächeln, während Tim und Klara Grimassen zogen.

»Aber wir hatten noch keinen Nachtisch!«, protestierte Klara, die ihrer Mutter wie aus dem Gesicht geschnitten war.

»Mama wird euch ein Eis aus dem Gefrierschrank geben. Ich habe etwas mit Leon zu besprechen.«

»Dann geht ihr doch nach oben.« Die Kleine sah trotzig aus.

»Klara, ich sage das nicht noch einmal, sondern ich möchte, dass du deinen Bruder an die Hand nimmst und mit ihm eine Folge von was auch immer anschaust.«

Während die Kinder mit motzigen Gesichtern ins obere Stockwerk schlurften, verließ Veronika den Tisch und verabschiedete sich in die Küche.

Leon hatte nicht einmal zur Hälfte aufgegessen.

»Was zur Hölle willst du hier in meinem Haus?«, blaffte Joachim, während Leon aufstand, um sich an der Bar noch einen Drink zu nehmen.

»Möchtest du auch einen?«

»Nein danke. Ich bediene mich in meinem Haus noch immer selbst.«

»Dein Bourbon ist ausgezeichnet, Joachim. War sicher teuer. Lässt sich gut leben von unserem Geld, oder?«

»Die Bemerkung ignoriere ich jetzt mal, denn offensichtlich hattest du schon einige davon.«

»Wie würdest du denn reagieren, wenn dir dein Herz herausgerissen wird?«

»Ich weiß nicht, wovon du redest, und wenn du außer ein paar Beleidigungen keine weiteren Themen hast, möchte ich, dass du auf der Stelle hier verschwindest.« Joachim stand nun ebenfalls und krallte sich in die Rückenlehne des Stuhls.

»Kann es sein, dass du etwas hast, das mir gehört?«

»Kann es sein, dass du betrunken bist und wirres Zeugs redest?«

»Ich habe dir noch nie getraut, Joachim. Du hast immer nur an Helena gedacht, und deine miesen Verträge haben mich von allem abgeschnitten.«

»Es mögen Verträge sein, die ich formuliert und angefertigt habe, doch der Inhalt stammte von Helena. Wenn du nur wieder wissen willst, was im Testament steht, dann …«

»Will ich nicht. Ich will nur meine Tochter zurück, sonst nehme ich mir deine!«

Joachims Halsmuskeln versteiften sich, und er funkelte Leon böse an. »Was erlaubst du dir, du Dreckschwein? Wovon redest du eigentlich?«

»Sag du es mir, Herr Anwalt.«

»Ich habe keine Ahnung, aber ich rufe die Polizei, solltest du noch einmal etwas Derartiges behaupten. Du bewegst dich auf einem ziemlich schmalen Grat.«

»Marta ist entführt worden, Joachim.«

»Das ist nicht dein Ernst …«

Leon nickte und behielt Joachim im Auge.

»Wieso bist du nicht sofort zur Polizei gegangen, sondern sitzt entspannt bei uns zum Abendessen und gehst mir auf die Eier?«

»Ich war schon bei der Polizei. Allerdings glaube ich nicht, dass sie den Kidnapper erwischen werden. Meist sind es Leute aus dem Bekanntenkreis, oder etwa nicht?«

»Willst du allen Ernstes behaupten, dass ich etwas damit zu tun habe? Ich, als dein Anwalt, der im letzten Jahr den ganzen Schlamassel mit dir durchgestanden hat? Ich, der Familienvater, der zwei Kinder hat, die er wie einen Schatz hütet? Sag mir, dass das jenseits deiner Absicht liegt.«

»Keine Ahnung, Joachim. Ich weiß nur, dass mein Baby entführt wurde und deine beiden oben vor der Glotze hocken und dazu ein Eis schlecken. Ich werde alles dafür tun, um Marta zurückzuholen. Alles, verstehst du?«

»Leon, was passiert ist, klingt furchtbar, und ich verspreche dir zu helfen, wo ich kann. Ich verlange aber, dass du deine Anschuldigung zurücknimmst oder sofort mein Haus verlässt. Ansonsten rufe ich die Polizei und werde dich wegen deiner Drohgebärden anzeigen. Denn genau wie du werde ich alles dafür tun, um meine Familie zu beschützen.« Joachim massierte seine Hände und ging auf Leon zu.

»Nicht nötig, Herr Anwalt, denn ich gehe. Aber wer weiß, vielleicht komme ich ja wieder. Ist immer wieder schön bei euch, und Veronika hat recht: Man sieht sich viel zu selten. Schaut doch mal vorbei, du kennst ja schließlich die Adresse.«

»Verpiss dich, Leon, ich möchte dich bis zur Testamentsverlesung nicht mehr sehen. Und danach erst recht nicht mehr.«

»Interessant, dass du zur Entführung nichts gefragt hast. Scheint dich nicht sonderlich zu jucken. Aber gut, so ist es halt, wenn es nicht die eigenen Kinder sind. Schönen Abend noch.«

Leon drückte seinem Gegenüber das Glas in die Hand und durchquerte in zügigen Schritten den Flur. Er spürte den Alkohol, und seine Hand rutschte an der Klinke ab.

Konzentrier dich und sieh zu, dass du rauskommst, ermahnte er sich und schaffte es beim zweiten Mal. Leon hatte alles auf eine Karte gesetzt und war nicht schlauer als zuvor. Dafür hatte er endgültig mit Joachim gebrochen, was sich durchaus noch als Problem erweisen könnte.

Kapitel 25

Der Kommissar stellte die Tüte mit Lebensmitteln auf dem Klappstuhl ab. Anscheinend hatte er tatsächlich eingekauft, bemerkte Stella kopfschüttelnd, während sie versuchte, mit dem renitenten Marktleiter dessen Kunden zu identifizieren.

»Können Sie den Ausschnitt heranzoomen? Die zwei Typen in den Bomberjacken ... Ja genau, die meine ich. Die verdecken ihr Gesicht, oder was meinen Sie?«

»Hm.« Der Kommissar schien ihre Einschätzung keineswegs zu teilen.

»Sie huschen förmlich an der Kassiererin vorbei.« Stella ließ die Sequenz dreimal vor- und zurücklaufen.

»Mich würde eher etwas anderes interessieren«, grummelte der Kommissar.

»Sollen wir vor- oder zurückspulen?« Stella war enttäuscht, denn sie hatte insgeheim gehofft, einen Treffer gelandet zu haben.

»Weder noch. Ich habe bei meinem Rundgang eine Tür entdeckt. Gleich neben dem Automaten mit der Pfandrücknahme. Ich würde gern wissen, was sich dahinter befindet.«

Der Marktleiter sah erleichtert aus. Endlich eine Frage, die nichts mit der Aufzeichnung der Überwachungskameras zu tun hatte. »Dahinter befinden sich unser Lager und die Lieferantenrampe. Da stapeln wir die Sachen, die in die Regale sortiert werden.«

»Das würde ich gern sehen.«

»Aber sollen wir nicht zuerst das Videomaterial auswerten?«, protestierte Stella.

»Machen Sie ein Foto von den beiden Kerlen in den Bomberjacken und schicken Sie das Material anschließend ins Revier. Sollen sich Fräulein Meier und der Praktikant darum kümmern. Wir haben hier noch etwas zu erledigen.«

Bis auf ein junges Pärchen, das im Süßwarenregal nach Snacks suchte, war der Supermarkt wie leer gefegt. In fünf Minuten war Ladenschluss. Stella beäugte die Leergut-Maschine, die in unmittelbarer Nähe zur Obstabteilung in die Rückwand eingelassen war. Dem Ort, wo Marta aus dem Kinderwagen verschwunden war.

»Es ist nur ein einfaches Lager«, bemerkte Achim Bortzer und öffnete die Tür. Leerguttürme und Regale, vollgepackt mit Konserven, Flaschen, Putzmitteln und Toilettenpapier, füllten eine mittelgroße Lagerhalle.

»Wer kümmert sich um all das hier?«

»Ich natürlich ... und die Damen an der Kasse. Und ...«

»Und?«

»Wir haben noch eine Aushilfe, die uns vormittags zur Hand geht.«

»Was heißt vormittags?«

»Von etwa 10 bis 14 Uhr.«

»Hm«, machte der Kommissar. »Dann rufen Sie diese Aushilfe bitte ebenfalls an.«

»Das wird schwierig. Der Junge kommt aus Syrien und hat kein Handy. Ich bin mir auch nicht sicher, ob er legal hier lebt, falls Sie verstehen, was ich meine. Ich wollte ihm helfen ...«

»Es spricht nichts gegen Hilfsbereitschaft. Aber wir brauchen ihn hier, um ihn zu befragen. Das gilt auch für die beiden Damen an der Kasse. Ich sehe sie noch immer nicht.«

»Gehen nicht ans Telefon.« Der Marktleiter setzte ein schiefes Grinsen auf. »Hätte der Junge etwas Verdächtiges gesehen, dann wäre er schon bei mir aufgeschlagen. Er ist sehr aufgeweckt. Das gilt auch für Selma und Ursula, also für Frau Katutschku und Frau Ivanova. Auf die kann man sich verlassen. Kommen Sie morgen wieder, dann sind alle wieder da.«

»So viel Zeit haben wir nicht, denn morgen früh ist das entführte Baby vielleicht tot. Sie gehen jetzt einen Zettel holen, auf dem die Adressen und Rufnummern ihrer drei Angestellten stehen, während Fräulein Bellanger und ich das Lager inspizieren. Und bitte in Schönschrift, ich mag mich nicht verwählen.«

Der Kommissar drehte sich auf dem Absatz um und durchsuchte die Regale, während Stella das Rolltor zur Lieferantenrampe inspizierte. Vielleicht war ihr Chef doch kein abgehalfterter Sesselpupser, wie sie zunächst angenommen hatte. Zumindest ließ er sich nicht verarschen und blieb beharrlich dran.

Stella betätigte den grünen Druckknopf. Mit einem lauten Rattern bewegte sich das Gitter und legte eine betonierte Fahrzeugrampe frei. Eine Treppe mit sechs Stufen führte auf einen verwaisten Vorplatz, dahinter befand sich gleich der Wald. Bis auf eine Streugutkiste war die Fläche leer und uneinsehbar. Perfekt, um zu verschwinden, wenn man etwas gestohlen hatte. Stella stieg die Stufen hinunter und betrachtete die Kiste. Solche Teile standen heutzutage überall vor größeren Gebäuden. Das Vorhängeschloss war abgerissen, der Deckel leicht verschoben. Vorsichtig stieß sie mit dem Schuh dagegen und blickte auf ein Nachtlager. Ein zusammengeknülltes Playboy-Magazin, eine halb getrunkene Flasche Spezi, zwei T-Shirts und diverse Plastiktüten aus dem Supermarkt. Der Schlafplatz eines Obdachlosen – oder das Nachtlager der illegalen Aushilfe.

Marktleiter Bortzer brauchte fünfzehn Minuten, um mit einem Zettel in der Hand zurückzukommen. Genug Zeit, um jemanden zu warnen, mutmaßte Stella.

»Das ist die Adresse, die mir die Damen bei ihrer Einstellung genannt haben. Keine Ahnung, ob sie wirklich zusammenwohnen. In der heutigen Zeit ist man froh, überhaupt jemanden zu finden, der pünktlich kommt und seine Arbeit macht. Da fragt man nicht nach den Details.«

Der Kommissar starrte auf den Zettel mit der Adresse und den Handynummern. »Und? Machen die beiden Damen ihren Job?«

Der Marktleiter runzelte die Stirn, als hätte er die Frage nicht verstanden. »Wie meinen Sie das, Herr Kommissar?«

»Was ist denn die Aufgabe von Frau Katutschku und Frau Ivanova?«

»Sie sind als Kassiererinnen eingestellt. Dazu gehören selbstverständlich alle Aufgaben, die im Supermarkt so anfallen.«

»Kann ich mir denken.« Stefan Riediger wedelte mit dem Zettel, als spräche dieser Bände. »Was ist mit der Adresse des Jungen?«

»Wie schon gesagt. Er kommt aus Syrien und stand

eines Tages vor der Tür zum Supermarkt. Er tat mir leid, und ich wollte ihm helfen. Also bekommt er etwas Geld dafür, dass er Sachen einsortiert und Leergut stapelt.«

»Irgendwo muss er ja wohnen …«, unterbrach der Kommissar.

»Keine Ahnung. Das fragen sie ihn besser morgen selbst.«

Der blaue BMW stand als einziger noch auf dem Parkplatz, als sie den Markt um kurz vor neun verließen. Achim Bortzer musste also zu Fuß oder mit dem Rad gekommen sein.

»Sollen wir warten, bis er den Markt abschließt?«, fragte Stella.

»Nein, nicht nötig.«

»Das heißt, wir fahren jetzt zu der Adresse und verhören die zwei Frauen?«

Der Kommissar schüttelte den Kopf und kramte nach der Zigarette. »Die Adresse auf dem Zettel ist nichts für Sie, Kindchen. Also lassen Sie mich einfach am Bahnhof raus und fahren zu den Mendels. Möglicherweise kennen die den Täter, ohne es zu ahnen. Ist bei Entführungsfällen meistens so.«

»Sie brauchen mich nicht in Watte zu packen, weil ich jung und eine Frau bin. Und wenn sie diesen Hasenfurz im Auto rauchen, reiche ich Beschwerde bei der Dienstbehörde ein.« Stella war auf hundertachtzig.

»Wusste gar nicht, dass Sie das Kommando haben.« Genüsslich drückte der Kommissar auf den On-Schalter und machte einen tiefen Zug.

Kapitel 26

Leon blickte verdattert in Stellas angespannte Miene. Die Polizistin hatte mit Monique auf ihn gewartet, und jetzt löcherte sie ihn mit unbequemen Fragen, die ihn in Bedrängnis brachten. Vielleicht hätte er sich doch nicht für sie starkmachen sollen, denn anscheinend nahm sie ihren Job ernster, als ihm gerade lieb war.

»Sorry, dass ich unterwegs war, aber ich kann nicht auf meinem Hintern sitzen, während sich meine Tochter irgendwo da draußen in den Händen eines Kidnappers befindet. Außerdem, was machen Sie um diese Zeit in meinem Haus? Ich dachte, wir sind für heute durch und Sie jagen den Entführer.« Leon schaute demonstrativ auf die Armbanduhr. Es war bereits halb zehn.

»Bei einer Entführung gibt es keinen Feierabend. Ich wollte nachfragen, ob sich zwischenzeitlich jemand bei Ihnen gemeldet hat. Monique sagte, dass Sie in die Stadt gefahren sind. Ich hoffe mal, nicht selbst, denn man riecht den Alkohol.« Stella saß neben Monique auf dem Sofa und observierte ihn, als wäre er der Hauptverdächtige.

»Was hat denn die Polizei, mein Freund und Helfer, bisher erreicht?«, giftete er zurück.

»Wir haben uns das Videomaterial aus dem Supermarkt angeschaut. Ich habe Monique gerade ein Foto von zwei jungen Männern gezeigt, die im fraglichen Zeitraum recht schnell den Markt verlassen haben. Leider etwas unscharf und nur von hinten zu erkennen.« Stella hielt Leon ihr Handy hin, auf dem eine Schwarz-Weiß-Aufnahme zu sehen war.

Im Grunde waren es vermummte Schatten an einer Supermarktkasse, doch Leon hatte das Gefühl, dass es sich dabei um die Sprayer handeln könnte, die ihm auf dem Weg zur S-Bahn aufgefallen waren. »Das ist alles, was Sie haben? Was ist mit den Mitarbeitern? Irgendwer muss doch was gesehen haben. Ein Kind verschwindet nicht so einfach.«

»Nein, ›so einfach‹ ganz sicher nicht. Haben Sie die Männer schon mal irgendwo gesehen?«

Stella ließ nicht locker, egal, wie unfreundlich er sich gab.

»Das sind Schatten ohne Gesicht. Es könnte jeder sein. Hatten sie ein Baby dabei, als sie durch die Kasse gingen?«

»Nein. Und deshalb bin ich hier.«

»Stella meint, dass vielleicht jemand dahintersteckt, den wir beide kennen, Leon.« Monique befreite sich aus der Wolldecke und sah Leon mit einem zynischen Gesichtsausdruck an.

»Ist mir gerade echt egal, was Sie denken, Stella. Ich will, dass unsere Tochter wieder da ist. Mir wäre es lieber, wenn Sie alles dafür täten, um sie zurückzubringen, und nicht hier abhängen und dumme Fragen stellen würden. Ich war unterwegs und habe Marta gesucht, und davon werde ich mich auch von Ihnen nicht abbringen lassen.«

»Kann ich verstehen, Leon. Hauptkommissar Riediger verhört in diesem Augenblick die beiden Kassiererinnen aus dem Supermarkt, während das gesamte Polizeiteam nach Hinweisen recherchiert. Für uns gibt es keinen wichtigeren Fall, das können Sie mir glauben. Dennoch wissen wir aus Erfahrung, dass die Entführer in der Regel keine Unbekannten sind. Monique meinte, dass sie zuletzt eine schwere Zeit durchgemacht hätten und die Attacken gegen ihre Freundin kein Zufall wären. Angeblich haben Sie ebenfalls eine Botschaft erhalten ...«

»Sie gehen mir langsam auf den Keks, Stella. Das eine hat mit dem anderen nichts zu tun. Sie bohren in alten Wunden herum und stehlen uns wertvolle Zeit.«

»Leon, es reicht«, platzte Monique dazwischen. Ihre Hände zitterten. »Du mit deiner Geheimniskrämerei. Hier geht es um unser Kind, und du glaubst immer noch, dass jemand sie aus Versehen mitgenommen hat und einfach so wieder vorbeibringt. Wie blöd und ignorant bist du eigentlich?«

Leon spürte das Jucken in der Hand. Am liebsten hätte er Monique wieder eine gescheuert. Vielleicht würde das ihnen beiden guttun, um wieder einen klaren Kopf zu kriegen. Stattdessen musste er sich disziplinieren – wegen dieser übereifrigen Polizistin, die er unterschätzt hatte. Einmal mehr.

»Leon, ich möchte Ihnen helfen und verspreche, alles zu tun, was nötig ist, um Ihre Tochter zu finden. Da bisher niemand angerufen hat, um Forderungen zu stellen, tappen wir jedoch im Dunkeln. Von daher zählt jeder noch so kleine Hinweis oder auch Verdacht. Wollen Sie mir also von der Botschaft erzählen, die an Ihrer Windschutzscheibe hing?«

Leon schüttelte instinktiv den Kopf, wie er es immer tat, wenn es gegen seine innere Überzeugung ging. »Wir vergeuden wertvolle Zeit.«

»Tun wir nicht, Leon. Ich bleibe bei Ihnen, solange es nötig ist. Wenn es eine Spur gibt, erfahre ich es als Erstes.

Wenn Sie jemand kontaktiert, bin ich an Ihrer Seite und weiß, was zu tun ist. Das ist mein Versprechen!«

»Und wenn ich nicht möchte, dass Sie bleiben?«

»Ich möchte aber, dass sie bleibt.« Monique legte ihre Hand auf Stellas Oberschenkel, als wären sie Freundinnen.

Stella zuckte kurz zurück, sagte aber nichts.

»Und ich möchte, dass du ihr alles erzählst. Von dem Zettel mit den Herzen, von Helena und Marissa und ... von uns. Wenn du es nicht machst, werde ich es erzählen. Denn genau wie du werde auch ich alles dafür tun, dass Marta gefunden wird.«

Leon kämpfte gegen die inneren Dämonen an und überlegte fieberhaft, welchen Teil der Geschichte er offenbaren konnte, ohne sein eigenes Leben zu gefährden. Denn insgeheim wusste er, dass der Täter nur aus ihrem Umfeld kommen konnte. Aus *seinem*, um genau zu sein.

Kapitel 27

Leon füllte drei Gläser voll mit Whiskey und reichte Stella einen halb gefüllten Schwenker.

»Sorry, ich bin im Dienst.« Sie winkte ab.

»Ein Drink haut Sie nicht um, und ich werde Sie wohl kaum verpetzen. Es mag vielleicht komisch klingen, aber in der Regel bekommt man davon einen klaren Kopf. Und den brauchen wir jetzt alle.«

Zögerlich griff Stella nach dem Glas und nippte daran. Wenn ihr Chef sie damit erwischen würde, hätte sie morgen ein Disziplinarverfahren an der Backe. Doch es galt, eine Verbindung zu Leon aufzubauen, denn Stella hoffte, dass er vielleicht der Schlüssel zur Lösung dieses Falles war.

»Wir sollten eine Liste der Personen erstellen, die vielleicht, und sei es noch so unwahrscheinlich, mit der Entführung zu tun haben könnten. Da Monique und Sie, Leon, zuletzt seltsame Botschaften erhalten haben, liegt hier vielleicht ein erster Hinweis. Was hat es also mit dem Zettel auf sich, den Monique erwähnt hat? Angeblich hat er für sie eine Bedeutung?«

»Hat er. Und es ist kein Zettel, sondern eine Serviette aus der Everest Summit Lodge in Pangboche. Das ist in Nepal.«

»Und wie kommt die Serviette den weiten Weg aus Nepal an den Scheibenwischer Ihres Autos?«

»Sie sind die Polizistin, also sagen Sie es mir.«

»Was stand denn drauf?«

»Drei gezeichnete Herzen mit den Buchstaben L, H und M. Leon, Helena und Marissa.«

»Sie haben eine Tochter mit Ihrer verstorbenen Frau?«

Leon schüttelte zögerlich den Kopf. »Nein. Es gibt keine Marissa. Es gibt nur Marta.«

Monique wimmerte kurz, hielt sich aber zurück.

»Ich würde gern sagen, ich verstehe Sie, Leon. Doch das tue ich ganz und gar nicht. Erklären Sie es mir. Es geht um jedes Detail.«

»Sie haben sich darüber gewundert, warum Monique schwanger war, während ich mit Helena in der Weltgeschichte herumflog ...«

Stella nickte eifrig.

»Nun ja, Monique und ich hatten eine Affäre, die so nicht geplant war.«

»Das sind Affären selten.«

»Mag sein, doch die Situation ist recht speziell. Helena konnte keine Kinder bekommen. Das war für uns in den ersten Jahren des Zusammenseins kein wirkliches Problem, denn wir machten unser Ding. Wenn man dann alles erreicht hat, dann ... vermisst man irgendwas im Leben. Also haben wir uns auf die Suche nach jemandem gemacht, der ein Baby für uns ... also der es kann.«

»Der was kann?«

»Kinder kriegen.«

»Monique?« Stella war überrascht und peinlich berührt von dem Gedanken. Unwillkürlich fiel ihr der Zettel mit dem Begriff *Fickhenne* wieder ein, der plötzlich einen Sinn ergab.

»Ja, wir haben eine gemeinsame Vereinbarung getroffen. Sie hat bei uns in der Firma gearbeitet, und wir haben ihr ein Apartment organisiert, damit sie ganz in unserer Nähe sein kann.«

»Das heißt, Monique sollte eine befruchtete Eizelle von ihnen und Helena eingepflanzt bekommen, um ihr Baby auszutragen. Und als Gegenleistung dafür hat sie einen Job bei Mendel & Mendel bekommen?«

»Hören Sie, Stella, für eine gesunde, junge Frau wie Sie mag das abstrakt klingen, aber für Helena war das die einzige Möglichkeit, ein eigenes Kind zu haben.«

»Ich urteile nicht darüber, sondern fasse lediglich den Sachverhalt zusammen. Und wann und wie haben Sie sich dann in Monique verliebt?«

»Das mit den befruchteten Eizellen hat nicht so funktioniert, wie es der Arzt gehofft hatte. Monique wurde jedenfalls nicht schwanger, sodass wir etwas anderes versucht haben.«

»Etwas *anderes*?«

»Mach es doch nicht so kompliziert, Leon. Stella ist keine sechzehn mehr. Wir haben miteinander geschlafen, und ich wurde schwanger.« Monique hatte ein Blitzen in den Augen – ganz so, als würde sie den Moment gedanklich Revue passieren lassen.

»Wusste Ihre Frau davon?«

»Ja, wir hatten es so vereinbart.« Leon schluckte hörbar und schenkte von dem Whiskey etwas nach. Die Flasche stand mittlerweile auf dem Tisch.

»Und wieso steht der Name Marissa auf der Serviette?«

»Na ja, wir wussten, dass es geklappt hatte. Also, dass Monique schwanger war und ein Mädchen erwartete. Helena wollte das Kind Marissa nennen.«

»Wusste sie von der Affäre? Dass Sie sich ineinander verliebt hatten. Denn so war es doch, oder etwa nicht? «

»Nein, das wusste sie nicht.«

»Wollten Sie es ihr noch sagen, oder hatten Sie vor, die Affäre zu beenden?«

»Das geht zu weit«, grollte Monique. »Natürlich wollte er es ihr sagen. Doch der Feigling hat es immer wieder aufgeschoben.«

»Entweder erzählst du die Geschichte oder ich, Monique«, unterbrach Leon, den das Ganze anzustrengen schien.

»Machen Sie weiter, Leon.« Stella versuchte, die Wogen zu glätten, und tippte ein paar Stichworte ins Handy.

»Ich wollte es ihr auf der Reise erzählen, doch Helena war so fasziniert von dem Gedanken, bald Mutter zu sein, dass ich es immer wieder aufgeschoben habe. Von einem Tag zum anderen. Es ist nie dazu gekommen. Und vielleicht ist das jetzt besser so.«

»Und wer hat die Herzen auf der Serviette verewigt?«

»Das war Helena, als wir in der Lodge übernachtet und zu Abend gegessen haben.«

»Was passierte mit der Serviette? Haben Sie sie mit zurück nach Deutschland genommen?«

»Helena hat sie eingesteckt«, korrigierte Leon.

»Das heißt, Sie haben die Serviette seit dem Abend in der Lodge nicht mehr gesehen?«

Leon nickte und massierte mit Zeigefinger und Daumen seinen Dreitagebart.

»Ist es denn das Original? Also mit der Handschrift ihrer Ex-Frau?«

»Sieht so aus.«

»Wie, glauben Sie, ist der Zettel an die Windschutzscheibe Ihres Autos gelangt? Sie müssen doch wenigstens eine Theorie haben, und sei sie noch so verwegen.«

»Darüber zerbreche ich mir, seit ich sie gefunden habe, den Kopf, Stella. Wenn ich es wüsste, hätte ich die

Sache selbst schon in die Hand genommen und würde Ihnen keine intimen Details aus unserem Privatleben erzählen. Denn im Grunde geht Sie das nichts an, und ich glaube auch nicht, dass es etwas mit Martas Entführung zu tun hat. Ich tue das für dich, Monique. Ich hoffe, das weißt du.« Leon tätschelte die Hand seiner Freundin und schaute dann zurück zu Stella.

»Also, welche Schlussfolgerungen ziehen Sie aus all dem, Stella?«

»Für mich klingt es nicht nach einem Zufall. Vor allem, wenn man Ihre Botschaft mit denen, die Monique erhalten hat, zusammenbringt. Wer, außer uns dreien, weiß etwas von diesem Zettel? Wer wusste, dass Sie beide eine Affäre hatten ... zu der Zeit, als Ihre Frau noch lebte?«

»Die Hexe von nebenan, der Anwalt und vielleicht Helenas perverser Bruder, der dich in der Presse fertigmachen wollte ...«

Leons Gemütszustand pendelte zwischen Verzweiflung und Aggression. »Schluss jetzt!« Er hob die Hand und unterbrach Monique. »Wilde Anschuldigungen bringen uns nicht weiter.«

»Doch, Leon, das tun sie«, schaltete sich Stella wieder ein. »Wir erstellen jetzt eine Liste potenzieller Verdächtiger, und sei sie noch so aus der Luft gegriffen. Mit Namen können wir arbeiten und an Türen klopfen, um die richtigen Fragen zu stellen.«

»Was haben Sie vor? Allen Dreck ans Licht befördern? Leute involvieren, die davon nichts wissen? Sie sollen uns, verdammt noch mal, unser Kind wiederbringen!«

»Sie wollen Ihr Baby wiederhaben? Das geht nur, wenn Sie uns machen lassen. Also, wer wusste oder ahnte etwas von der Leihmutterschaft und der Affäre? Und wer wusste von der Serviette?«

»Von der Serviette? Niemand wusste davon. Nur Helena und ich.«

Kapitel 28

Das Taxi spuckte den Kommissar an der Kreuzung zum Rotlichtviertel aus. Es hatte angefangen, zu nieseln, und die Luft war feucht und schwer. Offensichtlich gingen die beiden Kassiererinnen nebenbei auf den Strich, was keine große Überraschung war, da jeder heutzutage zwei, drei Jobs am Start hatte, um zu überleben. Ein paar Freier saßen in ihren Autos und begafften die Ware, die aufgemotzt und viel zu leicht bekleidet auf dem Bordstein auf und ab flanierte. Bis auf eine etwa vierzigjährige Latina mit billigblond gefärbten Haaren kannte der Kommissar die Damen. Die Standardbesetzung an einem stinknormalen Dienstag, und er fragte sich, ob ihm die Mädels wirklich weiterhelfen würden, als er Luigi hinter einem Pickup stehen und Moneten zählen sah.

Luigi war Zuhälter und dealte nebenbei mit Koks. Eine kleine Nummer, die keinen Ärger machte und die Augen offenhielt.

»So spät noch unterwegs, Herr Kommissar. Auf der Suche nach einer schnellen Nummer?«

»Du hast jetzt die einmalige Gelegenheit, dein Guthaben etwas aufzuladen. Ich suche zwei Damen, die sich in der Gegend eine Wohnung teilen. Selma Katutschku und Ursula Ivanova. In deinem Interesse sollte es da oben Ding-Dong machen.« Stefan Riediger klopfte Luigi mit der Faust gegen den Kopf.

»Ich habe es nicht so mit Namen. Wie hießen die beiden gleich noch mal?«

Der Kommissar wiederholte die Namen und zeigte Luigi das Foto vom Überwachungsmonitor.

»Eine wie die andere. Schwierig ...« Der Italiener vergrößerte mit seinen Fingern den gewählten Bildausschnitt. »Auf jeden Fall keins von meinen Mädels. Eher Inhouse-Service. Falls Sie verstehen, was ich meine. Vielleicht versuchen Sie es im Haus mit der verdunkelten Vitrine.« Luigi deutete auf einen grauen Betonklotz, der als vorletztes Gebäude eine triste Häuserzeile zierte.

»Wenn ich dort drüben meine Zeit verschwende, hast du ein Problem. Also bete lieber, dass es ein Erfolg wird.«

»Ich bin nicht gläubig, Herr Kommissar.« Luigi quälte sich zu einem schiefen Lächeln und präsentierte eine veritable Zahnlücke.

Der Kommissar überquerte die Straße und stapfte in ein gefülltes Schlagloch. Kaltes Regenwasser schwappte ihm bis zum Knöchel. Er fluchte laut, doch niemand schien davon Notiz zu nehmen. Im Grunde sah er aus wie die Gestalten in den Autos: in die Jahre gekommen, einsam und mit einem Polster um die Hüften. Er betrachtete das Sammelsurium der Klingelschilder, auf denen es nur Nummern gab. Eins bis vierundzwanzig. Er wollte gerade auf die erste Klingel drücken, als ihn ein Muskelprotz von hinten am Revers des Mantels packte. Der Typ war zwanzig Zentimeter größer und sah mit seiner Glatze wie ein Wagner-Söldner aus.

»Das Gehege ist dort drüben«, raunte der Stiernacken.

»Ich hätte ...«, krächzte der Kommissar, während ihm die linke Hand des Hünen auf die Kehle drückte.

»Ich habe nicht nach deiner Meinung gefragt. Du verpisst dich und steigst in deine Karre. Sonst hast du ein

Problem.« Der Griff wurde gelockert, und der Kommissar betastete seinen Hals, der deutlich angeschwollen war.

»Es ist nur so«, krächzte er und unterdrückte ein Husten, »dass ich von der Kripo bin und du gerade einen Beamten tätlich angegriffen hast.« Der Kommissar zückte den Dienstausweis und zeigte seine Waffe.

»Oh«, kam es sichtlich überrascht zurück.

»*Oh* trifft es ziemlich gut. Aber ich bin nicht nachtragend, und du kannst es sofort wiedergutmachen, indem du auf das Klingelschild von Selma Katutschku und Ursula Ivanova zeigst und dich danach verpisst. Haben wir einen Deal?«

Stefan Riediger bekam einen Hustenanfall, während der Stiernacken auf die Klingel mit der Acht zeigte. Er zögerte, ganz so, als wollte er noch etwas sagen, dann entschied er sich dagegen und ließ den Kommissar allein zurück.

Die Wände im Treppenhaus waren mit unflätigen Graffiti verschandelt. Auf den Stufen lagen Zigarettenstummel, Spritzen und hin und wieder eine ausgedrückte Bierdose. Wie auf einer Müllkippe für Junkies. Der Kommissar zog die Pistole und postierte sich hinter der Tür von Nummer acht. Noch einmal würde er sich nicht überraschen lassen. Er drückte zweimal auf die Klingel und wartete. Aufgeregte Stimmen, leise Schritte.

»Wer ist da?«

Eine Frau, direkt hinter der Tür.

»Dein Freund und Helfer.« Er steckte die Waffe zurück in das Holster und klopfte. Die Tür wurde aufgerissen, und eine Frau in roten Dessous zielte mit einer Spraydose auf den Kommissar, der sich im letzten Augenblick nach unten duckte und der Ladung Pfefferspray entkam.

»Hören Sie auf mit dem Scheiß! Ich bin von der Kripo und habe ein paar Fragen.«

Die Frau ließ das Spray augenblicklich fallen, während im Hintergrund eine Männerstimme fluchte. Der Kommissar zog erneut die Waffe und ging geradewegs ins Schlafzimmer. Eine zweite Frau, offensichtlich nackt, versteckte sich hinter einer verspiegelten Schrankwand, während der fluchende Typ mit Handschellen ans Bett gefesselt war.

»Was für eine Scheiße!«, schimpfte er und zog demonstrativ an den Ketten.

»Für dich und den Kleinen da unten ist Schicht im Schacht, also verzieh dich besser, bevor ich mir deinen Ausweis zeigen lasse.«

Wenig später saßen ihm Selma Katutschku und Ursula Ivanova auf der Bettkante gegenüber und starrten ihn mit angsterfüllten Augen an.

»Weiß euer Chef, was ihr hier veranstaltet?«

Versteinerte Mienen, als würden sie kein Deutsch verstehen.

»Natürlich weiß er davon, habe ich recht?«

Wieder nichts.

»Steckt er mit in diesem Sumpf? Arbeitet ihr für ihn?«

Die Rothaarige mit dem Pfefferspray brach das Schweigen und verschränkte ihre Beine. »Hören Sie, Herr Kommissar. Wir wollen keinen Ärger und wir wollen nicht zurück.«

»Selma, richtig?«

»Hier heiße ich Angel, und das da ist Devil.« Sie zeigte

auf ihre Freundin, die wie ein Häufchen Elend neben ihr saß und zitterte.

»Es interessiert mich im Grunde nicht, was ihr als Engel und Teufel so veranstaltet. Allerdings könnte ich eure Pässe und Aufenthaltsgenehmigungen überprüfen lassen. Liegt ganz bei euch.«

Die beiden tauschten einen intensiven Blick aus, dann übernahm Angel alias Selma Katutschku erneut die Initiative. »Was wollen Sie wissen, Herr Kommissar?«

»Heute wurde im Supermarkt ein Kind entführt, während ihr beide an der Kasse wart.«

»Ach, deshalb sind Sie hier ...«

Die beiden schienen sich ein wenig zu entspannen.

»Ja, deshalb bin ich hier. Denn das Kind ist bisher weder aufgetaucht noch hat sich jemand zu der Tat bekannt. Ich bin über jeden Hinweis dankbar und lausche ganz gespannt, was ihr zu erzählen habt.«

»Wir haben leider nichts gesehen oder mitbekommen. Außer, dass die Frau sehr ungehalten war.«

»Ihr Baby wurde entführt ...«

»Sie hat uns beschimpft und beschuldigt, doch wir können nichts dafür.«

»Auf dem Video der Überwachungskamera ist zu sehen, wie sie, Frau Ivanova, kurz vor dem Verschwinden des Kindes den Arbeitsplatz verlassen und verstohlen in die Kamera schielen. Wo sind Sie hingegangen?«

Ursula blickte zu ihrer Kollegin, als wüsste die die Antwort. Danach gab sie ein wortkarges »Klo« von sich und starrte wieder auf den Boden.

»Sie grinsen also in die Kamera, bevor sie pinkeln gehen?«

»Warum nicht? Ist nicht verboten.«

»Wer von Ihnen hat Herrn Bortzer angerufen und über das Verschwinden des Kindes informiert?«

Die beiden tuschelten erneut, bis Selma die Verantwortung übernahm. »Ich war das.«

»Ist das Ihr Handy da auf dem Nachttisch? Oder ist es das auf der Kommode?«

Selma sah verängstigt in Richtung Nachttisch.

»Bitte entsperren und auf Anrufliste tippen. Und kommen Sie mir nicht mit einem Diensthandy.«

»Wir wollen keine Schwierigkeiten, Herr Kommissar.«

»Also, haben Sie Ihren Chef jetzt angerufen oder nicht?«

»Nein, er war schon da.« Selma senkte den Kopf und seufzte, als hätte sie ein Geständnis abgelegt.

»Er war die ganze Zeit im Markt? Wo?«

»In seinem Büro.«

»Sind Sie sicher?«

»Ja. Ursula ist zu ihm reingegangen.«

Ursula Ivanova zuckte zusammen. Wahrscheinlich hoffte sie, dass der Sturm vorüberziehen würde, doch der Kommissar bohrte weiter Löcher in das Alibi von Achim Bortzer.

»Sie, Frau Ivanova, sind also mit einem Grinsen auf den Lippen ins Büro zu Ihrem Chef gegangen. Weshalb?«

»Wir hatten Sex.«

»Sie hatten Sex? Während im Obstregal ein Baby entführt wurde, haben Sie mit Ihrem Chef gevögelt?«

Ursula Ivanova nickte reumütig.

»Kommt das häufig vor?«

»Hin und wieder.«

»Steckt Herr Bortzer hinter diesem kleinen Liebesnest hier?«

»Es ist nicht leicht. Wir dürfen nicht arbeiten, und

Achim, also Herr Bortzer, sorgt für uns. Er ist kein schlechter Mensch.«

»Ich glaube, das muss ich dementieren, Frau Katutschku. Wer mit Frauen dealt, hat in der Regel Dreck am Stecken. Und mit dieser Vermutung im Hinterkopf möchte ich, dass Sie nochmals an das entführte Baby denken. Welche Kunden sind Ihnen aufgefallen? Ich meine, die im Supermarkt.«

Die beiden gaben sich sichtbar Mühe, schüttelten dann aber unisono die Köpfe.

»Was ist mit den beiden Männern in Kapuzenpullis? Die sind bei Ihnen, Frau Katutschku, ohne was zu kaufen, durchgegangen.«

»Das passiert häufig. Nicht immer wird gekauft. Ich achte nicht auf so was.«

»Ich schon«, meinte der Kommissar und zeigte den Frauen das Foto von der Überwachungskamera. »Also? Schon mal gesehen, diese Typen?«

Selma schüttelte den Kopf.

»Was ist mit dem Burschen, der bei der Pfandannahme aushilft? War der heute da?«

»Ahmed? Den habe ich nicht gesehen«, antwortete Selma.

»Wo würde ich ihn finden, wenn er keine leeren Flaschen stapelt? Vielleicht hier bei euch?«

»Er war da. Er und ein paar Freunde«, entfuhr es Ivanova, die bereit schien, den jungen Mann für sich zu opfern.

»Der Junge bringt Freunde mit zur Arbeit? Macht er das häufiger?«

»Nein. Das war das erste Mal.«

»Und? Wie sahen die aus? Irgendwelche Namen?«

»Ich weiß nicht. Ich habe ihn und zwei andere Jungs

kurz an der Tür zum Lagerraum gesehen. Danach saß ich wieder an der Kasse.«

»Wo finde ich diesen Ahmed. Jetzt?«

Beide Frauen schüttelten den Kopf.

»Was denn, keine Ahnung? Man kommt doch sicher ins Gespräch, so unter ... Illegalen.«

Beim Wort *illegal* zuckten die Damen zusammen.

»Wir wissen nur, dass er aus Syrien ist. Ohne Familie. Er geht durch den Hintereingang in den Markt, wenn Sie verstehen, Herr Kommissar.«

Stefan Riediger verstand und glaubte den beiden Damen, im Gegensatz zu Achim Bortzer, der offensichtlich gelogen hatte. Er würde sich den Marktleiter noch einmal vorknöpfen, doch zuvor musste er Stella informieren.

Kapitel 29

Endlich hatte sie Leon so weit, über Verdächtige zu reden, da wurde sie durch den Anruf ihres Vorgesetzten unterbrochen. Der Kommissar hatte die Kassiererinnen aufgespürt, und die zeigten mit dem Finger auf den Jungen an der Pfandannahme. Und sie ahnte, wo sich dieser Junge aufhielt. Sie musste es versuchen. Jetzt. Also steckte sie das Handy in die Tasche und erhob sich aus dem Sessel.

»Wir müssen für heute leider aufhören und morgen weitermachen«, entschuldigte sie sich.

»Gibt es Neuigkeiten?«

»Nicht direkt. Mein Chef hat mit den beiden Frauen an der Kasse gesprochen, die nichts Ungewöhnliches bemerkt haben. Aber es gibt da diesen Jungen bei der Pfandannahme. Vielleicht weiß er etwas, und ich muss der Sache nachgehen.«

»Jetzt, um diese Zeit?«

»Leider ja, Leon. Wir machen gleich morgen früh weiter. Falls sich in der Nacht jemand bei Ihnen oder Monique meldet, rufen Sie mich bitte an. Egal, wie spät es ist.«

»Ich komme mit.« Leon machte einen entschlossenen Gesichtsausdruck, während Monique entsetzt die Augen weitete.

»Du willst mich hier allein lassen?«

»Ich kann nicht rumsitzen und Däumchen drehen. Sollte sich jemand melden, bin ich sofort zurück.«

»Nichts davon wird passieren«, unterbrach Stella das Wortgefecht der beiden. »Sie bleiben hier bei Ihrer Freundin, Leon. Sollte sich etwas ergeben, werde ich sie darüber informieren.«

»Das können Sie vergessen, oder soll ich Ihrem Chef erzählen, dass Sie im Dienst getrunken haben.«

Stella traf die Aussage wie ein Blitz. Wollte der Kerl sie tatsächlich mit dem Schluck Whiskey erpressen? Auf der anderen Seite könnte sie die gemeinsame Fahrt dazu nutzen, um mehr von Leon über das Verschwinden seiner Ex-Frau zu erfahren. Also nickte sie zögerlich und zückte den Autoschlüssel.

Stella bog in die Sackgasse des Industriegebiets ein und steuerte den BMW zum Hinterausgang des Supermarktgeländes. Bis auf das Licht vereinzelter Laternen war es dunkel, nicht mal ein Security-Service patrouillierte in der Gegend. Die glühenden Augen einer Katze verfingen sich im Scheinwerferlicht, als sie den Wagen vor der Rampe stoppte.

»Sie bleiben schön im Auto sitzen. Und nein, keine Widerworte«, kommandierte Stella und stieg aus, während Leon wie ein motziger Teenager auf dem Beifahrersitz zurückblieb.

Sollte sie nicht besser ihre Waffe ziehen? Schließlich musste sie davon ausgehen, dass dort etwas in der Kiste lag und auf sie lauerte. Stella ließ die Zunge über ihre trockenen Lippen gleiten und entschied sich dann dagegen. Laut der Beschreibung des Marktleiters war es nur ein Flüchtlingsjunge, der mehr Angst vor ihr als sie vor ihm haben sollte. Bedächtig, fast lautlos, schlich sie auf die

Kiste zu. Der Deckel war um ein paar Zentimeter verschoben, als bräuchte etwas darin Luft zum Atmen.

Wie in Zeitlupe langte sie nach der Klappe, die plötzlich wie von Geisterhand zur Seite glitt. Eine Kralle schoss hervor und schraubte sich um ihr Handgelenk. Stella schrie vor Überraschung, denn der Junge war älter, als sie vermutet hatte. Ruckartig ließ er ihre Hand los und schoss wie eine Rakete aus der Kiste. Dabei packte er sie an den Schultern und schubste sie nach hinten. Stella stürzte und landete auf ihrem Po, während der Junge ein Taschenmesser aus der Hose zog.

Der kleine Scheißer wird mich doch nicht einfach so erstechen wollen, schoss ihr der düstere Gedanke durch den Kopf, während sie fieberhaft versuchte, ihre Waffe aus dem Holster zu befreien. Doch das war nicht mehr nötig. Ein Schatten tauchte plötzlich hinter dem jungen Kerl auf und nahm ihn in den Schwitzkasten. Das Messer fiel zu Boden, und Stella nutzte den Moment, um aufzustehen. Sie zog ihre Pistole und zielte auf das Bein des Jungen.

»Sie können jetzt loslassen, Leon.«

Stella betastete ihr Handgelenk. Der Junge hatte einen ordentlichen Griff, und sie war froh, dass Leon beherzt eingegriffen hatte. Ansonsten wäre Ahmed wohl geflohen. An etwas anderes mochte sie gar nicht erst denken. Sie dirigierte den Jungen auf die Rückbank des BMWs, wo er sich ans Seitenfenster presste und nach draußen sah.

»Wie heißt du?«, fragte Stella.

Nichts, nicht mal ein Flackern in den Augen.

»Weiß dein Chef, dass du in der Streugutkiste schläfst? Seit wann bist du in Deutschland? Wo sind deine Eltern? Sprichst du diese Sprache? Hast du heute im Supermarkt gearbeitet?«

Der Junge blickte nicht mal zu ihr auf.

»Mein Kind ist heute hier im Supermarkt entführt worden. Hast du irgendwas damit zu tun, du Dreckskerl?«

Leon übernahm plötzlich das Kommando, und Stella spürte, dass nicht viel fehlte, bevor er explodieren würde.

»Ich führe das Verhör, Leon. Also halten Sie sich gefälligst zurück.« Stella beobachtete den Jungen, dessen Haltung sich verändert hatte. Er schien Angst zu haben. Angst vor Leon.

»Du verstehst uns, oder? Ich kann dir nur empfehlen, uns zu helfen. Denn wenn du illegal in Deutschland bist, kann ich deinen Aufenthalt hier und jetzt beenden.«

Ein Flackern in den Augen. Die Botschaft war angekommen.

»Noch einmal. Hast du heute hier im Supermarkt gearbeitet? Mir reicht ein Nicken.«

Der Junge schnaufte, wahrscheinlich ein Zeichen, dass er intensiv darüber nachdachte. Schließlich nickte er.

Geht doch!

»Ein Baby ist entführt worden. Hier, heute, gegen 13.00 Uhr.« Stella zeigte auf ihre Smartwatch, auf der es mittlerweile 22.45 Uhr war. »Hast du irgendwas gesehen?«

Ein Kopfschütteln. Das war schnell, zu schnell.

»Du warst heute nicht allein beim Pfand. Wer waren die zwei anderen? Freunde von dir?«

Pupillenerweiterung. Der Atem einer Dampflok.

Bleib dran, Stella, du hast ihn fast.

Doch der Junge schüttelte den Kopf.

»Die zwei haben vielleicht etwas mit der Entführung des Babys zu tun. Und wenn du da mit drinsteckst, dann landest du im Jugendknast, und wir haben jeden Grund, dich abzuschieben. Verstehst du das?«

Stella hatte keine Ahnung, ob es tatsächlich so passieren würde, doch sie musste den Druck erhöhen, um aus dem Jungen etwas herauszupressen.

»Ich stehe auf deiner Seite, Ahmed. Solange du auf meiner stehst und uns weiterhilfst. Also noch einmal, wer waren die Jungs, die heute bei dir waren? Hast du irgendwas gesehen?«

»Angst«, kam es flüsternd über die zitternden Lippen.

»Du hast Angst vor mir?«

Kopfschütteln.

»Haben sie dir gedroht?«

Nicken.

»Ich bin von der Polizei und kann dich beschützen. Aber nur wenn du mir hilfst. Verstehst du?«

Er glaubte ihr nicht.

Leon packte den Arm des Jungen und presste ihn gegen die Kopfstütze des Beifahrersitzes. »Hör mal zu, du kleiner Scheißer. Ich zeig dir gleich, vor wem du Angst haben solltest. Wenn du nicht plauderst, polier ich dir deine dumme Fresse.«

Stella hätte eingreifen und Leon in die Schranken weisen müssen. So wäre es korrekt gewesen, doch stattdessen ließ sie ihn gewähren.

»Die bringen mich um«, hauchte Ahmed.

»Dazu wird es nicht kommen, denn vorher bringe ich dich um. Und zwar jetzt.« Leon erhöhte den Druck, und Ahmed japste nach Luft.

Die Grenze war überschritten, Stella musste etwas tun. Doch abermals hielt sie sich zurück.

»Hör auf«, stöhnte Ahmed, und Leon lockerte den Griff.

»Sie haben mir 500 Euro gegeben. Dafür, dass ich wegschaue und Tür offen lasse.«

»500 Euro für meine Tochter? Dir haben sie wohl ins Gehirn geschissen.«

Leons Hand wurde zur Faust und landete in Ahmeds Gesicht. Die Oberlippe platzte auf wie eine Apfelsine, ein Rinnsal Blut tropfte vom Kinn auf das verdreckte T-Shirt. Stella war fassungslos, der Einsatz wurde zum Fiasko.

»Bitte, nein«, kreischte der Junge, als Leon nochmals ausholte.

»Stopp«, schrie Stella. Sie atmete jetzt ebenfalls lautstark und überdachte ihren nächsten Schritt. »Ich kann ihn aus dem Auto werfen, wenn du mir sagst, was du gesehen hast. Alles, verstehst du?«

Der Junge hielt den Handrücken an die geplatzte Oberlippe und betrachtete das Blut. Schließlich nickte er.

»Steigen Sie aus, Leon.«

Der zögerte, sein Körper vollgepumpt mit Adrenalin.

»Verlassen Sie sofort den Wagen!«, sagte Stella messerscharf und nickte in Richtung Autotür, bis Leon zähneknirschend ausstieg und sich auf die Stufen der Laderampe setzte.

»Ich habe Wort gehalten, jetzt bist du dran.« Sie reichte dem Jungen ein Taschentuch und gab ihm ihre Wasserflasche. Hoffentlich zeigt der uns nicht an, überlegte Stella und ermahnte sich, den Druck aufrechtzuerhalten. Noch war nichts gewonnen.

»Ich schwöre, die zwei noch nie gesehen. Letzten Freitag kamen zu mir nach hinten und haben Flaschen in den Automaten gesteckt. Quatschten rum und gaben mir Zigaretten. Ich kenne sonst niemanden, und sie waren ... nett. Sagen, brauchen mich. Ich wäre Freund und so, wenn ich ihnen helfe. Genau wie du jetzt.«

»Genau wie ich? Die zwei haben dich in die Scheiße geritten, während ich dir helfen kann. Ich bin die Polizei.«

»Die Polizei will nur zurückschicken. Egal, ob ich helfe. Und jetzt werden die mich suchen und ums Eck bringen.«

»Um die Ecke ... aber egal, denn dazu wird es nicht kommen. Wir suchen die zwei Typen, und wenn sie etwas mit der Sache zu tun haben, dann buchten wir sie ein, und du bist vor ihnen sicher. Sind es vielleicht die da?« Stella zeigte Ahmed den Screenshot aus der Videoüberwachung.

Er nickte, ohne zu zögern.

Eine Bestätigung, aber noch keine echte Hilfe. »Kannst du die beiden beschreiben? Auf dem Bild sind sie nur von hinten zu sehen.«

»Es sind Deutsche. Glaube ich. Einer ziemlich groß, Eierkopf und dünner Schnurrbart. Gelbe Haare. Der andere Army-Klamotten wie im Krieg. Schwarze Stiefel, Cap. Muttermal an Oberlippe und dunkle Haare. Braun oder schwarz. Seitlich rasiert.«

Stella hatte die Sprachmemo-Funktion am Handy aktiviert, um jedes Detail später noch einmal abrufen zu können.

»Was haben sie zu dir gesagt? Was solltest du für sie tun?«

»Wenn Tag da, soll ich Rolltor öffnen und mich zehn Minuten lang verdrücken.«

»Wenn der Tag da ist?«

»Sie wussten nicht, wann es passiert, nur dass es passiert.«

»Und was ist passiert?«

»Ich weiß es nicht ... ehrlich. Sie klopften von hinten gegen Gitter, und ich habe aufgemacht und reingelassen. Dann sind sie im Markt verschwunden, und ich hab mich verdrückt.«

»Wohin verdrückt?«

Ahmed deutete mit dem Finger nach draußen. Auf die Kiste.

»Du hast da drin gelegen, während sie im Supermarkt waren?«

Der Junge nickte.

»Hast du etwas gesehen oder gehört?«

»Ich habe Spalt offen gelassen, um Luft kriegen. Dadurch konnte ich hören, aber leider nicht sehen. Ein Auto ist gekommen, ohne dass Motor aus. Dann habe ich Schritte gehört. Jemand ist die Treppen gestiegen. Eine Autotür wurde geöffnet. Dann wieder Treppen. Danach ist weg.«

»Wurde etwas gesprochen?« Stellas Herzschlag verdoppelte sich. Sie war nah dran. Ganz nah.

»Nein, nichts. Außer ...«

»Außer?«

»Ein Kind hat geschrien. Ein Baby ...«

»Ja, das hat es sicher ...« Stella stoppte die Aufnahme.

»Kann ich jetzt gehen?«

»Nein«, entgegnete Stella. »Ich nehme dich mit zur Wache. Da wirst du heute übernachten und etwas zu essen bekommen. Morgen machen wir die Zeichnungen der beiden Jungs.«

»Aber du versprochen, dass gehen kann, wenn erzähl ich«, beschwerte sich der Junge.

»Es ist zu deiner Sicherheit, glaub mir.«

»Ist das Sicherheit?« Ahmed nahm das blutverschmierte Taschentuch vom Gesicht und hielt es Stella vor die Augen.

»Das ist nur eine aufgeplatzte Lippe. Solange die Jungs auf freiem Fuß sind, bist du auf dem Revier in Sicherheit.«

»Wenn ich Zelle, komme ich niemals wieder raus.«

Stella musste unwillkürlich schlucken. Sie hatte ein

schlechtes Gewissen, da sie weder Leon daran gehindert hatte, den Jungen zu schlagen, noch Wort gehalten hatte. »Also schön, dann packen wir jetzt diesen schlagkräftigen Herrn da draußen ein und fahren anschließend zu mir.«

Kapitel 30

Stella legte das Bettlaken über die Sitzfläche des Sofas. Bisher hatte nur ihre Freundin Jenny in ihrer Wohnung übernachtet, und das auch nur, weil sie beide an dem Abend viel getrunken hatten und Jenny nicht mal mehr den Autoschlüssel hatte finden können. Jetzt brachte sie diesen Flüchtlingsjungen mit nach Hause, einen Zeugen, der eindeutig aufs Polizeirevier gehörte.

Ich muss geisteskrank sein, gab sie sich spontan die Diagnose und blickte zu Ahmed, der gedankenverloren vor dem Fenster stand und auf die Straße hinuntersah.

»Uns ist niemand gefolgt, und außerdem bin ich Polizistin. Also, entspann dich.«

Das schien wenig zu bewirken, stattdessen starrte er jetzt auf das frisch bezogene Sofa.

»Ich habe leider kein zweites Federbett, aber du kannst das Kissen und die Decke nehmen. Vorher musst du aber duschen. In der Zwischenzeit mache ich uns etwas zu essen. Magst du Pasta?«

Stella kramte eine Sporthose und ein weit geschnittenes Jeanshemd aus dem Kleiderschrank und reichte beides dem Jungen. Danach setzte sie Wasser für die Nudeln auf und öffnete eine Dose Bolognese aus dem Supermarkt. Kein Gaumenschmaus, doch der Junge würde sich wohl kaum beschweren.

Zehn Minuten später kam Ahmed aus dem Bad und wirkte wie ein anderer Mensch, auch wenn die pinken Shorts ein wenig seltsam an ihm aussahen.

»Sorry für die Hose, aber ich hatte nicht mir dir gerechnet.«

»Ist okay. Besser als alles, was ich bisher getragen habe.«

»Seit wann bist du hier? Also in Potsdam?«

»Knapp drei Monate.«

»Dafür sprichst du super Deutsch.«

»Meine Eltern haben Bücher und Online-Kurse gekauft. Ich übe Sprache, seit ich vierzehn bin.«

»Und wie alt bist du jetzt?«

»Siebzehn.«

»Bist du allein hier?«

Ahmed nickte und setzte sich auf den Barhocker an der Küchentheke, während Stella die Nudeln in eine Pfanne gab, um sie mit der Bolognese zu verrühren.

»Muss hart sein, so ohne Familie in einem fremden Land zu leben.«

»Eltern haben mir Ersparnisse gegeben und bis zur Grenze gebracht. Danach bin ich in ein Lkw gestiegen ... und über Türkei, Griechenland bis nach Berlin.«

»Und was passierte dann?«

»Der Typ in Lkw hat mir Kohle abgenommen und damit gedroht, mich zu verpfeifen, wenn ich ihn verpfeife. Also bin ich mit dem Zug nach Potsdam, weil andere meinten, dass es dort ruhiger als Berlin und man schneller Job bekommt. Ohne Papierkram. Der Supermarkt war zweite Adresse, wo ich versucht habe. Ich habe bekommen acht Euro die Stunde. Chef ist guter Mensch.«

»Da bin ich nicht so sicher, Ahmed. Aber jetzt wird gegessen, und danach kannst du etwas schlafen. Morgen früh fahren wir ins Revier, da wir die Gesichter der zwei Jungs benötigen. Du darfst mit einem Kollegen Phantombilder erstellen. Das ist ziemlich aufregend.«

Ahmed griff zur Gabel und stopfte sich einen Löffel Pasta in den Mund.

Die Nacht war ruhelos gewesen, und Stella hatte das Gefühl, kein Auge zugemacht zu haben. Zweimal war sie aufgestanden, um nach Ahmed zu sehen, der selig schlafend auf der Couch gelegen war. Zur Sicherheit hatte sie die Haustür abgeschlossen und den Schlüssel unter ihrem Kopfkissen versteckt. Sie fingerte danach und umfasste ihn erleichtert. Er war noch da, genauso wie die Dienstpistole, die in ihrem Nachttisch lag. Auch den Messerblock hatte sie versteckt, sicher war sicher.

Ihr banger Blick ging zur Uhr. Der Wecker würde eh gleich klingeln, also schälte sie sich aus den Laken. Ein kurzes Frühstück musste genügen, und dann würde sie mit Ahmed ins Revier fahren.

Mit Jeans und einem Shirt bekleidet tippelte sie in Richtung Bad und linste kurz zum Sofa.

Leer.

Ahmed war verschwunden. Unter der Decke befanden sich zwei Kissen, die sonst als Deko auf dem Sessel lagen. Stella kontrollierte die Apartmenttür. Verschlossen. Dafür war das Fenster einen Spaltbreit geöffnet. Deshalb hatte er die ganze Zeit nach draußen gestarrt. Nicht aus Angst vor Verfolgern, sondern um den Fluchtweg auszumachen. Stella sah nach unten und konnte es kaum glauben.

Bis zur Straße waren es locker vier Meter, und es gab nicht mal den berühmten Sims aus Hollywood, an dem man sich entlanghangeln konnte. Er musste gesprungen sein oder die Regenrinne erwischt haben, die links am Haus entlang nach unten führte. Egal, wie er es angestellt hatte, mit Ahmed war der einzige Zeuge verschwunden, der die Gesichter der zwei möglichen Entführer kannte.

Stella war nervös und angespannt, als sie den Besprechungsraum betrat. Keine Frage, sie hatte es vergeigt, und ihr Chef hatte jeden Grund dazu, sie vor der ganzen Mannschaft rundzumachen.

»Da kommt ja unsere Chefermittlerin«, unkte Martin Zecke und verzog eine Grimasse.

Fünfzehn Augenpaare blickten gespannt in ihre Richtung, während Kommissar Riediger an seiner E-Zigarette sog.

»Guten Morgen, Stella. Schön, dass Sie es einrichten konnten.«

Achtung, Zynismus! Stellas mulmiges Gefühl verstärkte sich.

»Ich habe die Kolleginnen und Kollegen gerade auf den neuesten Stand gebracht. Das Foto von der Überwachungskamera ist noch in der Nacht an alle umliegenden Dienststellen rausgegangen. Ohne Rückmeldung bisher. Wir brauchen dringend die Beschreibung von dem Jungen, den Sie gestern Abend aufgegabelt haben. Haben Sie etwas zu ergänzen?«

»Der Junge hat mir alles erzählt, was er gesehen und vor allem gehört hat. Neben den zwei Männern auf dem Video scheint eine weitere Person an der Entführung beteiligt gewesen zu sein. Ahmed lag in seiner Streukiste und konnte mit anhören, wie ein schreiendes Baby über die Lieferantenrampe nach draußen gebracht wurde. Dort wartete ein Auto mit laufendem Motor. Der Fahrer des

Wagens ist dann mit dem Baby abgefahren, während die Männer den Supermarkt offensichtlich durch den Haupteingang verließen. Sobald das Meeting hier vorbei ist, fahre ich zum See und informiere die Mendels. Vielleicht ergibt sich dadurch etwas Neues.«

»Bei dem ganzen Supermarkt ist was faul.« Ihr Boss schien das Ablenkungsmanöver geschluckt zu haben, denn er schoss sich anschließend auf den Marktleiter und dessen Machenschaften ein.

Gut so, dachte Stella erleichtert, als ihre Kollegen grüppchenweise das Büro verließen.

»Stella? Würden Sie bitte noch dableiben und die Tür schließen.«

Zu früh gefreut. Schweiß schoss in ihre Achselhöhlen, und sie spürte, wie sich ihre Bluse nässte. »Sie können ruhig die Zigarette wieder anmachen, wenn Sie mögen. Stört mich nicht.«

»Ich weiß, dass ich das kann. Aber mir geht der Geruch ebenfalls auf die Nerven. Wie nannten sie ihn noch? Hasenfurz? Und genau so einen Hasenfurz haben Sie mir gerade präsentiert. Ich sagte Ihnen am Telefon, dass wir den Jungen im Revier benötigen, um Phantombilder zu zeichnen. Hier ist er aber nicht und war auch niemals da. Wo ist die Lücke in unserer Kommunikationskette?«

Stella japste nach Luft, denn sie wusste, dass es keine Ausrede mehr gab. »Ich hatte dem Jungen versprochen, dass ihm keine Repressalien drohen, wenn er mir alles erzählt. Und das hat er getan. Allerdings ist er mir danach entwischt …«

»Der Junge ist illegal in unserem Land, und es wäre ein Leichtes gewesen, ihn über Nacht in eine Zelle zu sperren. Stattdessen haben Sie ihn laufen lassen, und wir sehen ihn vermutlich niemals wieder. Noch so einen Lapsus und

Sie entstauben wieder Geisterakten. Und jetzt werfen Sie Ihr Gedächtnis an und schreiben alles nieder, was der Junge Ihnen anvertraut hat. Ich erwarte einen ausführlichen Bericht mit allen Formalitäten. Währenddessen informiere ich die Mendels selbst.«

»Sie wollen mich bestrafen, weil ich es vermasselt habe? Jetzt, wo Leon Mendel mir vertraut und endlich etwas zu den Hintergründen preisgibt?«

»Ich habe Ihnen diesen Fall ebenfalls anvertraut, Stella. Und Sie verhalten sich wie ein eingeschnapptes Mädchen. Lüften Sie Ihr Gedächtnis und bringen Sie alles, was Sie zu den beiden jungen Männern und dem Fahrzeug an der Rampe wissen, zu Papier. Wir haben keine Zeit für Diskussionen und sollten uns aufteilen. Das ist ... wie sagt man so schön ... ein Befehl.«

Stella drehte sich um und verließ den Besprechungsraum. Obwohl sie mit einem Anschiss gerechnet hatte, fand sie die Vorgehensweise falsch. Jetzt, wo es spannend wurde, sollte sie lästigen Papierkram erledigen? Zumal sie die Beschreibung, die Ahmed ihr geliefert hatte, in fünf Minuten runterschreiben konnte.

Mürrisch kehrte sie zu ihrem Schreibtisch zurück und startete den Laptop, während Lamar sie neugierig beäugte. Er trug einen schwarzen Anzug, der ihm eindeutig zu groß war.

»Und, wie war's? Gibt es eine heiße Spur? Ich habe gehört, dass du bis gestern Nacht im Einsatz warst ...«

»Nerv mich nicht, Lamar. Ich muss mich konzentrieren und einen Bericht verfassen.« Sie hielt kurz inne und nahm sein Outfit ins Visier. »Ist jemand gestorben oder kommst du geradewegs vom Konfirmandenunterricht?«

»Ziemlich elegant, oder? Es macht mich etwas älter,

und ich dachte, dass dir das gefallen würde, wenn wir jetzt als Partner unterwegs sind.«

»Partner? Wovon träumst du nachts? Und jetzt beschäftige dich bitte ausnahmsweise selbst.«

Lamar rümpfte genießerisch die Nase. »Also schön, dann interessiert dich sicher nicht, dass Ricarda Wellendörfer eine dunkle Vergangenheit mit Bedrohungen, Erpressungen und Körperverletzungen in ihrer Akte angesammelt hat. Allesamt abgeschmettert durch ihren Anwalt, Dr. Joachim Deckert, der gleichzeitig auch der Anwalt von Helena und Leon Mendel ist. Sorry, bei Helena muss es natürlich *war* heißen. Er *war* ihr Anwalt.«

»Erzähl weiter ...«

»Man konnte ihr direkt nie etwas nachweisen, weil immer andere mit in die Straftaten involviert waren. Meist Männer, die nie erwischt und aufgefunden wurden.«

»Ricarda Wellendörfer und ihre Schläger?«

»In einem der Berichte war von zwei Jugendlichen die Rede, die einen Beamten der Bauaufsichtsbehörde zusammengeschlagen und ein obszönes Graffiti an seine Tür gemalt haben. Einen Megapenis. Zuvor hatte der gute Herr angeblich einen einschüchternden Anruf von Frau Wellendörfer erhalten.«

»Sonst noch was?«

»Dafür, dass du keine Zeit hast, bist du ganz schön neugierig.«

»Ich hätte nicht gedacht, dass mein Nachwuchsassistent ein kleines Cleverle ist. Obwohl er heute etwas älter aussieht. Wie fünfzehn vielleicht ...« Stella bedachte Lamar mit einem grimmigen Lächeln. Das war gute Recherchearbeit und servierte Stella einen Grund, bei Ricarda nochmals aufzuschlagen.

Kapitel 31

Monique rieb sich die verquollenen Augen, bis es schmerzte. Sie war eingedöst und vom Klingeln an der Tür geweckt worden. Leon war vor einer Stunde ins Büro gefahren, obwohl sie ihn gebeten hatte hierzubleiben. Angeblich wollte er nach dem Rechten sehen und den Mitarbeitenden auf den Zahn fühlen. Es klingelte ein zweites Mal, und sie quälte sich vom Sofa hoch. Durchs Fenster konnte sie noch das Taxi erkennen, das in der Einfahrt drehte und verschwand. Mit einem ungewissen Grummeln im Magen öffnete sie die Tür und blickte überrascht zu dem älteren Kommissar, der seine Zigarette aus dem Mund nahm.

»Guten Morgen, Fräulein Wächter. Ich hätte an Sie und Ihren Freund noch ein paar Fragen. Passt es Ihnen gerade oder brauchen Sie ein paar Minuten?«

»Scheiße, sehe ich so fertig aus? Und wieso kommen Sie mit einem Taxi? Wo ist Stella?«

»Ich denke, Sie halten sich in Anbetracht der Umstände erstaunlich gut. Manche Menschen brechen zusammen, andere schreien den ganzen Tag. Von daher bin ich froh, Sie in der aktuellen Verfassung anzutreffen. Fräulein Bellanger hat noch auf dem Revier zu tun, und ich dachte mir, dass ich die Zeit für eine kleine Unterhaltung nutze. Darf ich?«

»Leon ist nicht da. Er ist heute Morgen ins Büro gefahren, um ein paar Sachen zu erledigen. Wenn Sie also später wiederkommen könnten ... Oder gibt es etwas Neues?«

»Wir haben zwei junge Männer in Verdacht, die auf einem Überwachungsvideo zu sehen sind.«

»Ja, das habe ich gehört.«

»Was Sie sicherlich noch nicht gehört haben, ist, dass Ihre Tochter vermutlich über die Lieferantenrampe des Supermarkts hinausgebracht wurde und in einem Pkw verschwunden ist.«

»Weiß ich schon. Der Junge an der Pfandannahme steckt dahinter. Leon hat es mir gestern Nacht erzählt, als er nach Hause kam.«

»Als er ... nach Hause kam?« Stefan Riediger wirkte überrascht. »Wo war er denn um diese Zeit noch?«

»Er war mit Stella im Supermarkt und hat diesen syrischen Flüchtlingsjungen ausfindig gemacht. Wussten Sie das nicht?«

Der Kommissar schaltete die Zigarette wieder an und machte gierig einen Zug. »Bitte entschuldigen Sie, ich wollte eigentlich damit aufhören.«

»Mich stört es nicht.«

»Auch nicht der Geruch?«

Monique schüttelte irritiert den Kopf.

»Ich würde Ihnen gern ein paar persönliche Fragen stellen, Fräulein Wächter. Von daher ist es vielleicht gut, dass Ihr Partner in der Arbeit ist. Vielleicht können wir ein Profil des möglichen Kidnappers erstellen. Wäre das für Sie in Ordnung?«

Monique zögerte. Einerseits hatte sie gehofft, dass sich die Täterfrage mit den Männern auf dem Video geklärt hatte. Andererseits war es die Gelegenheit, ihre Meinung kundzutun, ohne dass Leon ihr den Mund verbieten würde.

»Also schön, und bitte, nennen Sie mich Monique. Das *Fräulein* macht mich mindestens so alt, wie ich gerade aussehe.«

Der Kommissar setzte sich auf einen Sessel und blickte nach draußen auf den See. »Schöne Aussicht, muss ein Privileg sein, hier zu wohnen.«

»Ist es für die meisten Leute sicher auch.« Monique war nicht nach Plauderei zumute. Sie fühlte sich ausgelaugt, und ihr Körper verlangte nach einer heißen Dusche.

»Sie leben nicht gern hier?«

»Nein, mir wäre eine Stadtwohnung lieber. Also in Berlin.«

»Hm.« Der Kommissar nickte versonnen.

»Hören Sie, Herr Riediger. Ich bin ziemlich fertig und würde gern duschen. Außerdem weiß ich nicht, was es zu besprechen gibt, wenn die Täter frei herumlaufen. Müssten Sie nicht unterwegs sein und in Ihrem Streifenwagen sitzen?«

»Wir sind dran an den zwei Kerlen. Allerdings ist auf dem Video nicht allzu viel zu sehen. Nur der Junge weiß, wie sie aussehen, und das muss jetzt zu Papier oder in den Computer gebracht werden. Ich verspreche Ihnen, dass alle verfügbaren Leute nach Ihrem Baby suchen. Und übrigens, in einem Streifenwagen habe ich seit zwanzig Jahren nicht mehr gesessen.«

»Mir dauert es einfach zu lange, und ich habe nicht den Eindruck, dass Sie meine Sorgen wirklich teilen. Mein Baby ist irgendwo da draußen und schreit nach mir. Marta braucht mich, ich stille sie doch noch. Die Kleine wird die Flasche nicht nehmen ... Verdammt, ich kann nicht sinnlos rumsitzen und Fragen beantworten.«

»Keine Sorge, Sie sitzen kein bisschen sinnlos rum. Vielleicht beginnen Sie mit einem heißen Kaffee. Ich würde einen nehmen.«

Monique seufzte und schaltete die Kapselmaschine an. Der Kommissar hatte recht, Koffein würde ihr nach dem Alkohol der letzten Nacht jetzt guttun.

Sie brachte die zwei gefüllten Tassen zum Wohnzimmertisch und merkte, dass sie zitterte. Der Kaffee schwappte über und verteilte sich auf der Untertasse. »Entschuldigung, ich bin ein Tollpatsch.«

»Nichts passiert«, entgegnete der Kommissar und holte ein Stofftaschentuch aus seiner Hosentasche, um den Kaffee wegzuwischen.

»Alte Schule, was?«

»Sagen meine Mitarbeiter auch immer«, schmunzelte Stefan Riediger und nippte am Kaffee. »Von daher sehen Sie es mir nach, wenn ich bei der Suche nach Ihrer Tochter auf bewährte Methoden setze. Und zu denen zählt nun mal ein Gespräch mit den Betroffenen. *Der* Betroffenen ...«

»Sie glauben auch, dass es mit mir zu tun hat? Dass ich daran schuld bin?«

»Ganz und gar nicht. Ich glaube nur, dass Sie in irgendeiner Beziehung zu den Tätern stehen. Alles, was Sie mir über die Vorkommnisse der letzten Tage geschildert haben, deutet darauf hin.«

»Habe ich zuerst auch gedacht, doch die Männer auf dem Video sagen mir rein gar nichts. Ich habe sie im Supermarkt nicht einmal bemerkt.«

»Die meine ich auch nicht. Es ist vermutlich eine weitere Person in die Entführung verwickelt. Die Person, die im Auto gesessen und Ihr Baby in Empfang genommen hat.«

»Ich habe leider keine Ahnung, wer das sein könnte, Herr Kommissar. Zunächst habe ich an unsere Nachbarin, diese Ricarda, gedacht oder eine meiner Ex-Kolleginnen aus dem Architekturbüro. Leon hält beides für kompletten Unsinn, und ich befürchte, dass er recht hat. Warum sollten sie unser Baby entführen? Das ergibt einfach keinen Sinn. Nichts ergibt hier einen Sinn.«

»Stella hat mir davon erzählt, wie Leon und Sie sich kennengelernt haben. Wie das Baby entstanden ist und so weiter ...« Der Kommissar wirkte verlegen und hatte sichtlich Probleme, den richtigen Ton zu treffen. »Ihr Leben wurde ganz schön durcheinandergewürfelt. Ursprünglich sollten Sie ein Kind für eine andere Frau austragen, und plötzlich sind Sie selbst für Marta verantwortlich und haben einen Mann an Ihrer Seite. Dazu ein Haus am See, ein Auto, Geld ...«

»Worauf wollen Sie hinaus?«

»Nun ja, vielleicht hat diese Entwicklung nicht jedem gefallen. Es klingt so, als wären Sie, Monique, der Profiteur des Unglücks, das der Ex-Frau Ihres Mannes widerfahren ist. Sie besitzen jetzt all das, was Helena einst besessen hatte. Sogar noch etwas Entscheidendes mehr, denn Sie haben eine Tochter.«

»Eine Tochter? Ich habe gerade keine Tochter, falls Ihnen das nicht aufgefallen ist«, schrie Monique und stellte ihre Tasse mit einem lauten Knall ab.

Ein weiteres Mal zückte der Kommissar das Taschentuch und saugte damit die übergeschwappte Flüssigkeit vom Tisch.

»Bitte, regen Sie sich nicht auf, Monique. Ich will Ihnen

nichts Böses unterstellen. Ganz im Gegenteil. Vielleicht steckt einer Ihrer Neider hinter der Entführung. Jemand, der Ihnen dieses Glück missgönnt. Denn wäre es eine Erpressung mit Lösegeldforderung, hätte sich der Täter längst bei Ihnen beiden gemeldet. Vertrauen Sie einem erfahrenen Polizisten.«

»Vielleicht ist es ein Perverser ... jemand, der meine kleine Marta quälen will.« Monique stöhnte herzzerreißend und fing an zu weinen.

Der Kommissar reichte ihr das Taschentuch. »Entschuldigung, aber ich habe nur das eine. Ist nur Kaffee ...«

Monique schniefte in den aufgeweichten Stoff und versuchte, sich zu fassen.

»Hören Sie, Monique, in der aktuellen Situation können wir natürlich nichts ausschließen, aber die Kette aus Hinweisen und Indizien macht uns Mut, dass es eben kein Perverser ist, der Ihrer Tochter etwas antun will. Solche Leute schicken im Vorfeld in der Regel keine Hühner oder Babystrampler an die Eltern. Und die Aktion im Supermarkt klingt nach sorgfältiger Planung mit mindestens drei Tatbeteiligten. Also denken Sie darüber nach, wer Ihnen das Familienglück missgönnen könnte?«

Der Kommissar hatte recht. Sie drohte, in der Angst um ihre Tochter den Kopf zu verlieren, und hatte all die kleinen Hinweise nahezu verdrängt.

»Na ja, am allerehesten hätte wohl Leons Ex etwas dagegen. Aber Helena ist tot, und ich habe keine Ahnung, wer ihr wirklich nahestand.«

»Sie hat mit Sicherheit Familie. Angehörige, die um sie getrauert haben. Kennen Sie jemanden aus ihrem Umfeld?«

»Die Eltern sind angeblich in jungen Jahren gestorben, und sie ist mit ihrem Bruder bei irgendeiner Tante aufgewachsen. Ich habe das nur aus dem Getuschel der Kollegen herausgehört. Mit mir hat sie nie darüber gesprochen, und Leon verbirgt alles vor mir, was mit Helena irgendwie zu tun hat. Es gibt noch diesen Anwalt, Joachim Deckert, mit dem sich Leon hin und wieder trifft. Er regelt den Nachlass von Helena und hat Leon in den zurückliegenden Monaten unterstützt. Allerdings weiß ich nicht, was zwischen den beiden besprochen wird. Leon ist in der Beziehung nicht sonderlich gesprächig ...«

»Vertraut er Ihnen nicht?«

»Ich glaube, er möchte alles von mir fernhalten, was mich aufregen könnte. Allein der Name Helena bereitet mir Magenschmerzen. Sie war keine ... nette Person und betrachtete mich als dumme Erfüllungsgehilfin. Als ... *Fickhenne.*« Monique zögerte, es tat weh, den Namen auszusprechen, der auf dem Zettel an der Tür stand. »Und dann hat ihr ebendiese ›Fickhenne‹ den Mann ausgespannt.«

»Das war sicherlich nicht einfach für Sie alle drei. Und was ist mit Ihnen, Monique? Vertrauen Sie Ihrem Freund? Vertrauen Sie Leon?«

Gute Frage, musste Monique zugeben und dachte intensiv darüber nach, bis sie sich für die Wahrheit entschied. »Nein.«

Kapitel 32

Leon wurde das Gefühl nicht los, dass alle ihn beobachteten. Als wüssten sie von der Entführung und wären nun gespannt auf seine Reaktion. Würde er verzweifeln und vielleicht Monique die Schuld an allem geben? Würde er endlich zugeben, dass er ohne Helena ein Nichts war? Er ermahnte sich selbst, nicht zu viel in die Gesichter seiner Mitarbeiter hineinzuinterpretieren, und konnte doch nicht anders, als ihnen zu misstrauen.

Er hatte sich gestern mit einer Magenverstimmung verabschiedet und nicht vor, den wahren Grund des plötzlichen Verschwindens zu erklären. Nein, er wollte die Fassade aufrechterhalten, da er insgeheim vermutete, dass sie ihm das unverhoffte Familienglück missgönnten. Dabei hatten sie keine Ahnung, was er alles durchmachen musste. Vor dem Unglück und danach. Und während es passierte.

»Amanda Brinkmeier hat gestern Nachmittag angerufen. Sie hatte Rückfragen zum Angebot, und da du nicht erreichbar warst, habe ich sie, so gut es ging, beantwortet.« Dunja saß an ihrem Schreibtisch und spielte mit dem Mont-Blanc-Füller, den Helena ihr zu Weihnachten geschenkt hatte. Zu einer Zeit, wo Leon noch nicht mit an Bord gewesen war.

»Danke. Hat sie gesagt, bis wann sie sich entscheiden wollen?«

»Ich denke, bald. Sie ist übrigens nicht auf unseren Trick mit den Exklusivleistungen hereingefallen und will jetzt alles inklusive durchgerechnet haben. Ich befürchte, dass wir dann durchs Raster fallen …«

»Auch das noch«, murmelte Leon, der die nächste Last auf seinen Schultern spürte. Jemand will mich fertigmachen, kam ihm der Gedanke. Jemand, der alle Strippen zusammenhält, so jemand wie ein Gott.

»Ich kalkuliere alles durch und komme später mit dem neuen Angebot zu dir. Und vielleicht rufst du Frau Brinkmeier zurück. Die gute Amanda war gestern ziemlich angepisst, dass du nicht erreichbar für sie warst. Sicher, dass mit deinem Magen alles wieder gut ist? Du wirkst so … aufgezehrt.«

Leon betrachtete Dunja, die ihn ebenfalls kritisch beäugte, ganz so, als würde sie eine nonverbale Schlacht mit ihm austragen. Weiß sie etwas von der Entführung? Steckt sie mit in diesem Sumpf aus Lügen? Leon wollte es zumindest nicht mehr ausschließen. Oder war Julia daran beteiligt, die ihn ebenfalls angaffte, als wäre er die neueste Attraktion im Zoo, obwohl sie sich um ihre Kunden kümmern sollte. Schließlich war einiges liegen geblieben.

»Was starrt ihr mich alle so an?« Er ließ eine Kunstpause entstehen, um zu testen, ob jemand aus der Deckung kommen würde.

»Du wirkst ziemlich angeschossen, Chef. Und das in einer so wichtigen Phase für die Firma. Es ist kein Geheimnis, dass wir uns Sorgen machen und darüber reden.« Julia hatte die Initiative ergriffen, alle anderen nickten nur beklommen.

»Macht euch keinen Kopf. Mir geht es gut.«

»Schön zu hören«, presste Julia heraus.

»Und denk an den Anruf bei Amanda«, versuchte sich Dunja an einem gespielten Lächeln.

Was für eine Schlangengrube, fand Leon, der zum ersten Mal das Gefühl hatte, dass seine Mannschaft ihn loswerden wollte. Dabei übersahen sie augenscheinlich, dass sein Name an der Tür stand. Sein angeheirateter Name, um exakt zu sein. Doch ohne Leon würde es kein Mendel & Mendel geben. Das war doch so, oder etwa nicht?

Leon lächelte zurück und ging in sein Büro. Entgegen den Gewohnheiten machte er die Tür zu, denn er wollte seine Ruhe haben. *Es reicht, wenn sie mich sehen können. Und ich sie.* Leon schaute durch die Glasfront seines Kubus' auf die Schreibtische der Leute und klappte den Laptopdeckel hoch. Die Kennworteingabe erschien, und Leon tippte seine Daten ein. Er wollte zunächst die Mails checken, bevor er mit Amanda Brinkmeier telefonieren würde. Mit der … Göre.

Doch dazu kam es nicht, denn ein offen gelassenes Word-Dokument strahlte ihm vom Bildschirm seines Rechners entgegen. Der Text in Calibri 12 Pt., die Überschrift gefettet.

> ***Rendezvous bei Memories***
> *Vermisst du sie? Möchtest du sie wiedersehen? Willst du, dass alles wieder so wie früher ist?*
> *Nur du. Und keine Polizei.*
> *Es gibt nur dieses eine Mal. Versau es nicht!*
> *Heute wie damals.*

Leon starrte auf das Dokument und las es ein zweites, drittes und gar viertes Mal. Wie kam diese Botschaft auf seinen Laptop? Instinktiv schaute er zu seinen Mitarbeitern, die allesamt beschäftigt waren oder … taten. Keiner schien ihn und seine Reaktion zu beobachten. Leon untersuchte die ominöse Word-Datei von 6.44 Uhr und stand vor einem Rätsel. Wer aus seinem Team war um diese Uhrzeit im Büro gewesen? Normalerweise niemand. Wer, außer seinen Leuten, hatte einen Schlüssel für die Tür? Der Eigentümer und die Reinigungsgesellschaft. Aus. Und jetzt die Gretchenfrage: Wer kannte das Kennwort des Computers? Niemand. Zumindest niemand, der noch lebte. Leons Herz drohte zu kollabieren, die Gedanken rasten hin und her. Es klang nach einem vertrackten Spiel, und er war sicher, dass ihm jemand einen Denkzettel verpassen wollte. Aber immerhin gab es endlich eine Nachricht, was bedeutete, dass Marta vermutlich noch am Leben war. Und schon bald würde er dem Kidnapper gegenübersitzen, um sich seine Kleine zurückzuholen. Schon bald? In acht Stunden, um exakt zu sein, denn Leon wusste, wann und wo er zu erscheinen hatte. Er wusste nur nicht, ob er es allein versuchen durfte.

Kapitel 33

Stella hatte gerade den Bericht in den Laptop getippt, als ihr Handy auf dem Schreibtisch vibrierte. Leon Mendel. Sollten er und Monique nicht gerade mit ihrem Chef zusammensitzen, um über Tatverdächtige zu reden? Sie runzelte die Stirn und drückte zögerlich auf die grüne Taste.

»Hallo?«

»Hallo, Stella. Wo sind Sie gerade?«

»Wo sind denn Sie, Leon? Ist mein Chef bei Ihnen?«

»Ich musste was Dringendes erledigen und bin heute Morgen ins Büro gefahren. Hätten Sie Zeit?«

»Ob ich Zeit habe?« Stella war irritiert. Es klang fast so, als wolle er ein Date mit ihr ausmachen.

»Ich brauche dringend Ihren Rat.«

»Gibt es etwas Neues? Jetzt reden Sie schon.«

»Nicht am Telefon. Ich hole Sie ab, wo auch immer Sie sich gerade aufhalten.«

»Wo soll ich schon sein? Auf dem Polizeirevier natürlich.«

»Bleiben Sie, wo Sie sind. Ich bin in einer guten halben Stunde da.« Leon legte auf und ließ eine ratlose Stella zurück.

Fünfundvierzig Minuten später stand er am Empfang der Polizeiwache und sah aufgeregt, jedoch nicht panisch oder mitgenommen aus. Eher enthusiastisch, wie jemand, der darauf brannte, sein Wissen endlich loszuwerden. Er führte Stella zu seinem Auto und öffnete ihr die Tür.

»Wohin fahren wir?« Stella war unsicher, wie sie mit Leon umzugehen hatte. Mal war er unverschämt und abweisend, dann spielte er den Kumpeltypen und verhielt sich nahezu charmant.

»Nirgends. Ich wollte Sie allein sprechen. Er hat sich gemeldet ...«

»Der Kidnapper?« Stella vergaß ihr mulmiges Gefühl und hing an Leons Lippen.

»Ich habe eine Nachricht auf meinem Laptop. Er will sich mit mir treffen. Allein und ohne Polizei. Und zwar heute noch. Mitten in Berlin.«

»*Er?* Das heißt, Sie wissen, wer es ist?«

»Nein, nicht direkt. Mit *er* meinte ich den Entführer.«

»Aber Sie haben eine Ahnung, wer es sein könnte?«

»Nein, ja ... vielleicht. Darum geht es mir nicht. Ich will von Ihnen wissen, ob ich allein hingehen oder die Polizei mitnehmen soll.«

»Und das fragen Sie ausgerechnet eine Polizistin?«

»Sie sind ...«, Leon zögerte und änderte offensichtlich seine Wortwahl, »anders, Stella.«

Bumm. Da war wieder dieses komische Gefühl aus Magenschmerz und Kribbeln, und Stella wurde gewahr, dass sie immer noch auf dem Parkplatz des Reviers standen. Kein guter Ort, um von den Kollegen entdeckt zu werden.

»Könnten Sie vielleicht irgendwo hinfahren, während wir reden?«

»Ja, sicher.« Leon drehte am Zündschlüssel und steuerte den Wagen auf die Hauptstraße. Dabei hätte er fast einen Radfahrer übersehen, der wild gestikulierend hinterherwinkte.

»Und bitte fahren Sie vernünftig. Ich kann Ihnen jederzeit ein Ticket verpassen.«

Leon lachte kurz auf und drosselte das Tempo.

»Erzählen Sie von vorn. Wie kam das Dokument auf Ihren Rechner, und was genau stand drin?«

»Ich habe keine Ahnung. Es war da, als ich den Rechner hochfuhr. Jemand muss es direkt an Ort und Stelle eingetippt haben, bevor ich in die Arbeit kam. Das ist keine echte Mail, und es gibt keinen Absender.«

»Das spricht für einen Ihrer Mitarbeiter ...«

»Das war mein erster Gedanke, aber irgendwie ergibt das keinen Sinn. Nicht, dass ich meinen Leuten blind vertrauen würde, aber der Text ist ... sehr speziell.«

»Bedeutet?«

»Dass ich heute um 18.00 Uhr allein ins Café Memories kommen soll und dort alles Weitere erfahre.«

»Wirklich sehr speziell.«

»Das ist die Übersetzung.«

»Ah, danke.«

»Hören Sie, Stella. Wir hatten keinen guten Start, und ich war vielleicht ein wenig abweisend bei unserem Kennenlernen ...«

»Abweisend? Sie waren ein Arschloch.« Stella merkte sofort, dass die Bemerkung zu persönlich war und entschuldigte sich dafür.

»Schon gut, ich war genervt damals und habe die Sache auf die leichte Schulter genommen. Ich hätte auf Sie hören sollen.«

»Sie hätten auf Ihre Freundin Monique hören sollen.«

»Ja, vielleicht. Ich bin jedenfalls erleichtert, dass sich jemand gemeldet hat. Das bedeutet, dass Marta lebt und in der Nähe ist. Wenn ich auf die Forderungen eingehe, werde ich mein Kind zurückbekommen. Und dann sind Sie am Zug, Stella.«

»Was genau stand in der Botschaft, Leon? Sie lassen schon wieder Details aus, die vielleicht entscheidend sind.«

Leon langte zur Rückbank und zog den Laptop hervor. Während der Fahrt gab er das Passwort ein, damit Stella das Dokument lesen und analysieren konnte.

»Aus diesen Zeilen leiten Sie also ab, dass Sie sich um 18.00 Uhr im Café Memories mit dem Entführer treffen sollen?«

»Die letzte Zeile ist entscheidend. *Heute wie damals.* Im Café Memories hatten Helena und ich unser erstes Rendezvous nach dem ungeplanten Kennenlernen. Wir waren für 18.00 Uhr verabredet. Es hat damals in Strömen geregnet, und Busse und Bahnen fuhren außer Plan. Ich bin durch die halbe Stadt gerannt und war natürlich viel zu spät. Als ich endlich ins Café kam, befürchtete ich, dass Helena schon gegangen war, doch sie saß an einem der hinteren Tische und prostete mir zu.«

»Das klingt romantisch.«

Ein melancholischer Glanz legte sich auf Leons Augen, und es wirkte so, als würde sich eine Träne aus dem Augenwinkel befreien. Wenig später hatte er sich im Griff und fuhr energisch fort: »Das Treffen heute wird jedenfalls alles andere als romantisch werden, und ich will es nicht vergeigen. Also, Stella, was soll ich tun?« Leon blickte zu ihr hinüber und biss sich nervös in seinen Handrücken.

»Hören Sie, Leon, ich weiß Ihr Vertrauen zu schätzen und finde es gut, dass Sie mit der Information direkt zu mir gekommen sind. Und ja, es war richtig, dass Sie die Polizei eingeschaltet haben. Das Ganze ist jedoch kein

Spiel, sondern bitterböser Ernst. Es geht um das Leben Ihrer Tochter, und mit einem unbedarften Fehler können Sie, können *wir* es zerstören. Ich möchte, dass Sie jetzt nach Hause fahren und die Sache mit Kommissar Riediger besprechen.«

»Ich vertraue ihm nicht, Stella.«

»Ich schon. Er mag vielleicht antiquiert aussehen in seinen 70er-Jahre-Klamotten, aber er hat jede Menge Erfahrung und lässt sich nicht verarschen. Er wird wissen, was zu tun ist.« Stella war selbst überrascht darüber, wie sie ihren Chef vor Leon lobte.

»Also gut. Fahren wir nach Hause.«

»Wir?«

»Ja, Sie und ich, Stella.«

Schon am Gesichtsausdruck ihres Vorgesetzten konnte Stella ablesen, dass er sauer auf sie war. Dabei war der Bericht längst an alle Dienststellen verschickt. Außerdem: Was konnte sie dafür, dass sich Leon mit den aufregenden News persönlich an sie wandte, während er beim Kaffeetrinken bei Monique saß. Um nicht noch mehr ins Fadenkreuz zu geraten, hielt sie sich fortan zurück und überließ es Leon, vom Fund auf seinem Laptop zu berichten. Der Kommissar hörte aufmerksam zu und machte sich ein paar Notizen, bevor er resümierte.

»Der Kidnapper scheint Sie bestens zu kennen. Oder wie deuten Sie die Aussage, dass Sie es *diesmal* nicht versauen sollen. *Damals wie heute*?«

Leon hielt inne und blickte zu Monique, dann zu Stella und zurück zum Kommissar. »Die Nachricht wurde so verfasst, als käme sie von Helena. Von daher muss mich dieser Jemand kennen. Und er muss Helena gut gekannt haben.«

»Was glauben Sie, auf wen Sie heute Abend treffen werden?«

»Ich weiß es nicht.« Leon stand auf und lief im Zimmer hin und her. »Ich will nur einfach keine Fehler machen.«

»Und deshalb sollten wir nochmals über Täter und Motive sprechen. Schließlich haben wir noch ein paar Stunden bis zu Ihrem Treffen. Zeit, die wir dazu nutzen können, um Recherchen anzustellen. Oder den ein oder anderen Hausbesuch zu machen.«

Leon blieb stehen und funkelte den Kommissar an.

»Genau das müssen wir vermeiden. Haben Sie die Nachricht nicht gelesen? Keine Polizei und keine Fehler. Es gibt nur diese eine Chance.«

»Hören Sie, Herr Mendel. Ich habe das leider schon ein paarmal mitgemacht und sage Ihnen, dass wir die Erfolgschancen erhöhen, wenn wir uns entsprechend darauf vorbereiten. Wenn Sie also auch nur den Funken eines Verdachts haben, wer dahinterstecken könnte, dann ist jetzt die Gelegenheit, es auszuspucken.«

»Sorry. Ich kann Ihnen nicht weiterhelfen.«

»Leon!« Monique hatte wieder diese Mischung aus Wut, Angst und Entsetzen in ihrem Blick.

»Ich hole sie uns zurück, Schatz. Verlass dich darauf. Ich muss nur wissen, ob ich allein oder mit Stella zum Treffpunkt gehen soll?«

»Mit Stella?« Monique war fassungslos und stand nun ebenfalls auf.

»Sie wollen, dass Fräulein Bellanger mitkommt?« Der Kommissar blickte zu Stella, die verschämt nach unten sah.

Wieder so ein Manöver, das sie ordentlich in die Bredouille brachte.

»Hören Sie, Leon, diese Entführung ist kein Kinderstreich, und Sie erhalten das volle Programm an Unterstützung. Es gibt vielleicht nur eine Chance für eine Übergabe, und das bedeutet ein Team von mindestens acht Leuten. Wir werden unsere Augen überall haben, inkognito versteht sich. Und wir werden Sie verkabeln, denn wir brauchen jedes Wort auf Band, das zwischen Ihnen und dem Entführer gesprochen wird. Vielleicht können wir, noch während Sie sich treffen, zugreifen und Ihre Tochter befreien.«

»Nein, so funktioniert das nicht, Herr Kommissar. Nicht in diesem Fall.«

Stella ging bis ans Ende des Stegs und betrachtete den See. Kein Wind, keine Wellen. Wie die Ruhe vor dem Sturm, der in Form von Stefan Riediger gleich über sie hinwegfegen würde. Er hatte sie zu einem Zwiegespräch gebeten, und es klang alles andere als freundlich.

»Wissen Sie eigentlich, was Sie da tun, Kindchen?«

Stella zuckte zusammen. Was sollte sie darauf nur antworten? Schließlich war es nicht ihre Idee gewesen, auch wenn es so aussah.

»Wie konnten Sie den Vater des Entführungsopfers nur zu einem Polizeieinsatz mitnehmen? Und warum, um alles in der Welt, will er Sie dabeihaben?«

»Keine Ahnung.«

»Ich hoffe nicht, dass Sie sich in den Typen verknallt haben und vice versa. Ansonsten muss ich Ihnen den Fall entziehen.«

»Ich habe keine Ahnung, warum er mich dabeihaben

will. Ganz ehrlich nicht. Er ist eigentlich ein ziemlich arroganter Kotzbrocken, der mich zunächst aus allem raushalten wollte. Vielleicht war ich deshalb froh, dass er endlich aus der Deckung kam.«

»Wissen Sie, Stella, ich bin niemand, der auf unbedachten Handlungen herumreitet. Was geschehen ist, ist geschehen. Aber wir sind nun mal die Polizei, und jeder Fehler kann Menschenleben in Gefahr bringen. Das sollte Ihnen klar sein. Genauso klar, wie dass ich in diesem Fall das Sagen habe.«

Stella nickte reumütig.

»Glauben Sie, dass Herr Mendel die Wahrheit über das Treffen mit dem möglichen Entführer sagt? Oder verschweigt er uns etwas? Er wirkt einerseits aufgeregt und andererseits so ... abgeklärt. Mir gefällt das Ganze nicht, und mir gefällt noch weniger, dass er allein zum Treffpunkt gehen will.«

»Das will er ja offensichtlich nicht. Ich könnte mich vielleicht als Gast ausgeben ...«

»Und dann? Lüften Sie die Maskerade und verhaften Sie den Entführer? Wissen Sie wirklich, was in einer solchen Situation zu tun ist? Nein, wissen Sie nicht. Die Zeit für Alleingänge ist endgültig vorbei.«

»Dann bin ich also raus?«

»Keineswegs. Sie werden Ihre Rolle spielen. Allerdings wird es eine verkabelte Beobachterrolle sein, die dazu dienen wird, dem Mann ein sicheres Gefühl zu geben. Wir werden in der Nähe sein, und er wird davon nichts mitbekommen. Genauso wenig wie der Entführer.«

»Leon wird es sofort merken. Er kennt Sie doch.«

»Unterschätzen Sie mich nicht. Das haben Sie von Ihrem Vater.« Der Kommissar lachte trocken auf. »Wenn wir gleich zurück ins Haus gehen, werden Sie ihm diesen

Plan verkaufen. Schließlich vertraut er Ihnen, oder etwa nicht?«

»Ich weiß es nicht.«

»Kopf hoch, Kindchen. Sie haben Ihren fälligen Anschiss erhalten, und jetzt denken Sie nach vorn. Nicht alles war verkehrt, was Sie bisher angestellt haben.«

»Danke.« Stella schaute ein letztes Mal zum See hinaus und spürte den aufkommenden Wind. Ihr Chef hatte recht. Sie musste noch viel lernen und durfte sich weniger von ihren Gefühlen leiten lassen.

Kapitel 34

Es war 17:43 Uhr, als er den U-Bahnschacht verließ, um den Rest der Strecke zu Fuß zurückzulegen. Heute würde er es pünktlich schaffen und ganz sicher nicht vermasseln. Leon hatte sich dreimal umgezogen, war frisch geduscht und roch nach dem Parfum, das er früher immer aufgetragen hatte. Ganz so, als würde er sich auf ein Rendezvous vorbereiten. Auf ein Rendezvous mit einer Verstorbenen. Er war aufgeregt und wollte keine Fehler machen, um Marta zu befreien. Nur das zählte, als er die breite Allee nach Norden spazierte und ein wenig auf die Tube drückte.

Das Café war gut gefüllt. Meist junge Leute im Feierabendmodus, dazu Geschäftsreisende aus dem gegenüberliegenden Hotel. Leon sah sich hektisch um und entdeckte Stella an der Zapfanlage. Mit schwarzer Bluse und weißer Schürze. Er unterdrückte ein Hallo und fragte am Empfang nach einem freien Tisch.

»Haben Sie reserviert?«

»Ich glaube schon ... Vielleicht auf den Namen Mendel ...«

Die Bedienung durchstöberte ihre Kladde und tippte mit dem Finger auf einen Vor- und Zunamen.

»Helena Mendel ... für zwei Personen. Richtig?«

Leon wurde augenblicklich heiß, als er den Namen seiner Ex-Frau ausgesprochen hörte. Ganz so, als würde sie tatsächlich auf ihn warten. Am liebsten wäre er aus dem Café gestürmt und hätte sich verkrochen. Doch es ging hier nicht um ihn, sondern um seine Tochter. Schließlich wusste er, dass Helena tot war. Also nickte er und ließ sich zu dem Tisch führen, an dem sie einst gesessen und ihm zugeprostet hatte.

»Möchten Sie vielleicht etwas trinken?«

Leon drehte sich erschrocken um und blickte zu Stella, die einen Schreibblock in der Hand hielt.

»Nein danke. Ich warte noch.«

»Gut. Ich bin ganz in der Nähe, falls irgendetwas ist.«

Leon atmete die Angst aus und sah sich nach allen Seiten um. Die Gäste waren mit sich selbst beschäftigt, und er war froh, auf die Verkabelung samt Kavallerie verzichtet zu haben. Er musste selbst herausbekommen, wer ihm seine Tochter weggenommen hatte und ihn so gut kannte, um derlei Details hervorzuzaubern.

Die Tür zum Restaurant ging auf, und eine Frau in einem roten Mantel presste sich an den Bedienungen vorbei. Die dunklen Haare waren zu einem aufwendigen Dutt gebunden, und Leon glaubte bereits, dass es sich um ein Helena-Double handelte. Um ihn auszuhebeln, zu verunsichern, in die Enge zu treiben. Allerdings schlug sie eine entgegengesetzte Richtung ein und setzte sich zu einem Mann, der auf sie zu warten schien. Wenig später platzte eine Gruppe von fünf Leuten ins Lokal, die an Leons Nachbartisch platziert wurden.

Stella nahm die Bestellung der Getränke auf und verschwand, ohne Blickkontakt mit ihm zu suchen. Sie machte ihre Sache gut.

Mittlerweile war es 18.00 Uhr und Leons Gedärme

grummelten gewaltig. Der perfekte Moment für einen Drink, und seine Augen suchten Stella, die ebenfalls in seine Richtung schielte. Er verdrängte den Impuls, nach ihr zu rufen, in Sorge, dass er sich verraten könnte. *Konzentrier dich auf das, was dich erwartet, oder besser auf den, der dich erwartet!*

Schon 18.10 Uhr. *Wie lange soll ich hier sitzen bleiben und warten? Soll ich mit Stella Kontakt aufnehmen?* Tausende Fragen schossen ihm gleichzeitig durch den Kopf, als die Tür erneut aufging. Ein Kurier mit Fahrradhelm und rotem Rucksack lief schnurstracks auf die Bedienung mit der Platzverteilung zu. Ein kurzer Wortwechsel, ein Fingerzeig in seine Richtung.

Der Fahrer eilte ihm entgegen und zückte einen braunen Briefumschlag aus seinem Rucksack. »Leon Mendel?«

Er nickte, zu perplex, um Ja zu sagen.

»Das ist für Sie.« Der Kurier legte den Umschlag auf den Tisch, da Leon keinerlei Anstalten machte, nach dem Stück Papier zu greifen.

»Von wem ist der?«

»Keine Ahnung. Ich bin nur das Transportmittel. Wenn Sie Fragen haben, müssen Sie das mit der Zentrale klären.« Er legte eine Visitenkarte von City-Kurier auf den Tisch und verschwand so schnell, wie er gekommen war.

Leon sah sich im Café um und suchte nach dem großen Unbekannten. Doch niemand schien sich für ihn und den Umschlag zu interessieren. Niemand außer Stella, die am Nebentisch servierte und zu ihm herübersah. Was jetzt? Seine Augen formten einen Halbkreis, während sie als Antwort in Richtung Umschlag nickte. Außer seinem Namen, der in Druckbuchstaben auf dem Label stand, war das Kuvert unbeschriftet. Sein Herz hämmerte, als er den

Verschluss aufriss, um ein einzelnes Stück Papier herauszuholen. Wieder ein Word-Dokument in Calibri 12 Pt. Diesmal ausgedruckt.

Ich hatte gehofft, dich hier allein zu treffen. Stattdessen bringst du deine neue Freundin mit. Und dann die vielen grünen Männchen draußen vor dem Café.
Du hast deine Eier wirklich nur zum Bumsen, was?
Oder brauchst du einfach einen Schubs? Achtung: Wortwitz!
❤❤❤
L, H und M

Kapitel 35

Stella beobachtete die Gäste. Sollte sie ihre Tarnung aufgeben und auf Leon zugehen? Oder durch das Mikro an der Bluse Kontakt mit ihrem Chef aufnehmen? Die Entscheidung wurde ihr abgenommen, als Leon aufstand und dabei der Stuhl umkippte. Energisch lief er auf sie zu und packte ihren Arm.

»Hey, was machen Sie mit der Bedienung?«, echauffierte sich ein Gast.

»Das ist keine Bedienung«, erwiderte Leon und zerrte Stella durchs Lokal in Richtung Ausgang.

»Lassen Sie mich sofort los, sonst lege ich Sie aufs Kreuz.« Stella hatte keine Ahnung, warum Leon so erzürnt war, zudem war sie die Polizistin und sollte sich das nicht gefallen lassen.

Als sie schließlich draußen waren, lockerte er den Griff und ließ sie los.

»Machen Sie das nie wieder, ja? Leon, verdammt, ich kann Sie dafür einbuchten.«

»Und ich kann Sie für den Tod an meiner Tochter verantwortlich machen. Was ist moralisch verwerflicher, Stella?«

»Keine Ahnung, was Sie meinen. Was stand denn auf dem Zettel?«

»Dass Sie aufgeflogen sind. Sie und Ihr verkalkter Chef, der irgendwo da draußen auf der Lauer liegt.« Leon grollte und schaute sich nach allen Seiten um. »Sie können rauskommen. Die Show ist vorbei.«

»Beruhigen Sie sich, bitte.« Stella konnte Leons Aufregung einerseits verstehen, andererseits war es der falsche Ort, um laut herumzuschreien. Vielleicht war der Entführer noch in der Nähe, um ihre Reaktionen zu testen.

»Ich soll mich beruhigen? Sie haben sich nicht an den Plan gehalten, denn anscheinend ist hier alles voller ›grüner Männchen‹.«

»Grüner Männchen?«

Leon hielt Stella den Zettel vor die Nase. Sie las die Botschaft und fühlte sich ertappt. *Deine neue Freundin?* War sie damit gemeint?

»Und jetzt rufen Sie Ihren Chef. Er kann aus dem Gebüsch herauskommen, um mir den nächsten guten Ratschlag zu verpassen.«

Leon beruhigte sich erst, als Monique ihm eine Ohrfeige verpasste. Danach trommelte sie mit den Fäusten auf ihn ein, während Stella mit Kommissar Riediger und Martin Zecke peinlich berührt im Hausflur stand und zusah.

»Du hast es vermasselt« Moniques Stimme war ein Grollen, voller Angst, Hass und inhaltsloser Panik. Immer wieder erhob sie ihre Fäuste, bis der Kommissar die Arme um sie legte und sie zurückhielt.

»Das bringt nichts, Monique. Ihr Freund hat sich wacker geschlagen und keinen Fehler gemacht. Entweder hat der Entführer uns tatsächlich gesehen, was ich kaum glauben mag, da wir als Zivilisten getarnt und weit entfernt vom Restaurant postiert waren, oder er wollte nur testen, ob Leon wirklich kommen würde. Vielleicht wollte er sich gar nicht zu erkennen geben.«

»Das glauben Sie doch selbst nicht«, raunte Monique und riss sich aus der Umklammerung.

»Jetzt atmen Sie dreimal kräftig durch, und dann lassen Sie uns gemeinsam überlegen, wer den Zettel geschrieben haben könnte.«

»Zettel? Es gibt schon wieder einen Zettel?«

Leon reichte Monique das Blatt Papier. Sie überflog es, um an einer Zeile hängen zu bleiben.

»*Deine neue Freundin?* Was meint der Entführer damit, Leon?«

»Ich weiß es nicht ...« Leon wirkte verlegen.

»Damit ist doch Sie gemeint.« Monique zeigte mit dem Finger auf Stella und verengte dabei kritisch ihre Augen. »Sie haben sich an meinen Mann herangemacht und die Übergabe platzen lassen. Sie ... mit Ihrem jugendlichen, kecken Auftritt. Und ich Trottel habe Sie auch noch ins Haus gelassen. Raus mit Ihnen.«

»Hören Sie, Frau Wächter. Niemand ist schuld daran, dass die Übergabe geplatzt ist. Fräulein Bellanger war inkognito als Kellnerin im Café und hat ihre Sache professionell gemanagt. Es sieht eher danach aus, als wollte der Entführer ein Spiel mit Ihrem Mann spielen. Es wird einen nächsten Zug geben, und auf den sollten wir uns vorbereiten.«

Kommissar Riediger war bemüht, Ruhe in die hitzige Situation zu bringen, und zeigte auf den Esstisch. »Können wir uns setzen und nach vorn denken?«

»Erst wenn Sie das Haus verlässt.« Monique tippte mit dem Zeigefinger gegen Stellas Brust.

»Hören Sie, Monique, mir tut es selbst am meisten leid, dass Ihre Tochter immer noch in den Händen des Entführers ist. Und ich kann Ihnen versichern, dass zwischen mir und Ihrem Freund nicht das Geringste stattfindet. Haben Sie vergessen, wie er mich beim ersten Besuch vor Ihren Augen rausgeschmissen hat?«

»Ja, so ist Leon. Am Anfang unnahbar und arrogant. Und dann reicht er dir den kleinen Finger, und du nimmst ihn in den Mund und nuckelst daran. So war es doch, oder etwa nicht?«

»Nein, so war es ganz bestimmt nicht. Ich bin hier als Polizistin und will Ihnen beiden helfen. Und Ihnen im Besonderen, Monique.«

»Ich möchte nicht, dass Sie mir helfen, Stella. Verschwinden Sie aus diesem Haus. Jetzt!« Das letzte Wort kam als seelenloser Schrei, und Stella zuckte instinktiv zusammen.

»Es ist mein Haus, Monique. Ich will, dass Stella bleibt und du ein Beruhigungsmittel nimmst. Komm erst mal runter und leg dich hin. Und lass Stella in Ruhe.«

Stella befürchtete bereits, dass Monique erneut auf Leon losgehen würde, doch die nickte süffisant und stieg danach die Stufen hoch ins Schlafzimmer.

Stella fühlte sich fortan als unerwünschte Person in der Runde. Wie hatte ihr erster Fall nur eine solche Wendung nehmen können? Als Konsequenz versuchte sie, Leon möglichst nicht mehr anzuschauen, da sie befürchtete, dass ihr Chef und diese miese Ratte Martin Zecke darauf achten würden.

»Wir werden uns morgen Ihre Pappenheimer vorknöpfen, Leon. Jeden einzelnen von ihnen«, riss der Kommissar Stella aus den düsteren Gedanken.

»Was für Pappenheimer? Ich verstehe nicht ...«

»Die Nachbarin. Dann diesen Anwalt, Joachim Deckert, und den Bruder Ihrer verstorbenen Frau. Und auch Ihre

Mitarbeiter werden wir befragen. Wir müssen aus der Deckung kommen, denn mittlerweile sind es zweiunddreißig Stunden. Das einzig Gute halten Sie in den Händen, denn der Zettel ist ein Indiz dafür, dass jemand Ihre Tochter hat und gewillt ist, einen Handel einzugehen. Gibt es etwas Neues aus dem Supermarkt?« Die Frage richtete sich an Martin, der gedanklich abgedriftet war.

»Nicht wirklich, leider. Dieser Marktleiter, Achim Bortzer, hat zugegeben, dass er zur fraglichen Zeit zwar im Supermarkt, jedoch mit seiner Mitarbeiterin in einer wichtigen Besprechung war. Er kam erst dazu, als Frau Wächter den Markt bereits verlassen hatte.«

»Eine Besprechung? Im Supermarkt? Na klar. Haben wir wenigstens den Jungen?«

»Der ist heute nicht erschienen, und in der Kiste, die Sie mir beschrieben haben, lag er leider auch nicht.«

Der Kommissar warf Stella einen flüchtigen Blick zu und wandte sich erneut an Martin. »Schütteln Sie am Stamm, Zecke. Wir müssen über diesen Bortzer an die beiden Männer auf dem Video kommen. Drohen Sie notfalls, den ganzen Laden hochgehen zu lassen, falls er sich weiterhin an nichts erinnern kann. Er schickt seine Mitarbeiterinnen auf den Strich und bedient sich während der Arbeitszeit an ihnen. Damit haben wir ihn an den Eiern, wo wir bei der Botschaft auf dem Zettel wären. Wer schreibt so was? So was ... Vulgäres?«

Leon pustete nachdenklich die Luft aus seinem Mund, als wollte er ein lang gehütetes Geheimnis lüften. »Helena schreibt so was ...«

»Das heißt, Sie glauben, dass Ihre Frau noch lebt und Marta entführt hat?«

Leon schüttelte den Kopf. »Nein, das ist ausgeschlossen. Jemand anderes gibt sich als Helena aus und will sich an mir rächen.«

»Ihre Frau ist damals lediglich als vermisst gemeldet worden, was bis heute noch so ist. Könnte sie nicht noch am Leben sein? Hat es alles schon gegeben.«

»Nein, Herr Kommissar. So ist es nicht. Und es bringt auch nichts, die Geschichte wieder aufzurollen. Ich zermartere mir den Kopf darüber, wer mir so etwas antun könnte. Also befragen Sie die Leute, die Sie vorhin aufgezählt haben, und bringen Sie mir meine Tochter zurück. Sie ist noch ein Baby und braucht ihre Mutter.«

Kapitel 36

Wieder so eine lausige Nacht, in der sie keinen Schlaf fand. Immer wieder musste Stella an das Wort *Freundin* auf dem Zettel denken, das einen Schauer in ihr auslöste. Heiß, kalt. Süß, sauer. Alles gleichzeitig. Und keine Ahnung, wie sie damit umgehen sollte. Fest stand nur, dass der Entführer sie gesehen haben musste. Doch wie war das möglich? Sie war eine Stunde vor Leons Ankunft im Lokal gewesen, um sich einweisen und verkabeln zu lassen. Es musste davor passiert sein. Im Supermarkt vielleicht? Und wie kam dieser Jemand auf die Idee, dass sie Leons neue Freundin wäre, zumal Monique ihr jetzt misstraute.

Genialer Schachzug, das musste sie zugeben.

Stella zog sich an und kippte Cornflakes mit Zimtgeschmack in eine Müslischale. Normalerweise machte sie das süße Aroma glücklich, doch heute verfehlte es seine Wirkung.

Ihr Chef wartete bereits am Parkplatztor der Polizeiwache und trat von einem Fuß auf den anderen. Er trug einen abgewetzten Wintermantel mit speckigem Teddykragen, dazu eine braune Mütze und sah eher wie ein Zuhälter aus. Stella fühlte sich jedoch nicht in der Position, ihm Modetipps zu geben, und hielt sich mit dem Kommentar zurück. Schwerfällig ließ er sich auf den Beifahrersitz plumpsen und zückte demonstrativ die Zigarette.

»Jetzt kommen Sie schon, Kindchen. Es bringt nichts, wenn Sie Trübsal blasen und sich nur um sich selbst Gedanken machen. Ich brauche Ihren klaren Kopf, und der sollte allein beim Anblick dieser Hasenfurz-Maschine ein Generalverbot aussprechen.«

Stella musste ungewollt schmunzeln. Das erste Mal seit gefühlten Ewigkeiten.

»Ich glaube, dass ich mich an den Geruch gewöhnt habe, zumal das Auto eh schon danach mieft. Mit wem fangen wir also an?«

Stella drehte den Zündschlüssel, während der Kommissar einen vollgekritzelten Notizzettel aus der Manteltasche holte. *Wie ein Bulle aus einer alten Fernsehserie.*

»Wir fangen bei der Familie von Helena Mendel an oder dem, was von ihr übrig ist. Vielleicht ist ihrem Bruder Oscar ja nach einer Plauderei zumute.«

Prunkvolle Villen wechselten sich in Dahlem mit Alleen, edlen Cafés und versteckten Seen ab. Das reiche Bürgertum von einst hatte sich ein romantisches Stück Land im Speckgürtel Berlins gesucht und herrschaftliche Bauten darauf entstehen lassen. In einem der kleineren Paläste wohnte Oscar Mendel, Helenas Bruder. Laut Lamars Recherche war er Galerist mit einem Faible für Pop-Art und Modernes, während Leons abfälliges Urteil ihn zum stotternden Autisten mit einer Schwäche für junge, gut aussehende Männer machte.

Stella klingelte dreimal an der Tür und inspizierte die Kamera, die direkt über dem Eingang hing.

»Ist Ihnen nicht heiß in dem dicken Mantel?«, fragte sie ihren Chef.

»Meine Blase ist recht wetterfühlig, also halte ich sie warm.«

»Oh. So genau wollte ich es gar nicht wissen.«

Die Gegensprechanlage summte, und eine Dame fragte nach dem Anliegen. Vielleicht die Reinigungsfrau?

»Hier sind Kommissar Riediger und Stella Bellanger von der Kripo in Potsdam. Wir würden gern mit Oscar Mendel sprechen. Ist er zu Hause?«

»Worum geht es?« Die Stimme war zögerlich und skeptisch.

»Es geht um eine laufende Ermittlung, und wir müssen mit ihm reden.«

»Ermittlung?«

Tuscheln.

Ein Mann im Hintergrund.

Die Gardine im oberen Stockwerk wurde zur Seite gezogen.

»Ein Baby ist entführt worden, und es gibt eine Verbindung zu Herrn Mendel.«

Stille.

Ein Knacken in der Gegensprechanlage, schließlich ging die Tür auf.

Die Inneneinrichtung war ein wilder Mix aus Märchenschloss und kostspieligem Purismus. Ganz so, als könnte sich der Besitzer nicht entscheiden, ob er im Prunk oder in einem skandinavischen Landhaus leben möchte. Oscar Mendel passte mit dem dunkelgrünen Anzug und dem violetten Hemd perfekt in das Gesamtkunstwerk und sah wie ein Überbleibsel der Goldenen Zwanziger aus. Die

Haare waren akkurat zum Seitenscheitel gekämmt, das Aftershave roch intensiv und blumig. Er deutete auf zwei unbequem aussehende Barockstühle.

»Sie haben nichts dagegen, wenn ich mich stattdessen auf Ihr Sofa setze?«

Oscar machte ein Gesicht, als hätte er auf eine Limette gebissen, ließ den Kommissar jedoch gewähren.

Im Hintergrund röhrte eine Kaffeemaschine.

»Was kann ich für Sie beide tun?«

Der Kommissar schaute zu Stella und nickte. War es Vertrauen oder der Hinweis, dass sie etwas gutzumachen hatte?

»Wir sind auf der Suche nach Hinweisen in einem Entführungsfall.«

»Ja, das sagten Sie bereits. Ich habe nur keine Ahnung, wie ich Ihnen dabei helfen soll. In meinem Bekanntenkreis ist niemand abhandengekommen.« Oscar Mendel verzog die Mundwinkel, ein Lächeln war es aber nicht. Er wirkte klar und nicht besonders aufgeregt, ein Stottern war kaum festzustellen.

»Es ist jemand aus Ihrer Familie. Das Baby Ihres Schwagers Leon ist entführt worden.«

»Bitte sprechen Sie bei Leon nicht von Familie.«

»Aber, das ist er doch ... Ihr Schwager?« Stella beobachtete den Galeristen, dessen Pupillen plötzlich nervös flackerten. Die Geräusche in der Küche waren verstummt, und eine Frau mit einer Narbe über der Oberlippe stolzierte in den Raum. Sie war groß, hatte kurze brünette Haare und sah nicht wie eine Angestellte aus. Sie trug ein Tablett in ihren Händen.

»Guten Morgen. Ich habe Sie am Tor begrüßt. Möchten Sie einen Kaffee?« Sie stellte die Tassen auf den Beistelltisch. Dazu Zucker, Milch und einen Teller mit Shortbread.

»Vielen Dank. Und Sie sind?«, fragte der Kommissar und stopfte sich gleich einen der Kekse in den Mund.

»Ich bin Lena. Eine Freundin.«

»Ah.« Stella war überrascht. Anscheinend hatte Leon Oscars sexuelle Orientierung falsch eingeschätzt. Oder war der Begriff Freundin rein platonisch auszulegen?

»Wenn Sie lieber etwas anderes möchten, geben Sie Bescheid.« Lena humpelte ein wenig, als sie zurück in Richtung Küche lief.

»Sehen Sie es mir nach, dass ich das Kapitel Leon gern vergessen würde, auch wenn mich Helenas Tod jeden Tag aufs Neue daran erinnert.« Oscar selbst trank schwarzen Tee mit Milch und hatte die Beine über Kreuz geschlagen. »Wie ist es denn dazu gekommen? Zu dieser angeblichen Entführung?«

»Jemand hat das Mädchen aus dem Kinderwagen genommen und ist mit ihm geflüchtet.«

»Wie kann so was passieren, wenn man auf sein Kind aufpasst?«

»Monique, also Leons Freundin, war im Supermarkt einkaufen und hat sich kurz umgedreht. Danach war die kleine Marta nicht mehr da.«

Oscar hob abwehrend die Hand, als wollte er Stella das Wort verbieten. »Bitte, erwähnen Sie den Namen nicht in meinem Haus. Es reicht, dass diese Freizeitprostituierte jetzt in der Villa meiner Schwester lebt, während Helena irgendwo im ewigen Eis verrottet.«

»Woher kommt ... diese Ablehnung?«

»Woher? Das fragen Sie mich allen Ernstes? Was würden Sie sagen, wenn Ihre Schwester nicht mehr nach

Hause kommt und Ihr Schwager mit einer anderen Frau ein Kind gezeugt hat?«

»Nun, ich habe keine Schwester«, antwortete Stella.

»Es gibt ein Videointerview von Ihnen, in dem Sie Leon beschuldigen, Schuld an Helenas Tod zu tragen …«

»Und dazu stehe ich noch heute.«

»Was, glauben Sie, ist damals passiert, Herr Mendel?«

Oscars Gesichtszüge verkrampften sich, als müsste er sich kontrollieren, um nicht etwas zu sagen, was ihm später leidtäte.

»Er hat sie verschwinden lassen. *Das* ist passiert. Er hat sie in diese einsame Gegend gelockt und irgendwo verrotten lassen. Oder Schlimmeres. Helena war eine großartige Persönlichkeit. Stark und mutig und talentiert. Ganz im Gegensatz zu diesem Schaumschläger. Er war nicht einmal Architekt, als sie ihn bei sich aufgenommen und ihm ihren, nein *unseren* Namen übertragen hat. Er ist ein Schmarotzer, der sich in Helenas Erfolg gesuhlt und unser Geld verprasst hat. Wenn einer hätte verunglücken sollen, dann dieser Nichtsnutz. Aber sicher nicht Helena.«

»Aber Ihre Schwester … sie muss ihn doch geliebt haben, oder etwa nicht?«

»Keine Ahnung. Vielleicht war er gut im Bett. Ja, das war er sicherlich.« Oscar lachte humorlos auf und betupfte seine Stirn mit einem Einstecktuch. Vermutlich von Versace.

»Wussten Sie, dass Ihre Schwester keine eigenen Kinder bekommen konnte?«

Ein kurzes Nicken folgte – wie beim Militär.

»Und wussten Sie, dass Monique Wächter ein Kind für Helena und Leon austragen sollte? Dass sie einen Deal gemacht hatten?«

Der Kommissar drückte eine Fußspitze gegen Stellas

Schuh. Ein Zeichen, dass sie zu weit gegangen war? Doch Oscar Mendel nickte wieder und ließ dabei den Blick in Richtung Garten schweifen. Ganz so, als ginge ihn dies alles herzlich wenig an.

»Es ist Ihre Nichte, die entführt wurde. Haben Sie Marta je zu Gesicht bekommen?«

Diesmal schüttelte er den Kopf. Eher gelangweilt.

»Haben Sie eine Ahnung, wer Leon so etwas angetan haben könnte? Leon und Monique?«

Ruckartig löste Oscar seinen Blick vom Fenster und funkelte Stella zornig an. »Ich würde Sie jetzt bitten zu gehen. Sie haben eine Grenze überschritten.«

Kommissar Riediger räusperte sich und legte das Shortbread auf die Untertasse. Sein viertes.

»Hören Sie, Herr Mendel. Wir sind ja nicht hier, um sie zu verärgern, aber Kindesentführung ist nun mal kein Kavaliersdelikt, und wir werden jeden Stein umdrehen, unter dem sich etwas versteckt haben könnte. Sehen Sie es meiner Kollegin also nach, dass sie ein paar Fragen stellt. Zur Abwechslung stelle ich jetzt auch mal eine: Wann haben Sie Leon zuletzt gesehen?«

Oscar kämpfte sichtbar gegen den Impuls an, die Befragung abzubrechen. Im Hintergrund klapperte Geschirr. Etwas fiel zu Boden und zerbarst.

»Vor ein paar Monaten, als er Helena eigenmächtig für tot erklärt hat.«

»Und wo war das?«

»Bei unserem Familienanwalt.«

»Joachim Deckert?«, grätschte Stella dazwischen.

Oscar schien überrascht zu sein. Überrascht, dass Stella den Namen schon parat hatte.

»Ja.«

»Sie sagten, dass Leon seine Frau eigenmächtig für tot

erklärt hat. Wieso sagen Sie das? Glauben Sie, dass sie vielleicht noch lebt?«

»Damals vielleicht. Jetzt weiß ich, dass sie tot ist.«

Interessante Aussage, fand Stella und hakte nach. »Wieso sind Sie sich so sicher? Die Leiche ist bis heute nicht gefunden worden.«

»Nach einem Jahr kommt niemand mehr zurück ins Leben. Glauben Sie mir, ich weiß es, und ich weiß, wer sie ...« Er ließ das Ende offen und griff zur Tasse.

»Was wissen Sie oder glauben Sie zu wissen, Herr Mendel?«, fragte der Kommissar mit ruhiger Stimme.

»Nichts. Hören Sie, ich kann Ihnen bei ihrer ... Entführung nicht weiterhelfen. Ich wusste nicht einmal, dass das Kind abhandenkam.«

Abhandenkam? Die nächste interessante Formulierung, fand Stella. »Und Ihre Freundin, Lena. Seit wann sind Sie zusammen?«

»Was hat das mit Ihrem Fall zu tun?«

Stella erwartete bereits den nächsten Stupser, doch der Kommissar ließ sie gewähren und beugte sich nun ebenfalls vor.

»Es ist nur eine Frage. So wie nach dem Alter, dem Beruf oder dem Familienstand.«

»Wir sind seit ein paar Monaten liiert. Lena hat nichts mit der Sache zu tun. Sie kennt diesen Vagabunden nicht einmal. Und dabei würde ich es gern belassen.«

»Wussten Sie, dass sich Helena und Leon früher im Café Memories getroffen haben?«

Oscar verschluckte sich am Tee und musste husten. »Sie springen jetzt ganz schön hin und her. Ist das Polizeitaktik?«

»Nein, es ist nur eine Frage, Herr Mendel.«

»Dann fragen Sie doch diesen Bastard, der es wahrscheinlich längst vergessen hat.«

»Im Gegenteil. Leon konnte sich sehr gut daran erinnern. Und er hat eine Botschaft an diesem Ort erhalten. Vom Entführer. Und die Botschaft klang verdammt danach, als hätte ihre tote Schwester sie verfasst. Jemand muss sie gut gekannt haben. Leon und … Helena.«

»Werden Sie nicht unverschämt, junge Dame. Und verlassen Sie mein Haus. Alle beide. Von meiner Seite gibt es nichts hinzuzufügen.«

Stella wollte gerade ansetzen, als der Kommissar die Hand auf ihren Arm legte.

»Entschuldigen Sie, Herr Mendel, falls wir Sie aufgewühlt haben. Uns geht es nur darum, das Kind zu finden. Wir werden jetzt gehen.«

»Könnte ich noch kurz Ihre Toilette benutzen?«, grätschte Stella dazwischen und stand auf, während Oscar aufs Gäste-WC im Flur verwies.

Stella durchquerte das Wohnzimmer, um aus Oscars Blickfeld zu gelangen. Vielleicht könnte sie die zwei Minuten dazu nutzen, um sich etwas umzusehen. Der Flur war klein, und außer der Garderobe, an der ein grüner Mantel sowie zwei Schiebermützen hingen, gab es wenig zu entdecken. Die Tür zum Gäste-WC lag direkt neben dem Eingang. Unmöglich zu verfehlen. Es sei denn, man nahm die Treppe hinauf ins erste Stockwerk.

Die Stufen waren aus Mahagoniholz gefertigt und somit hoffentlich geräuschlos. Stella hielt inne, lauschte und hörte die Stimme ihres Chefs, der einen Monolog abhielt. Plötzlich mischte sich ein knisterndes Geräusch darunter. Stella legte ihre Hand auf das Geländer und linste hoch.

Vielleicht war diese Lena oben und hockte vor dem Fernseher? Dafür hätte sie jedoch an ihnen vorbeikommen müssen, was nicht geschehen war. Die Stimme des Kommissars donnerte jetzt förmlich durch den Flur, und Stella betrachtete es als Aufforderung, die Zeit für eine Inspektion zu nutzen. Sie nahm zwei Treppenstufen gleichzeitig, und das Knistern wurde lauter. Deutlicher. Als würde jemand sprechen, brabbeln, husten. Fast unheimlich, fand Stella und stieg die nächste Stufe hoch.

»Suchen Sie etwas?«

Stellas Herz blieb stehen, denn sie fühlte sich ertappt. Als sie sich umdrehte, blickte sie in Lenas strenge Miene. Die Freundlichkeit in ihrer Stimme war verschwunden.

»Ich suche die Toilette.«

»Ist gleich hier unten.«

Lena drückte vorsorglich die Klinke und ließ die Tür vom Klo weit offen stehen.

Kapitel 37

Monique fühlte sich ohnmächtig und hilflos. Der Kidnapper schien es auf Leon abgesehen zu haben, und sie war, wie so oft in ihrem Leben, nur schnödes Beiwerk. Eine Mutter, die noch nicht mal auf ihr Kind aufpassen konnte. Warum hatte sie sich damals nur auf diesen Handel mit den Mendels eingelassen? Ein Kind auszutragen für ein verwöhntes Yuppie-Paar, das alles besaß, was man sich für Geld nur kaufen konnte, nur eben keine Kinder ... Und sie, die nichts besaß, außer einer funktionierenden Gebärmutter. Allein der Gedanke an diese Zeit ließ sie verzweifeln. Dabei hatte sie geglaubt, ihr verkorkstes Leben gegen eine Zukunft mit Leon eintauschen zu können. Wie naiv ... im Nachhinein.

In diesem Augenblick hätte sie alles dafür gegeben, um Marta zurückzubekommen. Notfalls ohne Leon, ohne dieses Haus und ohne einen Cent auf ihrem Konto.

Zusammengekrümmt saß sie auf dem Sofa und starrte in den Nebel. Leon war vor einer Stunde ins Büro gefahren, da ihn diese Amanda von der Bank unbedingt persönlich treffen wollte. Ausgerechnet heute, ausgerechnet jetzt. Er würde frühestens in zwei, drei Stunden wieder da sein, sodass ihr nichts anderes übrig blieb, als im Minutentakt das Handy anzustarren, um auf ein Wunder zu hoffen. Und dieses Wunder kam so unvermittelt, dass sie vor Schreck fast von der Couch gefallen wäre.

Die SMS einer unbekannten Rufnummer leuchtete auf dem Display auf, und sie klickte auf die Nachricht.

Gefällt dir mein Zuhause?

Monique sah sich verängstigt um. Ihre Finger glitten über das Display, doch ihr fiel nichts Passendes ein.

Hast du Angst, so ganz allein?

Die SMS kamen im Sekundentakt. Wie bei einem Liveticker.

Ihr Herz begann zu rasen. Unwillkürlich nahm sie die Schrankwand ins Visier. Das leere Fach. Dort, wo einst die Figur gestanden hatte.

Das Ding habe ich gehasst.

Bumm, ein Dolchstoß in den Unterleib. Sie wurde beobachtet. Irgendjemand war hier drin oder hatte eine Kamera auf sie gerichtet.

»Wo bist du?« Monique schrie die Worte in den leeren Raum hinein und spürte Perlen einer Gänsehaut auf ihrem Körper.

Keine Antwort. Katapultartig schoss sie vom Sofa hoch und griff nach einer Glaskugel, von der sie überzeugt war, dass sie Helena einst gehörte. Sie hielt sie mit ausgestrecktem Arm nach oben.

Nur zu!, erschien die Nachricht auf dem Display.

Vor Schreck ließ sie die Kugel auf den Boden knallen. Anstatt in tausend Teile zu zerbersten, hinterließ das Glas nur eine Delle im Parkett.

»Wo bist du?« Monique inspizierte alle Leuchten, fand jedoch nichts Offensichtliches.

Kalt, ganz kalt, tickerte die Botschaft auf dem Handy.

Gib mir meine Tochter zurück!

Monique vertippte sich dreimal.

Und was bekomme ich von dir dafür … zurück?

Alles, was du willst.

Klingt fair in Anbetracht der Dinge, die du mir genommen hast, erschien die nächste SMS.

Es war nicht meine Schuld, gab Monique ins Handy ein und wartete.

Leider schon.

Wer bist du?« Monique hielt den Atem an.

Finde es heraus.

Erst muss ich wissen, dass es Marta gut geht.

Als auch nach einer Minute keine Antwort kam, befürchtete sie bereits, auf einen Trittbrettfahrer hereingefallen zu sein, bis eine Sprachnachricht erschien. Monique klickte auf den Play-Button, konnte aber außer einem Rauschen nichts verstehen. Lauter. Bis zum Anschlag. Ihr Ohr direkt am Lautsprecher des Smartphones. Und tatsächlich, zwischen dem Rauschen war ein Atemzug zu hören, der wie ein leiser Seufzer klang. Ein Atemzug und auch ein kindliches Wimmern.

Du kannst sie wiedersehen, doch das hat seinen Preis.

Monique zögerte. Am liebsten hätte sie Leon oder die Polizei angerufen, doch sie wusste, dass es dann vorbei war. Also tippte sie *Okay* ins Display ein.

Kapitel 38

»Sie wirken nicht gerade begeistert, mich zu sehen. Dabei sind wir auf einem guten Weg.« Amanda Brinkmeier nahm die Hornbrille ab und lächelte so unverbindlich wie eine Schaufensterpuppe.

Leon war gereizt und übermüdet. Erst die geplatzte Übergabe mit all den Erinnerungen an Helena und dann dieses verwöhnte Mädchen, das mit dem Vermögen ihres Onkels *Monopoly* spielte.

»Ich habe gerade ein bisschen viel um die Ohren. Natürlich freue ich mich, Sie wiederzusehen, und werte Ihr Feedback als positives Zeichen.«

»Nicht so schnell, Herr Mendel. Auf einem guten Weg zu sein, das bedeutet nicht, dass wir gemeinsam durch die Ziellinie laufen werden. Dafür müssten Sie sich etwas strecken.«

Leon seufzte unwillkürlich auf. Er hatte weder die Zeit noch den finanziellen Spielraum, den Brinkmeiers weiter entgegenzukommen. Was also sollte dieses Spiel?

»Ich denke, wir haben uns weit über das Standardmaß hinaus auf sie zubewegt. Ab jetzt können wir nur noch Positionen streichen oder günstigere Materialien einsetzen. Es liegt bei Ihnen.«

»Mir geht es eher um die Steuerung des Ganzen. Angeblich war Ihre Frau der kreative Kopf des Unternehmens. Sie galt als durchsetzungsstark.«

»Ja und? Was wollen Sie mir damit sagen? Dass ich das nicht hinbekomme? Dass ich ohne sie ein Nichts bin?« Leon war aus dem Impuls heraus aufgestanden und auf hundertachtzig. Was bildete sich diese Pute ein?

»Ganz ruhig, Herr Mendel. Es gibt keinen Grund, ausfällig zu werden. Ich möchte nur keine bösen Überraschungen erleben. Wenn ich meine Unterschrift unter einen Ferrari kritzle, möchte ich keinen Mazda geliefert bekommen. Das werden Sie sicherlich verstehen. Und jetzt setzen Sie sich bitte wieder hin, denn Ihre Mitarbeiter schauen bereits zu uns herüber.«

Leon blickte unwillkürlich durch die Scheibe des Büros. Und tatsächlich. Die komplette Mannschaft glotzte ihn an. Abschätzig, vorwurfsvoll, als würde er in diesem Augenblick zerstören, was sie mühevoll aufgebaut hatten.

Leon setzte sich und atmete tief durch.

»Ich meine, Sie kennen unseren Vorschlag. Er ist hier in diesem Büro entstanden. Von diesen Leuten kreiert worden. Und wir werden Ihr Projektvorhaben exakt so umsetzen, wie es auf den Skizzen steht. Dafür haben Sie mein Wort.«

»Fragt sich nur, wie viel es wert ist, wenn es hart auf hart kommt. Und so ein Bauprojekt ist eine Zerreißprobe – ähnlich einer Ehe.«

Was redete diese Frau nur, fragte sich Leon, der sich in einem falschen Film wähnte. »Was wissen Sie denn von der Ehe?«

Amanda Brinkmeier lachte zynisch auf und schüttelte den Kopf. »Ich glaube, dass ich Sie heute unabsichtlich mit jedem meiner Worte auf die Palme bringe. Nichts für ungut, aber wir sollten zu einem späteren Zeitpunkt weiterreden. Es ist nur in Ihrem Sinne.«

»Späterer Zeitpunkt? Wann gedenken Sie sich denn zu

entscheiden? Wenn wir das Timing halten wollen, müssen wir schnellstmöglich loslegen.«

»In diesem Zustand kann ich Ihnen unmöglich den Auftrag erteilen. Sie wirken etwas … indisponiert. Bekommen Sie das in den Griff, dann werde ich es mir überlegen. Es liegt also nicht bei mir, sondern bei Ihnen.«

Amanda Brinkmeier sah auf ihre teure Rolex und langte nach der Handtasche. Das Gespräch hatte keine zehn Minuten gedauert. Plus die halbe Stunde, die sie ihn hatte warten lassen.

Leon war sauer und enttäuscht und hätte dieser Frau am liebsten die Meinung gegeigt, doch er hielt sich zurück, um nicht den letzten Hoffnungsschimmer zu zerstören.

Kapitel 39

Die Kanzlei von Dr. Joachim Deckert befand sich in einem dieser anonymen Glaspaläste, die in den letzten Jahren wie Pilze aus dem Boden gewachsen waren.

Berlin-Mitte sieht mittlerweile so steril wie ein OP-Saal aus, fand Stella und tippte auf den Aufzugknopf.

»Sie haben keine Anmeldung? Dann gibt es leider kein Gespräch.«

Die Vorzimmerdame war ein resoluter Drachen mit tiefschwarz geschminkten Augen und einem veritablen Damenbart.

»Wir sind keine Mandanten, sondern kommen von der Kripo Potsdam und haben ein paar Fragen an Herrn Deckert.«

»Und wenn Sie der Bundeskanzler wären. Ohne Termin bekommt niemand ein Gespräch. Glauben Sie, ich sitze umsonst hier am Empfang?«

Kommissar Riediger hüstelte und gab Stella zu verstehen, dass er übernehmen würde. »Hören Sie, Sie machen Ihren Job und wir den unseren. Natürlich können wir Herrn Deckert auch zu uns ins Polizeirevier einladen. Da ist er eine knappe Stunde mit dem Auto unterwegs, bevor er sich an den Junkies und Kleinganoven vorbeischlängeln darf, um sich anzumelden. Dafür braucht er zwar keinen Termin, aber jede Menge Geduld. Fragen Sie ihn, ob ihm das lieber wäre. Vielleicht hat er ja ein paar Minuten.«

Die Empfangsdame überlegte und schnaufte. Wie konnte man sie nur in eine solche Zwickmühle manövrieren? Schließlich griff sie zum Telefonhörer und verengte ihre Augen, als müsste sie sich konzentrieren.

Zwanzig Sekunden später zeigte sie auf zwei Plastikstühle, die als Wartebereich dienten.

»Er wird gleich für Sie da sein. Betrachten Sie es als Ausnahme. Das nächste Mal melden Sie sich besser an.«

»Was kann ich für Sie tun?«

Entgegen der Erwartung präsentierte sich der Anwalt überraschend freundlich. Solch ein zuvorkommendes Lächeln hatte Stella im Rahmen der Ermittlungen bisher noch nicht gesehen. Dr. Deckert war groß, stämmig und wirkte souverän in seinem dunkelblauen Maßanzug. Trotz der drohenden Glatze war er durchaus attraktiv. Langweilig, aber gut aussehend.

Es war an der Zeit, ihm auf den Zahn zu fühlen, fand Stella und legte los.

»Wir ermitteln in einem Entführungsfall. Die Person, um die es dabei geht, dürfte Ihnen bekannt sein.«

»Es geht um Leon, oder? Leon Mendel.« Keine Spur von Nervosität.

»Sie wissen es bereits?«

»Ja, er war vorgestern Abend bei uns zu Hause und hat es mir gesagt. Es ist schrecklich.«

»Was hat er Ihnen gesagt?«

»Na ja, dass seine kleine Tochter entführt wurde. Er war völlig außer sich, was ich nachvollziehen kann.«

»Sie sind der Anwalt von Leon und Helena Mendel, ist das richtig?«

»Ja, ich war in erster Linie der Anwalt von Oscar und Helena. Leon kam erst später dazu. Ich bin für die Belange der Familie seit vielen Jahren zuständig.«

»Privat oder geschäftlich?«

»Das lässt sich meist nicht voneinander trennen.«

»War Leon wegen der Entführung bei Ihnen oder wollte er etwas anderes?«

»Schwer zu sagen. Sein Auftritt war nicht gerade … angenehm, wenn ich das so sagen darf. Er hat mit uns zu Abend gegessen und wurde ausfällig. Offensichtlich hatte er getrunken. Sehen Sie es mir nach, dass ich nicht weiter ins Detail gehen kann, da Leon mein Klient ist.« Der Anwalt machte eine Grimasse, als hätte er gern mehr erzählt.

»Er hat mit Ihnen am Tag der Entführung zu Abend gegessen?«

»Ich war selbst überrascht. Zuletzt ist recht viel auf ihn eingeprasselt. Erst Helenas tödlicher Unfall mitsamt den ganzen Anschuldigungen – und jetzt noch eine Kindesentführung. Schrecklich.«

»Sie meinen, dass man ihn für den Tod seiner Frau verantwortlich gemacht hat?«

»Hören Sie, ich kann und möchte dazu wirklich nichts sagen. Er ist mein Mandant, und die Sache ist fast abgeschlossen …«

Interessant, wie Joachim Deckert mit jeder Antwort eine neue Frage aufwarf. Fast so, als wollte er die Schweigepflicht ganz bewusst umgehen.

»Helena Mendel wurde immer noch nicht offiziell für tot erklärt. Halten Sie es für möglich, dass sie eventuell noch lebt?«

Der Anwalt legte die Stirn in Falten. »Nein, das halte

ich für ausgeschlossen. Nächste Woche jährt sich das Unglück, und dann wird es offiziell gemacht. Es ist eine reine Formalie.«

»Was bedeutet das?«

»Bitte, respektieren Sie die Schweigepflicht. Ich kann Ihnen nicht sagen, was es emotional bei Helenas Bruder oder Leon auslösen wird. Da müssen Sie die Angehörigen selbst befragen. Dass es für Leon natürlich finanzielle Auswirkungen hat, konnte man der Presse ja bereits entnehmen.«

Der nächste Nadelstich – subtil gesetzt und kaum zu spüren.

»Er wird also ein reicher Mann sein?«

»Sorry. Auch wenn Sie es mit Charme versuchen, kann und darf ich Erbschaftsangelegenheiten nicht mit Ihnen diskutieren. Genauso wenig wie die Versicherungsthematik.«

»Haben Sie irgendeine Idee, wer Leon und seiner Freundin Monique so etwas antun könnte?« Kommissar Riediger mischte sich zum ersten Mal mit ein.

»Ich habe Leon bereits gesagt, dass ich keine Ahnung habe. Er ist nun mal kein einfacher Charakter und hat sich mit der schnellen Liaison nach Helenas Tod ein wenig unbeliebt gemacht. Aber Kindesentführung? Ich bitte Sie. Ich befürchte, dass es ein Perverser ist. Gibt es irgendeine Spur? Hat sich der Entführer schon gemeldet?«

»Hat er. Deshalb sind wir unter anderem hier.«

Das selbstbewusste Lächeln war verschwunden. »Und, wer ist es?«

»Sehen Sie uns nach, dass auch wir bei laufenden Ermittlungen einer Schweigepflicht unterliegen. Zum Schutz des Kindes und der Angehörigen. Vielleicht haben Sie eine zündende Idee, wer zu so etwas fähig ist? Immerhin handelt es sich bei dem Entführungsopfer um ein Baby. Das ist schon sehr speziell ...«

Joachim Deckert wirkte endgültig aus der Bahn geworfen und starrte den Kommissar an, als hätte der ihn gerade zum Hauptverdächtigen gestempelt.

»Wie gesagt habe ich leider keine Ahnung. Wenn Sie mir nichts Weiteres verraten können, würde ich mich gern wieder um meine Mandanten kümmern. Oder haben Sie noch eine konkrete Frage?«

»Neben Leon betreuen Sie in Ihrer Kanzlei auch eine gewisse Ricarda Wellendörfer, die zufällig im Nachbarhaus wohnt. Anscheinend ist das Grundstück am See nicht die einzige Verbindung zwischen dieser Frau und den Mendels. Können Sie uns dazu etwas sagen?«, platzte es aus Stella heraus, die sich den Trumpf bis ganz zum Ende aufbewahrt hatte.

Joachim Deckert sah plötzlich wie ein Mann aus, der dringend Zeit zum Nachdenken benötigte.

»Sorry, Sie stoßen immer an dieselben gesetzlichen Grenzen, wenn es um Auskünfte zu meinen Mandanten geht. Zudem wüsste ich nicht, was das mit Ihrem Fall zu tun hat, Frau Bellanger. Wenn Sie mich jetzt also entschuldigen würden.« Der Anwalt streckte beiden Polizisten pflichtbewusst die Hand entgegen und überließ den sanften Rauswurf seiner Sekretärin.

Kapitel 40

Das aufgestaute Laub barst auseinander, als sie die Hauptstraße verließ und den BMW in den kleinen Feldweg lenkte. Stellas Gedanken rasten wie in einer Achterbahn, während ihr Chef ein Nickerchen einlegte. Ausgerechnet jetzt. Sie bezweifelte, dass der Spontanbesuch bei Ricarda Wellendörfer von Erfolg gekrönt sein würde, und trat unvermittelt auf die Bremse.

»Was ist? Sind wir schon da?« Der Kommissar gähnte ausgiebig und sah sich argwöhnisch um, als hätte Stella sich verfahren.

»Das Haus befindet sich gleich hinter der Kurve, von daher sollten wir uns trennen.«

»Als Strafe, weil ich eingeschlafen bin?«

»Ich befürchte, dass uns Frau Wellendörfer ohne einen Durchsuchungsbefehl nicht ins Haus lassen wird. Reden Sie mit ihr, während ich mich auf dem Gelände etwas umsehe. Falls sie überhaupt mit Ihnen redet, denn die Dame ist ein echter Besen.«

»Keine Sorge, Kindchen. Alte Leute finden immer etwas, worüber sie reden können. Sind Sie sicher, dass Sie das hinbekommen?«

Nein, sicher war sie nicht, doch die Gelegenheit war einfach zu verlockend.

Stella verschwand im lichten Wald, der um diese Jahreszeit wenig Schutz vor aufmerksamen Blicken bot. Nach etwa hundert Metern zeichnete sich die Front des Hauses zwischen zwei alten Eichenbäumen ab. Stella blieb stehen und versteckte sich hinter dem mächtigen Stamm. Ein Eichhörnchen eilte an ihr vorbei und verschwand in einer Astgabel.

»Mach das nie wieder«, flüsterte Stella, um die innere Anspannung zu lösen.

Der Kommissar stand vor dem Zaun und drückte auf die Klingel. Als Antwort erklang nur das Krächzen eines Raben. Vielleicht war die Alte einkaufen gegangen? Stella wagte sich aus dem Versteck, als die Tür aufging und Ricarda plötzlich auftauchte. Wie in Zeitlupe ging Stella in die Hocke, um im Schutz von Unterholz und Farnen bis zum Hinterhaus zu kriechen. Nach zehn Metern war sie aus dem Sichtfeld verschwunden und konnte wieder aufrecht gehen. Sie erreichte eine kleine Lichtung, die wie ein Versammlungs- oder Grillplatz aussah. In der Mitte lagen die verkohlten Reste eines Feuers. Sie war bereits daran vorbei, als ihr etwas Funkelndes ins Auge stach, das sich unter einem Holzblock verhakt hatte. Eine Silberkette mit einem Amulett als Anhänger, auf dem eine Gottheit mit brennenden Totenköpfen abgebildet war. Es sah billig aus, wie purer Kitsch aus einem Asia-Discounter. Stella steckte die Münze trotzdem ein und ging die letzten Meter aufrecht bis zum Haus.

Der Hinterhof war so was wie ein Müllplatz. Verrostete Fahrräder, Plastikeimer, allerlei Gerümpel. Stella machte mit dem Handy ein paar Fotos und drückte sich entlang der abgeblätterten Fassade. Auch wenn es viele Fenster gab, fehlte eine Tür zum Garten. Seltsam, aber keine Sensation. Bisher hatte sich der Ausflug nicht gelohnt, zumal das Risiko, entdeckt zu werden, mit jeder Minute, die sie hier herumschlich, stieg.

Allzu lange würde sich Ricarda nicht ablenken lassen, glaubte Stella und wollte bereits umdrehen, als sie einen ausrangierten Anhänger entdeckte. Einen, mit dem man Holz von A nach B bugsieren konnte. Er stand wie eine Tarnung über einer Bodenplatte aus Metall. Stella zerrte an der Lenkstange und zog den Anhänger nach vorn. Und tatsächlich, die Bodenplatte entpuppte sich als Tür. Sie zog an der Klinke, die zu ihrer Überraschung nicht verschlossen war. Ein schmaler Spalt entstand, bevor ihr der schwere Deckel geräuschvoll aus den Händen glitt.

Das war verdammt laut gewesen, und Stella hielt den Atem an.

Als auch nach zwanzig endlosen Sekunden niemand auftauchte, nahm sie alle Kraft zusammen und zog nochmals an der Klinke. Zentimeter um Zentimeter öffnete sich die Luke, bis der Kipppunkt überwunden war und die Platte ungestüm nach hinten knallte.

Ein Eingang zu einem Kellerschacht, in den eine angestellte Feuerleiter führte.

Stella spürte ein Prickeln auf der Haut. Eine Mischung aus Angst und Neugierde, die sie antrieb und oft genug zu Dummheiten verführte. Vielleicht sollte sie besser umkehren und dem Chef davon berichten. Doch was hatte sie schon vorzuweisen? Für eine Hausdurchsuchung würde es nicht reichen. Also knipste sie die Lampe ihres Smartphones an und stieg hinab in die feuchte Dunkelheit.

Obwohl die Wände betoniert und der Fußboden gefliest waren, schlug ihr ein modriger Geruch entgegen. Viele der Kacheln waren gesprungen und übersät mit dem Profil von Schuhabdrücken. Sie lenkte das Licht auf eine rostig rote Eisentür, die sich mit einem schlagenden Geräusch nach innen öffnen ließ. Ein schmaler Korridor, gleich rechts die Einbuchtung zu einem Öltank. Immer noch nichts Weltbewegendes. Schräg gegenüber so was wie ein Werkzeugraum, der besser ausgestattet war wie so mancher Baumarkt in der Stadt. Im Gegensatz zum Hinterhof war alles sorgfältig gestapelt: Äxte, Sägen, Spaten und ein Sortiment an Heckenscheren hingen der Größe nach sortiert an Haken an der Wand. Wofür das ganze Arbeitsmaterial, wenn der Garten unter aller Sau war? Auch der angrenzende Vorratsraum war gut bestückt und alles andere als ungewöhnlich. Konservendosen, Weinflaschen, Klopapier, Putzmittel, eine Kiste mit Kartoffeln. Wie in jedem stinknormalen Keller auch.

Stella linste auf ihr Handy. Fünfzehn Minuten war sie bereits unterwegs, und ihr Chef würde vielleicht schon auf sie warten – und Ricarda nicht mehr abgelenkt sein. Vernunft und Neugier führten einen erbitterten Kampf in ihrem Kopf, als sie etwas auf dem Boden liegen sah. Eigentlich schon wieder nichts Besonderes. Es sei denn, man maß einer Hühnerfeder eine tiefere Bedeutung zu. Sie musste an Monique und die Geschichte mit dem Huhn denken, als sie eine weitere Tür entdeckte.

Nur noch diese eine, schwor sie sich und spürte gleich, dass der Raum dahinter die Quelle für den ekligen Geruch war. Faulig und süß. Wie vergammeltes Fleisch. Sie ließ das Licht der Handylampe kreisen und blickte in zwei Augen, die sie starr und leblos ansahen. Vor Schreck fiel ihr das Handy auf den Boden, und es wurde sofort dunkel. Am liebsten wäre sie davongerannt, doch ohne das Handy konnte sie hier nicht verschwinden. Also nahm sie ihren Mut zusammen, ging auf alle viere und hob das Handy schließlich auf. Aus den zwei Augen waren mittlerweile vier geworden. Sechs, acht, immer mehr. An den Wänden hingen die Trophäen ausgestopfter Tiere. Rehe, Wildschweine, Marder, Füchse und Fasane. Ein gottverdammter Zoo. Stella ließ das Licht langsam über einen transportablen Käfig gleiten. Den brauchte Ricarda offenbar, um die Tiere lebend an diesen Ort zu bringen. Um sie hier zu töten, zu schlachten und ausgestopft an diese Wand zu nageln. Ein dumpfes Poltern ließ Stella herumwirbeln. Es wurde höchste Zeit zu verschwinden. Sie schloss die Tür und hastete den Korridor entlang in Richtung Ausgang. Irgendetwas war anders. Das Licht. Eigentlich müsste seichtes Tageslicht nach unten strömen, doch es war stockfinster. Die Feuerleiter stand zwar noch an ihrem Platz, die Luke hingegen war zu. Jemand musste sie geschlossen haben.

Stella hastete die Sprossen hoch und drückte mit den Schultern gegen das Metall. Nichts. Das dumme Ding bewegte sich nicht einen Millimeter, und sie saß fest in diesem Keller, diesem verdammten unterirdischen Verlies.

Kapitel 41

Kommissar Riediger sah auf seine Armbanduhr. Stella war längst überfällig, was kein gutes Zeichen war. Das Gespräch mit der Alten war alles andere als ein Hochgenuss gewesen, und es hatte ihn Mühe und Geschick gekostet, sie überhaupt so lange hinzuhalten. Sein banger Blick fiel aufs Handy. Wieder waren zwei Minuten um. Keine Antwort auf seine beiden Nachrichten.

Der Kommissar verließ das Auto und folgte Stellas Spur.

Der Nebel hatte mittlerweile zugelegt, was gut für seine Tarnung war und miserabel für die Sicht. Wo zur Hölle war sie nur?

Der Kommissar umkreiste zwei Holzstapel, die sauber aufgetürmt ein bisschen abseits standen, und wurde durch ein dumpfes Poltern aufmerksam. Aus dem Instinkt heraus zog er die Waffe und zielte in den Nebel. Hatte er sich das Geräusch etwa nur eingebildet? Oder war außer ihm noch jemand hier? Sein Blick ging zu der schemenhaften Hausfassade. Alles unverändert, falls man das bei der miserablen Sicht überhaupt so sagen konnte. Vielleicht ein Tier? Doch welches Tier machte solche Laute?

Wieder dieses Poltern. Wie gedämpfte Hammerschläge. Ganz in seiner Nähe. Und plötzlich ahnte er, wo Stella stecken musste. Hektisch wirbelte er über das Gelände und suchte nach einem Schuppen oder einer Hütte. Etwas, worin man einen Menschen einsperren konnte. Bis auf das abgetrennte Cockpit eines ausrangierten Lkws passte jedoch nichts zu der Idee, bis er den Anhänger entdeckte. Den Anhänger und die Bodenplatte. Und von dort kamen die Geräusche. Eilig wuchtete er den Karren zur Seite und zog am Griff der Platte. Das Ding war abgeschlossen.

Frustriert schaute er sich um, in Sorge, dass man ihn beobachtete. Niemand war zu sehen. Er musste es riskieren. Der Kommissar klopfte mit der Faust gegen das Metall und lauschte.

Bumm, bumm.

Dumpf und durchdringend. Keine Frage, hier war jemand eingesperrt und wollte raus. Er zielte mit der Waffe auf das Schloss und drückte zweimal ab. Krähen stiegen auf und untermalten das Szenario mit verärgertem Gekrächze. Die Klinke war verbeult und heiß von der Patrone. Der Kommissar langte nach dem Taschentuch in seiner Hosentasche und zog damit die Luke hoch, die mit einem scheppernden Geräusch auf die Umrandung knallte. Auf der untersten Sprosse einer Trittleiter stand Stella und sah ihn mit großen Kulleraugen an.

»Machen Sie das nie wieder mit mir, Kindchen«, brummte der Kommissar und streckte ihr die Hand entgegen.

Kapitel 42

Monique schlich die letzten Meter wie in Zeitlupe bis zur Parkbank. Der Boden war vom Nieselregen aufgeweicht, und Schlamm spritzte gegen ihre schwarzen Stiefel. Immer wieder sah sie sich nach allen Seiten um, doch außer ihr schien niemand unterwegs zu sein. Wieso auch? Bei dem miesen Wetter konnte man nicht einmal den See erkennen, der ansonsten fotogen ins Auge stach. Vielleicht war die Nachricht auf dem Handy nur ein übler Scherz gewesen, oder sie lief geradewegs in eine Falle und würde gleich zum nächsten Opfer werden. Zumindest hatte sie eine Schere in den Ärmel ihres Pullovers eingeschmuggelt, in der Hoffnung, dass der Entführer sie im Zweifel unterschätzte.

14.01 Uhr. Die Parkbank auf dem Aussichtshügel, so lautete die letzte Nachricht auf dem Smartphone.

Monique setzte sich aufs kalte Holz der Bank. Jemand hatte die Initialen *D & A* in ein ovales Herz geritzt. Innerlich aufgewühlt umklammerte sie die Schere, die ihr die Haut des Unterarms aufritzte. Egal, Hauptsache, sie bekam Marta wieder. Dafür würde sie im Zweifel einen Menschen töten.

Es war windstill, keinen Enten auf dem See, nicht mal eine Krähe ließ sich blicken. Ein Krampf fuhr durch Moniques Eingeweide, und sie hätte sich am liebsten übergeben. Vielleicht war es doch keine gute Idee gewesen, ganz allein hier aufzukreuzen. Noch einmal blinzelte sie aufs Handy, bis sie ein unterdrücktes Husten in der Ferne hörte.

Zwei Personen spazierten auf dem Rundweg. Dreißig, vielleicht vierzig Meter weit entfernt. Aus den Schatten wurden Männer in Kapuzenpullis. Exakt wie die zwei Typen aus dem Supermarkt. Der Anblick ließ sie schaudern, denn sie saß wie ein Kaninchen auf der Bank und war den Männern ausgeliefert – unfähig zu denken und das Richtige zu tun. Eingefroren in einem Körper, der sich keinen Millimeter weit bewegen wollte.

Im Gegensatz zu ihrem Mund. »Also schön, hier bin ich.« Moniques Lippen bebten.

Die Männer schauten nicht mal zu ihr auf, sondern liefen zielstrebig vorbei, als hätten sie etwas Wichtiges zu tun. Monique atmete aus. Wieder dieser Drang, sich übergeben zu müssen. Vielleicht war es ein Test gewesen, und der Entführer beobachtete sie heimlich aus dem Hinterhalt heraus. Langsam wurde es kalt an ihrem Po, die Oberschenkel waren taub und wie abgestorben. Sie würde nicht mal rennen können, wenn es darauf ankäme. Dann der bange Blick aufs Handy. Zwei Textnachrichten von Leon, ein verpasster Anruf.

Das musste warten. Vielleicht hatte sie ja heute Abend eine Überraschung für ihn. Hoffentlich.

Wieder Schritte, dazu das leise Quietschen eines Fahrrads oder Rollers. Monique traute sich nicht aufzustehen – als würde das gegen die Abmachung verstoßen.

Diesmal bleibst du cool und quatscht keine fremden Leute an, ermahnte sie sich selbst und versuchte, etwas zu erkennen. Eine Person, die etwas vor sich herschob, kam den kleinen Hügel hochgelaufen. Das Etwas entpuppte sich schnell als Kinderwagen, und die Person, die ihn schob, war eine Frau, auch wenn ihr Gesicht nicht zu erkennen war.

Komm endlich um die Ecke, du Bitch!

Monique keuchte, sie konnte die Spannung kaum ertragen. Im Gegensatz zur Begegnung mit den Männern machte ihr der Anblick plötzlich Mut. Mut, diese Gelegenheit als Vorteil auszunutzen. Sie fummelte die Schere aus dem Ärmel des Pullovers und umklammerte den Griff. Immerhin war es eine Haarschere, die sie hin und wieder nutzte, um ihre Spitzen abzuschneiden. Nicht groß, aber spitz und scharf.

Wo blieb jetzt nur diese Frau? Bei dem Tempo hätte sie längst da sein müssen, oder etwa nicht? Monique lauschte angestrengt. Das Krächzen eines Raben, in der Ferne gar ein Auto. Und dann ... Schritte, quietschende Räder, die über den Spazierweg rollten. Nah, ganz nah. Monique spürte die Stahlgriffe der Schere, die sich genauso kalt wie ihre Finger anfühlten. Sie war bereit. Bereit aufzuspringen und zu töten. Endlich kam der Kinderwagen in ihr Sichtfeld und rollte im Schneckentempo auf sie zu. Ein Seufzer, wie ihn Marta immer ausstieß, wenn sie kurz vor dem Einschlafen war. Oder bildete sie sich das ein?

Monique versuchte, sich zu konzentrieren, und hatte dabei kurzzeitig die Frau aus den Augen verloren. Bis sie plötzlich vor ihr stand und die Kapuze mit der Hand nach hinten schlug.

Ein markerschütternder Schrei kam aus Moniques Kehle, als plötzlich alles schwarz um sie herum wurde. Jemand hatte ihr von hinten einen Stoffsack über den Kopf gezogen, während eine zweite Person Kabelbinder um Füße und Handgelenke legte. Die Schere fiel zu Boden, und sie wurde wie ein Frachtstück von der Bank gezogen. Unfähig, Gegenwehr zu leisten.

Die beiden Männer waren offensichtlich umgedreht, und ihr wurde klar, dass sie niemals eine Chance gehabt hatte.

Kapitel 43

Stella schüttelte sich, während der Kräuterschnaps ein scharfes Brennen in ihrem Rachen hinterließ. Herbeder Tropfen. Das Zeugs war ein Geschenk von ihrer Tante aus Witten und verfehlte seine Wirkung nie. Obwohl sie nur wenige Minuten im Schacht gefangen gewesen war, hatte es sich wie eine Ewigkeit angefühlt. Am Ende war es nur ein Keller, und Ricarda hätte sie früher oder später entdeckt und rausgelassen. Hätte sie doch, oder etwa nicht? Mittlerweile saß sie frisch geduscht auf dem Sofa und versuchte, den Schrecken zu verarbeiten. Mit Schnaps und einem kleinen Schönheitsnickerchen.

Heute würde sie nicht mehr aufs Revier fahren, und so füllte sie das Glas ein drittes Mal, als das Handy auf dem Tisch vibrierte. *Leon Mendel.*

»Leon, was gibt's?«

»Sie müssen sofort kommen.«

»Das geht nicht. Was ist passiert?«

»Erkläre ich Ihnen, wenn Sie da sind. Und bitte, kommen Sie allein. Noch so einen Fehler können wir uns nicht erlauben.«

»Ich befürchte, ich bin keine Hilfe«, nuschelte Stella und wünschte sich, dass Leon einfach auflegen und die Sache damit erledigt sein würde. Sie war fertig mit den Nerven und mehr als leicht bedudelt. »Ich habe getrunken und kann nicht mehr fahren.«

»Ich rufe Ihnen ein Taxi und übernehme selbstverständlich die Kosten. Bitte ...« Es überraschte und berührte Stella, ihn so flehentlich am Telefon zu hören.

»Hat sich der Entführer gemeldet?«

Leon schnaufte und zögerte. »Monique ist verschwunden.«

»Na ja, es ist gerade mal halb sechs. Vielleicht ist sie einkaufen oder spazieren gegangen, um den Kopf freizubekommen. Hat sie keine Nachricht geschrieben?«

»Wohin soll ich das Taxi kommen lassen?«

»Das mache ich schon selbst. Geben Sie mir ein paar Minuten, ich muss mich erst sammeln.«

»Danke.«

Stella legte auf und massierte ihre Stirn. Was hatte das zu bedeuten? Wahrscheinlich war Monique nur eine Runde um den See gegangen und würde gleich schon wieder da sein. Zudem war es eine schlechte Idee, Leon zu besuchen – in ihrem Zustand und ohne ihrem Chef Bescheid zu geben.

Zwanzig Minuten später saß sie im Taxi und ließ sich an den See chauffieren. Sie hatte sich Make-up ins Gesicht geschmiert, um nicht wie eine Leiche auszusehen. Normalerweise benutzte sie *Buntstifte*, wie ihre Mutter jede Form von Kosmetik nannte, nur, wenn sie abends ausging und neben ihren Freundinnen bestehen musste. Also warum jetzt die Maskerade, fragte sie sich selbst, als das Taxi vor dem Haus der Mendels hielt.

Leon stand bereits in der Einfahrt und gab dem Fahrer einen Fünfzigeuroschein.

»Danke, dass Sie so schnell gekommen sind, Stella.«

Statt eines Handschlags drückte er zur Begrüßung ihren rechten Oberarm und zog sie hinter sich her ins Haus.

»Eigentlich darf ich gar nicht hier sein. Ich hoffe, das wissen Sie.«

»Es bleibt unter uns. Versprochen.«

»Wie beim letzten Mal ...«, unkte Stella und sah sich im Wohnzimmer um, als würde Monique unter ihrer Kuscheldecke liegen.

»Ich bin am Ende«, seufzte Leon und füllte zwei Gläser voll mit Whiskey.

»Und ich im Dienst.« Stella winkte ab und setzte sich in den großen Ohrensessel.

»Nur einen kleinen Schluck.«

»Hören Sie, Leon ...«

»Jetzt lass doch endlich mal das blöde Sie weg. Meine Tochter und Freundin sind entführt worden, und wir halten uns mit Förmlichkeiten auf. Ich bin Leon.« Er stieß die Gläser gegeneinander und reichte ihr das ihre. Anstatt resolut dagegen anzugehen, streckte sie die Hand aus und bedankte sich.

»Meinetwegen. Stella.«

»Ja, ich weiß.« Leon lächelte matt und fuhr sich mit den Fingern durch die Haare.

Die Ähnlichkeit mit Bradley Cooper war verblüffend.

»Also, was ist passiert?«

»Monique ist verschwunden.«

»Das sagten Sie bereits.«

»Das sagtest *du* bereits«, korrigierte Leon.

»Ich muss mich noch daran gewöhnen. Also, warum glaubst du, dass sie verschwunden ist und nicht gleich mit Einkaufstaschen durch die Tür kommt?«

»Weil uns gerade nicht nach Einkaufen zumute ist, Stella. Uns ist nach gar nichts mehr zumute, und ich weiß, dass Monique das Haus nicht einfach so verlassen würde, ohne mir Bescheid zu geben.«

»Wo warst du in der Zwischenzeit?«

»Ich musste ins Büro wegen dieses Pitchs. Momentan kommt alles zusammen, als hätten sich die Leute gegen mich verschworen.«

Interessanter Gedanke, fand Stella und nippte am Whiskey. Bloß nicht zu viel davon trinken, schließlich galt es, die Kontrolle zu behalten. Vielleicht war der Abend die Gelegenheit, um mehr von Leon zu erfahren.

»Hätten Sie ... sorry ... hättest du das nicht auch telefonisch regeln können?«

»Die Architekturbranche ist zu hundert Prozent People-Business. Der Kunde engagiert keine Firma, sondern einen Kopf, und den muss man leider hin und wieder hinhalten. Zumeist, wenn es nicht passt.«

»Wann bist du nach Hause gekommen?«

»Etwa gegen fünf.«

»Hat Monique irgendetwas mitgenommen? Handy, Handtasche, Portemonnaie? Ist sie mit dem Auto gefahren?«

»Nein, der Toyota steht in der Garage. Sie hat ihr Handy zwar dabei, aber es ist ausgeschaltet. Keine Antwort auf meine tausend Sprachnachrichten.«

»Gibt es vielleicht eine Freundin oder einen Bekannten, ihre Eltern vielleicht, bei denen sie sich aufhalten könnte?«

»Nein. Monique hat keinen Freundeskreis und ihre Mutter wohnt weit weg. Sie haben kaum Kontakt.«

»Kommissar Riediger und ich haben heute Helenas Bruder Oscar besucht.«

»Hm.«

»Wir waren auch bei deinem Anwalt, Dr. Deckert.«

Leon nickte unwirsch, als interessiere ihn das gerade nicht.

»Möchtest du nicht wissen, was die zwei gesagt haben?«

Ein tiefes Seufzen, als fiele es ihm schwer, darauf zu antworten. »Eigentlich nicht. Waren sicher wieder Vorwürfe, dass ich an allem schuld bin.«

»Was meinst du mit ›an allem‹?«

»Na ja, vor allem an Helenas Tod. Sie glauben bis heute nicht, dass sie verunglückt ist. Joachim hat mich zwar verteidigt und sich um den Papierkram gekümmert, doch im Grunde kann er mich nicht leiden. Wahrscheinlich gönnt er mir sogar, dass Marta entführt wurde. Blöder Wichser!«

»Er sagte, dass du am Abend nach der Entführung mit seiner Familie zu Abend gegessen hast und ausfällig geworden bist. Was zum Teufel wolltest du von ihm, wenn er, deiner Meinung nach, nichts mit all dem zu tun hat?«

Leon machte das Glas randvoll und trank die Hälfte in einem Zug aus. »Er ist unser Anwalt, und bei einer Entführung geht es oft um Lösegeld. Geld, das ich nicht habe.«

»Helena aber schon?«

»Helena ist tot. Was soll die Fragestunde, Stella?«

»Wie du bereits sagtest, sind Marta und Monique verschwunden. Es wird langsam Zeit, dass ich die unbequemen Fragen stelle und du die Lücken füllst. Was ist beispielsweise mit Helenas Bruder Oscar? Schwul ist er jedenfalls nicht.«

»Oscar? Der ist so schwul wie dieser Designer aus dem Shoppingsender.«

»Er hat eine Freundin …«

»Der hat höchstens eine Putzfrau.«

»Sie heißt Lena.«

»Niemals.«

»Ich habe sie gesehen und sogar mit ihr gesprochen. Sie leben zusammen.«

»Ich brauche Nachschub.« Und schon war Leons Glas wieder gefüllt.

»Ich glaube, es wäre besser, wenn du den Whiskey stehen lässt. Schließlich bin ich nicht vorbeigekommen, um dir beim Trinken zuzusehen.«

»Dann mach einfach mit.«

»Wenn du nur trinken und weiterhin nichts zur Sache beitragen möchtest, dann brechen wir an dieser Stelle ab. Ich hätte sowieso längst Meldung machen müssen.« Stella langte nach der Handtasche.

»Warte!« Leon legte seine Hand auf ihre. Sie fühlte sich warm und beruhigend an. »Es ist kompliziert, da ich über vieles nicht reden darf. Das hat mir Joachim klargemacht. Mittlerweile bin ich aber überzeugt, dass die Entführung etwas Persönliches ist. Die wollen mich fertigmachen.«

»Wer sind *die*, Leon? Wie bist du in all das reingeschlittert? Komm endlich zur Sache.« Stella sah ihn mit erwartungsvollen Augen an und spürte, wie ihr Herz raste. Vor Aufregung, vor Angst, vor Neugierde und vor ... Erregung.

Kapitel 44

Sechs Jahre, zwei Monate und dreizehn Tage zuvor

Es war einer dieser schmuddeligen Novembertage, an denen die Berliner Ostblockwurzeln überall zu spüren waren. Die Straßen zeigten sich voller Dreck und seltsamer Gestalten, die Luft so kalt und feucht, dass man den Nebel auf den Lippen schmecken konnte. Ich war nicht wirklich heiß auf eine Vernissage über Pop-Art und Architektur, zumal ich weder die Künstler noch den Galeristen kannte. Von irgendetwas musste ich jedoch mein Einkommen bestreiten, und der Job als Redakteur für *Wow*, dem damals angesagtesten Magazin für Design und Kunst, war der Türöffner zur Welt der Reichen und Berühmten. Keine Woche verging, ohne dass nicht irgendein Möchtegern-Celebrity oder No-Name-Artist zum Vip-Event geladen hatte. Manikürtes Fingerfood und kostenloses Betrinken für ein paar Zeilen, die mir problemlos aus den Fingern flossen. Das Leben konnte schlechter sein.

Ich stellte mich also bei *Fuck the People*, einer Hommage an Andy Warhol und die Punkrock-Ära, auf einen weiteren öden Abend mit durchgeknallten Künstlertypen ein, als sich mein Leben schlagartig verändern sollte. Dabei wollte ich bereits nach zehn Minuten die Ausstellung verlassen, da mir der Galerist förmlich an den Eiern hing.

Oscar Mendel war stockschwul und sülzte mir die Backen voll, wie toll er mich und *Wow* doch finde. Ich machte mir Notizen wie ein Nachwuchsredakteur, obwohl die Story bereits fertig geschrieben auf dem Rechner lag. Aber solange der Schreibblock zwischen uns als Trennungslinie stand, fühlte ich mich vor ihm sicher.

Und dann kam *sie*. Aus dem Nichts. Es war nicht wie in einem dieser Filme, wo man sich von Weitem in die Augen sah, um wenig später auf dem Zimmer zu verschwinden. Nein, Helena materialisierte sich und blendete alles andere einfach aus. Selbst Oscar hörte endlich auf zu schmachten.

»Lassen Sie sich nicht von meinem Bruder um den Finger wickeln. Er versucht gern, Menschen den eigenen Geschmack aufzudrängen, insbesondere wenn sie ihm gefallen und vom Feuilleton sind. Sie sind doch Journalist, oder liege ich falsch?«

»Ich schreibe für *Wow*. Das ist ein Magazin für ...«

»Ich kenne *Wow*. Also erzählen Sie mir lieber, wer Sie sind.« Helena bat Oscar um ein Glas Champagner, was nichts anderes als die Aufforderung war, sich möglichst schnell zu verpissen.

Mir sollte es recht sein. »Ich heiße Leon.«

»Beeindruckend.«

»Entschuldigung, das war ein wenig einfältig. Eigentlich bin ich um gute Sätze nicht verlegen, doch ...«

»... jetzt fehlen Ihnen die Magic Words?«

Die Art, wie sie *Magic Words* aussprach, verursachte ein Kribbeln auf meiner Haut.

»So in etwa. Na jedenfalls, interessiere ich mich für Pop-Art und ihren Einfluss auf die Gegenwartskultur. Hockney, Lichtenstein, Blake. Alles beeindruckende Künstler.«

»Bullshit! Sie langweilen sich zu Tode. Ich habe es an Ihren Augen gesehen, als Sie sich mit meinem Bruder unterhielten. Also, Leon, wofür brennen Sie?«

Tja, wofür brenne ich?

»Ich habe drei Semester Architektur an der Universität der Künste studiert und dann aus einer schlechten Laune heraus abgebrochen. Wahrscheinlich versuche ich, es wiedergutzumachen, indem ich mich auf Vernissagen tummele. Und wofür brennen Sie?«

»Ich brenne für das Leben. Ganz egal, was es zu bieten hat, und sei es nur der eigene Tod.«

Wieder so eine Antwort, die wie der erste Satz eines schlechten Krimis klang. Ihre Augen bohrten sich in meine Seele, und ich fühlte mich ertappt. Nicht als Schmarotzer, der sich kostenlos für ein paar Zeilen durch die Galerien fraß, sondern als Blender, der außer seinem Aussehen nichts vorzuweisen hatte im Leben. »Und heute brennen Sie für Warhol? Oder halten Sie nur das Händchen Ihres Bruders?«

»Heute brenne ich für Sie, Leon.« Sie hauchte meinen Namen, und obwohl sie nicht mein Beuteschema war, hing ich wie gebannt an ihren dunkelrot bemalten Lippen.

»Hatte ich mir schon gedacht.« Darüber mussten wir beide lachen.

»Wie heißen Sie?«

»Ich bin Helena und so was wie der neue Stern am Berliner Architektenhimmel.«

»Okay. Und warum macht es dann nicht Klick in meinem Kopf?«

»Weil Sie die Story dazu erst schreiben werden, Leon. Sie bringen mich groß raus, und ich werde mich anschließend bei Ihnen revanchieren.«

Ich versuchte, cool zu lächeln, was mir aufgrund der Ernsthaftigkeit in ihren Augen schwerfiel. Anscheinend war ich nicht aus Zufall auf der Gästeliste gelandet. »Also schön, dann erzählen Sie mir Ihre Geschichte, und ich mache mir ein paar Gedanken ...«

»Keine Sorge. Ich werde Ihnen etwas Aufregendes bieten. Wir werden ein gutes Team sein.«

Helena war dominant, souverän, aber auch unglaublich sexy, und ich war stolz, dass sie die anderen Gäste ignorierte und mit mir flirtete.

»Das klingt vielversprechend. Sicher, dass Sie liefern können?«

Helena lächelte, ohne dabei die Mundwinkel zu bewegen. »Ziemlich sicher. Was ist, gehen wir woanders hin oder wollen Sie umherstreifen, um Ihr Gewissen zu beruhigen?«

»Ich muss Sie warnen, Helena. Ich bin niemand, der am Ende eines schönen Abends einfach so verschwindet.«

»Ich bin nicht interessiert an einem schönen Abend. Wie wäre es mit einer heißen Nacht?«

»Noch schlimmer. Ich würde mich garantiert in sie verlieben und gleich am nächsten Morgen anrufen. Wollen Sie das wirklich?«

Helena verringerte die Distanz zwischen uns, als wollte sie mich küssen, als ein Mann von hinten an sie herantrat und ihr etwas ins Ohr flüsterte. Sie lächelte zynisch und stemmte die Hände in die Hüften. »Darf ich dir meinen neuen Freund vorstellen, Joachim?«

Zuerst dachte ich, dass Helena uns verwechselt hatte, doch sie meinte offensichtlich mich. Der Typ trug einen langweiligen Anzug, als wäre er geradewegs aus dem Büro zur Vernissage gekommen, und schien nicht daran interessiert, mich zu begrüßen.

»Komm jetzt, Helena. Wir haben etwas zu besprechen.«

Er legte seine Hand auf ihren Arm, um sie von mir wegzulotsen.

»Nein, mir ist es ernst. Ich möchte dir Leon vorstellen. Er wird vielleicht bald Teil unserer Familie sein.«

Ich war perplex, da ich nicht einschätzen konnte, ob es nur ein loser Spruch war oder eine Finte, um diesen Joachim zu brüskieren. Also spielte ich mit.

»Hallo, ich bin Leon. Redakteur bei *Wow.*« Ich streckte dem Typen meine Hand entgegen, der sie einfach in der Luft hängen ließ.

»Dieser grummelige Riese ist Dr. Joachim Deckert, unser Familienanwalt. Auch wenn er kritisch dreinblickt und hin und wieder die Manieren etwas schleifen lässt, sind wir doch ein Herz und eine Seele. Er ist immer so besorgt ...« Helena kniff Joachim in die Backe, was den nur noch mehr zu ärgern schien.

»Entschuldigen Sie, aber ich wäre Ihnen dankbar, wenn Sie Frau Mendel jetzt in Ruhe lassen würden. Sie sind sicher wegen der Bilder hier, also bitte schön ...« Er breitete die Arme aus und zeigte auf die Exponate, als wären es die seinen.

»Nein, ich bin wegen Helena gekommen, und wir wollten gerade hier verschwinden. Wollten wir doch, oder?«

Helena ließ ein lautes Lachen folgen und hakte sich bei mir ein, als wären wir ein Liebespaar. »Wir müssen leider gehen, Joachim. Die Nacht ist zu verlockend, um sie bei einer öden Ausstellung zu verbringen.«

Wir ließen den Anwalt stehen und verließen die Vernissage. Aus dem Augenwinkel heraus konnte ich noch sein versteinertes Gesicht erkennen, und mir wurde klar, dass er heimlich auf sie stand. Ich hatte vielleicht heute gegen ihn gewonnen, doch das würde sich noch rächen. Eines Tages.

Kapitel 45

Zurück im Heute

»Also steckt deiner Meinung nach der Anwalt, Dr. Joachim Deckert, dahinter? Weil er in Helena verschossen war und du ihm seinen Schwarm vor der Nase weggeheiratet hast?« Stella war enttäuscht. Sie hatte mit neuen Erkenntnissen gerechnet und nicht mit der Lovestory von Leon und Helena.

»Keine Ahnung.« Leon wirkte unschlüssig. »Zumindest war er der Einzige, der von dem Deal mit Monique wusste, da er den Vertrag aufgesetzt hatte.«

Der Whiskey ließ ihn leise nuscheln, und er sah müde und mitgenommen aus. Nicht, dass er gleich einschläft, grübelte Stella und blickte auf die Uhr. Es war kurz nach sieben, und Monique war immer noch nicht da. Zwischenzeitlich hatten sie noch einmal versucht, Monique auf dem Handy anzurufen, doch immer ging sofort die Mailbox dran.

»Ich werde jetzt Kommissar Riediger informieren und Moniques Verschwinden melden.«

»Warte noch ...« Leon rutschte ein paar Zentimeter näher an sie heran und berührte ihre Hand.

»Worauf, Leon? Dein Baby wurde entführt und so, wie es aussieht, auch noch deine Freundin. Wir müssen mit der Suche starten. Sofort! Und es wäre schön, wenn du die Hand von meiner nehmen könntest, denn ich weiß nicht, was das soll.«

»Entschuldige.« Er sah sie leicht gekränkt an, was den Konflikt in Stella noch verstärkte. Eigentlich hätte sie die Hand wegziehen und Leon eindeutige Grenzen aufzeigen müssen.

»Ich glaube, wir sollten uns auf die Suche nach Marta und Monique fokussieren, Herr Mendel. Und jetzt rufe ich meinen Boss an.«

»Stella, ich …«

»Frau Bellanger.«

»Stella, es tut mir leid. Ich habe einfach schreckliche Angst, das Falsche zu tun. Irgendetwas sagt mir, dass man mich beobachtet, und sobald die Polizei anrückt, sind Marta und Monique verloren.«

»Ich *bin* die Polizei.«

»Ja, natürlich. Aber vielleicht unterschätzen sie dich, weil du jung und …«

»Jung und was, Leon?« Sie biss sich auf die Lippe. Vor Wut, dass sie, entgegen ihrem Vorsatz, schon wieder seinen Vornamen benutzte.

»… attraktiv bist. Auch wenn es abgedroschen klingen mag, könnte das vielleicht der Joker in dem Spiel sein. Vielleicht sieht man in dir nicht die Gefahr …«

»Na, vielen Dank für das Vertrauen. Ich muss ja einen erbärmlichen Eindruck als Polizistin hinterlassen.«

»Ganz und gar nicht, Stella.« Schon wieder rückte seine Hand bedrohlich nah, sodass sie schließlich aufstand und sich auf den Sessel gegenüber setzte.

»Sie verübeln mir, dass ich neu verliebt bin, so kurz nach Helenas tragischem Tod. Dass ich versuche weiterzuleben und Monique nun an ihrer Stelle hier im Haus wohnt. Dass wir eine kleine Tochter haben, die gesund

und wunderschön ist. Sie wollen mir alles einfach wegnehmen.«

»Noch mal, Leon. Wer sind *die,* und warum sollten sie mich als Polizistin unterschätzen?« Stella hatte die Faxen dicke. Nur kryptischen Botschaften, obwohl er mehr zu wissen schien.

»Weil ... weil sie denken werden, dass du mir etwas bedeutest.«

Stella stockte der Atem, und ihr Herz begann zu rasen.

»Was erzählst du da, Leon?«

Doch der starrte sie nur an und nickte.

»Du glaubst, dass der Entführer in mir einen Köder sehen könnte. Weil du ... du ...«

Wieder dieses Nicken, als wäre es Gewissheit.

»Das ist absurd. Ist es doch, oder?« Keine Reaktion und Stella wurde angst und bange. »Das kannst du unmöglich ernst meinen, Leon. Wir sind uns vorher nie begegnet, und ich suche als Ermittlerin gerade deine Tochter und vielleicht auch deine Freundin. Wer sollte auf so eine hirnrissige Idee kommen?«

»Wie ich schon sagte, verliebe ich mich leicht ...«

»Keine Frau ist vor dir sicher?«

»Nein, so ist es nicht. Es tut mir leid, wenn ich dich verunsichert oder beleidigt haben sollte. Ich will nur meine Familie und mein Leben wiederhaben. Und vielleicht ist das die einzige Chance, um die Entführer aus der Reserve zu locken.«

»Indem wir so tun, als hätten wir uns ineinander verliebt, damit der Entführer denkt, dass wir jetzt Fehler machen werden? Habe ich das richtig verstanden?«

»Du musst das nicht verstehen.«

»Ich bin Ermittlerin in diesem Fall. Ich muss es wohl verstehen.«

»Es ist eine komplizierte Geschichte, in die ich und du hineingeraten sind.«

Stella kniff sich unwillkürlich in den Oberarm. Das konnte einfach alles nicht wahr sein, und sie musste höllisch aufpassen, nicht in diesen Sog aus Mutmaßungen hineingezogen zu werden.

Halte dich an die Fakten, löse dich von Leon und rufe endlich deinen Chef an, Stella. Ihre innere Stimme mahnte sie deutlich, als Leon plötzlich auf der Couch in sich zusammensackte und langsam auf den Boden glitt. Dabei stieß er mit dem Kopf unsanft gegen den Wohnzimmertisch.

Der Schlag auf den Schädel hatte gutgetan, denn er lichtete den Nebel, der Leons Gedanken zu blockieren drohte. Außerdem war Stella jetzt ganz nah. Ihr Gesicht, ihre Lippen nur ein paar Zentimeter noch von seinem Mund entfernt. Ihre Augen aufgerissen und voller Sorge. Sorge um ihn. Er unterdrückte den Impuls, sie hier und jetzt zu küssen, denn dann wäre es vorbei, und sie würde nach Verstärkung rufen oder sich aus diesem Fall zurückziehen. Also hob er die Hand als Zeichen, dass es ihm schon besser ging.

Sie stand auf und brachte ihm ein Glas mit kaltem Wasser.

»Herrgott, Leon. Ich rufe dir jetzt einen Arzt und mache mich an meine Arbeit. Wenn du sagst, dass Dr. Deckert vielleicht hinter der Entführung steckt, dann müssen wir ihn in die Zange nehmen. Und zwar sofort.«

»Warte noch«, japste Leon und trank das Glas in einem Zug aus. »Ich muss dir noch etwas erzählen, damit du es verstehst.«

»Du hast exakt fünf Minuten. Also rede endlich Klartext, ansonsten bin ich raus aus diesem Fall.«

Kapitel 46

Ein Jahr, zehn Monate und zwölf Tage zuvor

Helena hatte sichtbar schlechte Laune. Normalerweise drehte sie sich um, wenn sie meine Schritte auf dem Bootssteg hörte, diesmal blieb ihr Blick jedoch auf den eisig-grauen See gerichtet. Sie loderte wie ein Vulkan kurz vor der Eruption. Ich hasste diese Ausbrüche, die alles in den Abgrund ziehen konnten und wie eine Lawine auf mir liegen blieben. Irgendetwas musste schiefgelaufen sein, und es hatte nichts mit der Firma zu tun. Eigentlich hatte es das nie, denn im Job und im Bett waren wir uns einig. Nur dazwischen knirschte es seit Langem. Wir führten eine toxische Beziehung, von der wir beide profitierten, nur dass mein Profit längst verbraucht war.

»Ist was passiert?«

Ein verächtliches Schnaufen, als müsste ich es ahnen. Noch so eine Eigenschaft, die ich an ihr hasste. Als wäre ich zu blöd, um auch die kleinsten Dinge zu kapieren.

»Sie ist einfach nicht gekommen. Als wäre ich ein Niemand.«

»Was ... wer ist nicht gekommen?«

»Deine *Fickhenne* ist nicht gekommen.«

Helena schrie mir die Worte entgegen, sodass ich vor Schreck fast ins Wasser gefallen wäre.

»Du meinst Monique? Vielleicht ist ihr was passiert, denn in der Arbeit ist sie auch nicht erschienen.«

»Ich hoffe, dass ihr was passiert ist, ansonsten ...« Sie ließ das Ende offen.

Und ich spürte meinen Herzschlag rasen. Heute wäre der Termin für die künstliche Befruchtung gewesen, und Helena hätte sich mit Monique in der Praxis treffen wollen. Um ihr die Hand zu halten. Um sie zu kontrollieren.

»Hast du versucht, sie anzurufen?«

»Hältst du mich für bescheuert, Leon? Natürlich habe ich versucht, sie anzurufen. Ich bin sogar zu dem Scheißapartment rausgefahren, das wir für sie zahlen. Niemand da, oder sie macht nicht auf. Keine Ahnung, welcher Furz ihr gerade quer liegt.«

»Wie gesagt, vielleicht ist ihr etwas zugestoßen.«

»Ausgerechnet an dem Tag, an dem sie deinen Samen eingepflanzt bekommen sollte? Nein, sie hat dich verarscht, Leon. Also bringst *du* es in Ordnung.«

Das war wieder typisch Helena. Wenn etwas nicht nach ihrem Willen lief, war ich daran schuld. Dabei wollte ich ihr nur den Wunsch nach einem Kind erfüllen. Sie *vollkommen machen*, wie sie es immer nannte. Als wäre unser Leben nicht schon kompliziert genug. Doch ich war ihr etwas schuldig, eine ganze Menge, wenn man es genau nahm. Ohne Helena gäbe es mich nicht, jedenfalls nicht in dieser Form. Als angesehenen Architekten mit eigener Firma, Haus am See und einem fetten SUV. Und der Aussicht auf noch mehr. Von außen betrachtet waren wir ein echtes Power-Couple, das alle Grenzen überwand und von einem Erfolg zum nächsten galoppierte. Wir konnten zusammen alles im Leben erreichen, nur eben keine Kinder zeugen, da sich Helena in ihrer Jugend mit Chlamydien infiziert hatte. Doch irgendwann war Monique in unser Leben gekommen und hatte uns eine Lösung aufgezeigt, die zu verlockend geklungen hatte, um sie zu ignorieren. Ganz im Gegenteil. Helena war von der Idee besessen gewesen, unser Kind von einer fremden Frau austragen zu lassen, um es ihr anschließend zu entreißen.

»Vielleicht hat Monique vor dem Eingriff einfach Schiss bekommen. Sie erwähnte mal, dass ihr Ärzte Angst machen. Wer kann es ihr verdenken?«

»Ich kann es ihr verdenken, denn wir haben ihr nicht nur einen Job in unserer Firma gegeben, sondern ein Apartment und die Aussicht auf viel Geld, von dem sie schon die Hälfte eingestrichen hat.«

»Den Job hatte sie schon vorher, sonst hätten wir sie niemals kennengelernt.«

»*Du* hast sie kennengelernt, Leon. Ich hätte diese kleine Nutte niemals eingestellt.«

»Rede nicht so über sie. Schließlich wird sie die Mutter unseres Kindes, und wir sollten dankbar dafür sein.«

»Momentan wird niemand die Mutter unseres Kindes, da Monique verschwunden ist. Also suche sie, finde sie und pflanze ihr deinen Samen ein.«

Am liebsten hätte ich Helena einfach stehen lassen und Lebewohl gesagt. Ich hatte ihre herablassende Art in diesem Augenblick so satt, obwohl ich selbst kein Stückchen besser war. Lange Zeit hatten wir uns am Misserfolg der anderen Leute ergötzt und jeden in den Dreck gezogen.

»Ich kann sie wohl kaum zwingen, wenn sie plötzlich kalte Füße wegen des Eingriffs hat.«

»Dann lass dir etwas einfallen, damit ihr warm wird um die Hüften.«

»Was willst du damit sagen?«

»Was ich damit sagen will, Leon? Wenn deine kleine Freundin Angst vor einem Eingriff hat, dann legst du dich zu ihr ins Bettchen und zeigst ihr, wie man Kinder macht. Ein ganz normaler Vorgang. Aber woher sollst du das auch wissen?«

Schon wieder diese Andeutung, dass ich nichts im Leben checke und ihr heillos unterlegen bin.

»Du willst, dass ich mit Monique Sex habe? Ist das dein Ernst? So weit würdest du gehen, um ein Baby zu bekommen?« Ich war fassungslos. Fassungslos und ... erregt.

»Sie ist nur ein Objekt, das etwas für uns produziert. Eine Dienstleistung. Ein Geschäft. Sobald es abgewickelt ist, wird diese Frau verschwinden.« Helena war plötzlich ruhig und entspannt, ganz so, als hätte sie endlich die perfekte Lösung gefunden.

»So hatten wir es nicht vereinbart. Monique sollte in den ersten zwei, drei Jahren in der Nähe bleiben, falls etwas mit dem Kind nicht stimmt.«

»Was soll denn mit dem Kind nicht stimmen? Glaubst du, dass ich das nicht hinbekommen werde? Glaubst du, diese mittellose Pute hat mehr drauf als ich? Eine, die ihre Gebärmutter an ein reiches Paar verkauft? Willst du mir das damit sagen?«

Die Ruhe war vorbei, der Sturm zurück und Helena wieder ganz am Anfang ihres Zorns. Ich hatte keine Kraft und Muße mehr zu diskutieren, also willigte ich schließlich ein.

»Okay, dann suche ich nach Monique und schlage ihr vor, was du gesagt hast. Möchtest du vielleicht dabei sein?«

Höhnisches Gelächter folgte.

»Genieße es, denn es wird kein weiteres Mal geben. Außerdem wird sie nach dem Akt aus unserem Büro verschwinden, und du wirst sie nicht mehr wiedersehen. Ich werde mich bis zur Geburt um sie kümmern.«

Die Betonung auf dem letzten Satz machte mir Angst. Und obwohl ich es nicht hören wollte, hakte ich noch einmal nach.

»Was passiert denn mit Monique ... danach?«

»Sie verschwindet aus unserem Leben.« Helena schnippte mit den Fingern und grinste diabolisch.

»Und wenn sie das nicht will? Wenn sie in Berlin bleibt, um hin und wieder nach dem Kind zu sehen?«

»Glaube mir, das wird sie nicht. Ich habe darüber mit Ricarda gesprochen.«

Ausgerechnet mit Ricarda, dieser alten Schachtel, die nicht mal ihren Mann bei Laune halten konnte. Mir war es schleierhaft, wie Helena überhaupt mit dieser Frau kommunizieren konnte, da sie weder eloquent noch geistreich war. In meinen Augen war sie eine verbitterte alte Frau, die von ihrem Mann verlassen wurde und in einem Hexenhaus vergammelte. Gott sei Dank kamen wir uns selten in die Quere, da sie mich so wenig mochte wie ich sie. Und dabei wollte ich es belassen. Also nickte ich, als wäre alles bestens, und machte mich auf die Suche nach Monique.

Ich traf sie auf einer abgelegenen Parkbank im Tiergarten, wo nachts die Junkies Nadeln in ihre Venen stachen. Sie war die ganze Zeit am Flennen und entschuldigte sich in einer Tour für den verpassten Arzttermin. Ich nahm sie in den Arm und küsste sie zärtlich auf die Stirn, was nichts anderes als der Anfang unserer Affäre war. Nicht nötig, sich zu verstellen, da ich mich bereits im Vorstellungsgespräch in sie verknallt hatte. Wie gesagt, ich verliebte mich sehr schnell, und da die Ehe mit Helena ein Auf- und Ab mit Überhang zum Ab war, kam mir das Tête-à-

Tête mit Monique wie der Garten Eden vor. Im Prinzip hatte ich einen Freifahrtschein und musste nur noch überlegen, wie ich ihr die Sache mit dem Sex beibringen sollte.

Wie sich herausstellte, war das gar nicht nötig, denn auch Monique empfand etwas für mich und war erregt, als wir wenig später ins Apartment stürmten, um Helenas verrückte Idee in Taten umzusetzen. Einmal, zweimal, zehnmal. Ich hatte aufgehört zu zählen, denn wir trafen uns zu dieser Zeit täglich nach der Arbeit, schließlich hatte ich ein Alibi. Bis es irgendwann aufgebraucht und Monique offensichtlich schwanger war. Damit waren die Gefühle jedoch nicht beendet und unsere Treffen wurden heimlicher, angespannter und irgendwie intimer, falls das überhaupt noch möglich war.

Wir brauchten einander. Ich Monique, da sie der Gegenpol zu meiner explosiven Ehe war, und Monique mich, da ich ihr aus der finanziellen und sozialen Bedeutungslosigkeit verhalf. Aus einer Pflichtbekanntschaft war eine Affäre und letztlich eine echte Beziehung geworden, die mir alles bedeutete. Und wir erwarteten ein Baby.

Kapitel 47

Zurück im Heute

Die Liaison mit Monique hatte also bereits während Leons Ehe begonnen, und wie es aussah, war Helena nicht ganz unbeteiligt daran gewesen. Stella wurde allmählich klar, dass ihnen bei der Aufklärung des Falls weder eine groß angelegte Suche noch das Auswerten von Videoschnipseln weiterhelfen würden. Sie betrachtete Leon, der ausnahmsweise keinen Whiskeyschwenker in der Hand hielt. Er wirkte irgendwie erleichtert. Vielleicht war das die Gelegenheit weiterzubohren, um den Rest des Rätsels aufzulösen.

»Also hat Helena dich in die Affäre mit Monique getrieben. Und da du dich nun mal so leicht verliebst, trifft dich nicht mal eine Mitschuld. So siehst du das, oder?«

Leon sah sie mit glasigen Augen an, als müsste er die Frage erst verarbeiten. »Nein, natürlich nicht. Ich habe dir das nur erzählt, weil ich dir vertraue und du die Hintergründe kennen solltest. Es ging mir nicht um Absolution oder dein Verständnis.«

»Wie ist es überhaupt zu diesem ... eigenartigen Deal gekommen? Ich meine, Monique fängt bei euch als Architektin an, und ihr gebt ihr Kohle, damit sie euer Kind austrägt. Vertraglich festgezurrt von eurem Haus- und Hofanwalt. Ganz normal klingt das für mich nicht.«

»Monique war keine Architektin. Wir suchten damals eine Bürokraft, ein Mädchen für alles, das Termine organisiert, die Post erledigt, Catering für Kundenmeetings bestellt und so weiter. Auf diesen Job hatte sie sich beworben. Obwohl sie keinerlei Erfahrung besaß, hat mich ihr Foto überzeugt, und so gab ich ihr die Chance, sich vorzustellen. Na ja, und dann kam sie mit ihren offenen rotblonden Haaren, der billigen schwarzen Lederjacke, die an den Nähten völlig ausgefranst war, und hat mich irgendwie gepackt. Sie war voller Energie, wollte raus aus ihrem Leben, das verkorkst und schwierig für sie war. Kein Vater, Mutter Alkoholikerin, kein richtiges Zuhause. Das habe ich alles später erfahren, doch ich spürte, dass ihr Background nicht ganz easy für sie war. Egal. Jedenfalls hat sie den Job bekommen. *Von mir* bekommen, denn Helena und das Team waren von Anfang an dagegen gewesen.

Eines Abends stand Monique heulend bei mir im Büro und kotzte sich über die ganze Truppe aus, die sie regelmäßig mobbte. Wir beide waren als Letzte im Büro und kamen uns näher. Ich wollte sie beruhigen und bot ihr einen Drink an. Na, jedenfalls habe ich ihr von unserem unerfüllten Babywunsch erzählt, um Monique zu zeigen, dass auch bei uns nicht alles glattlief. So ist nun mal das Leben.«

»Und da hat sie dir angeboten, die Sache zu übernehmen. So als gutes Mädchen für alles ...« Stella konnte immer noch nicht nachvollziehen, wie Monique so etwas tun konnte.

»Ich weiß nicht mehr, wie wir darauf gekommen sind. Irgendwann fragte sie mich jedenfalls, ob wir eine Leihmutterschaft in Betracht gezogen hätten, da es dafür einen Markt gebe. Ich sagte Nein, aber auch, dass Helena alle Mittel recht wären, um ein eigenes Kind zu haben. Tja, und dann ...«

»... hat sie das Kinderkriegen für euch übernommen.«

Leon nickte schuldbewusst, als hätte er ein Geständnis abgelegt.

»Wie viel habt ihr Monique dafür bezahlt?«

»Dazu werde ich nichts sagen. Mir ist das Ganze unangenehm, wie du dir sicher vorstellen kannst. Auf der einen Seite bin ich also auch erleichtert, dass es für meine Tochter anders als geplant gekommen ist ...«

»Und auf der anderen Seite?«

Leon räusperte sich, als hätte er Halskratzen. Seine Augen suchten bereits nach der Flasche Jack Daniels.

»Auf der anderen Seite ist seitdem alles ein Desaster. Helena ist tot, Marta und Monique wurden entführt. Man will sich an mir rächen ...«

»Wobei wir wieder am Anfang unserer Unterhaltung stehen, Leon. Du erzählst mir Geschichten, die uns keinen Schritt voranbringen.« Stella schaute auf die Uhr. Es war bereits acht und sie war so schlau wie zuvor.

»Ich will, dass du die Hintergründe kennst, Stella, da ich glaube, dass nur wir zwei Marta und Monique befreien können. Jedes weitere Großkommando bringt sie in Gefahr und lässt uns den Kontakt verlieren. Das kann ich nicht zulassen.«

»Wir zwei? Hör endlich auf damit, Leon. Wir sind keine Partner. Du bist ein potenzielles Opfer und ich Bestandteil des Ermittlungsteams. Ich muss endlich meinen Chef über die Entwicklung informieren. Wenn Monique ebenfalls entführt wurde, dann geht es um Minuten, von denen wir schon viel zu viele vergeudet haben.«

Leons Augen weiteten sich, und er katapultierte sich vom Sofa hoch, um auf Stella zuzugehen. Ihr fiel auf, dass sie nicht mal eine Waffe mitgenommen hatte. Würde sie ihn im Zweifel mit ein paar Selbstverteidigungstricks überrumpeln können? Doch dazu kam es nicht, denn er bremste plötzlich ab und kniete vor ihr auf dem Boden.

Schon wieder so eine Geste, die sie unterbinden sollte.

»Warte, Stella. Es gibt noch etwas, das vielleicht entscheidend ist.«

»Dann spuck es aus, und setz dich bitte zurück aufs Sofa. Mir gefällt nicht, wie du dich verhältst.« Anstatt aufzustehen, lehnte sich Leon mit dem Rücken gegen den Wohnzimmertisch und schien darüber nachzudenken. Schließlich nickte er, blieb jedoch vor ihr auf dem Boden sitzen.

»Oscar wusste von der Affäre mit Monique. Er hat uns zufällig erwischt und mir anschließend die Pistole auf die Brust gesetzt.«

Kapitel 48

Ein Jahr, drei Monate und zehn Tage zuvor

Helena war mit Dunja für einen zweitägigen Kundenworkshop nach Frankfurt gereist, sodass ich den Abend und die ganze Nacht mit Monique verbringen konnte. Wir hatten ihr ein kleines Apartment am Spreeufer organisiert, das Joachim gehörte und im Laufe der letzten Wochen zu unserem Liebesnest geworden war. Da Helena unterschwellig ihren Segen für gelegentliche Treffs gegeben hatte, fühlte ich mich sicher. Denn anstatt wie sonst nur im Apartment unseren Spaß zu haben, kam ich auf die Idee, mit Monique auszugehen, um einen ganz normalen Abend zu verbringen. So, als wären wir zusammen.

Wir starteten im Frederick's am Potsdamer Platz, einem meiner Lieblingsrestaurants, in das sich garantiert keiner unserer Angestellten hin verirren würde. Monique fühlte sich sichtlich unwohl in dem teuren Schuppen. Erst nach der zweiten Flasche Wein wurde sie entspannter, und wir knutschten mitten im Lokal. Als wären wir für alle unsichtbar. Waren wir aber nicht, und so bat man uns, den Austausch von Zärtlichkeiten schleunigst zu unterlassen oder das Lokal zu wechseln.

Na ja, der Abend war noch jung, und wir wollten was erleben. Ich kannte jemanden, der jemanden kannte, der den Besitzer der Bar 101 kannte und mich irgendwann mal auf der ewigen Gästeliste verewigt hatte. Normalerweise kommt man da nicht so einfach rein, zumal der Eingang versteckt unter einer S-Bahn-Unterführung liegt. Du pochst dreimal gegen eine Stahltür und hoffst, dass jemand dein Geklopfe hört. Was dauern kann oder ignoriert wird, wenn der Laden bereits voll ist. Doch wir hatten Glück, da an diesem Mittwochabend nicht sonderlich viel los war.

Am Anfang lief es etwas schleppend, doch nach zwei Drinks machten wir da weiter, wo wir im Frederick's aufgehört hatten. Wir saßen auf zwei Hockern an der Bar, küssten und berührten uns, und ich vergaß einmal mehr die Welt um mich herum, bis sich zwei schwitzige Hände auf meine Schultern legten und zu sich herumdrehten.

»Auf ein Wort«, sagte Helenas Bruder Oscar und funkelte mich aus seinen schmalen Schweineaugen an. Er trug einen langen Stoffmantel, der aussah wie eine Tapete aus Pastell, dazu den pinken Cowboyhut. Ich überlegte fieberhaft, was er alles mitbekommen hatte und wie ich das erklären sollte. Natürlich wusste Oscar von Helenas Kinderwunsch, hatte meines Wissens aber keine Sterbensahnung von der Übereinkunft mit Monique. Zudem ließ sich die Knutscherei wohl kaum als simpler Deal verkaufen, sodass ich ganz schön in der Scheiße steckte, als wir zwei Minuten später draußen standen und mir Oscar in den Magen boxte.

Er mochte vielleicht ein wenig schmächtig wirken, zuschlagen konnte er aber trotzdem. Ich genehmigte ihm zwei rechte Haken als Zeichen von Reue und Entgegenkommen, bevor ich ihm den dummen Hut vom Kopf stieß und ihn gegen die geschlossene Stahltür drückte.

»Ich habe dir von Anfang an misstraut, du elender Schmarotzer«, stieß er pfeifend hervor.

»Es ist nicht das, wonach es aussieht, klar?«

»Wonach sah es denn aus, Leon?«

»Keine Ahnung. Es ist jedenfalls komplizierter, als du denkst, Oscar, denn Helena ist in die Sache involviert. Du weißt, wie sie tickt und was sie sich am meisten wünscht. Und alles, was du vielleicht gesehen hast, dient nur diesem einen Zweck. Mehr kann und darf ich dir dazu nicht sagen. Also lass mich gefälligst in Ruhe.« Keine Ahnung, ob ich allen Ernstes glaubte, mit dieser Nebelkerze durchzukommen, zumal Oscar jederzeit Helena mit meinen Worten konfrontieren konnte.

»Als Erstes nimmst du deine Wichsgriffel von meinem edlen Zwirn. Als Zweites verpisst du dich auf der Stelle und vergisst die junge Dame an der Bar. Du setzt dich in ein Taxi und fährst zu meiner Schwester, deiner Frau, und fügst dich in die Rolle, die sie für dich vorgesehen hat. Und die du nicht annähernd zu schätzen weißt.«

Ich lockerte den Griff an seinem Mantel und war mit den Gedanken bei Monique. Sie hatte ängstlich ausgesehen, als ich mich entschuldigte, um mit Oscar vor die Tür zu gehen. Ich konnte unmöglich einfach so verschwinden.

»Denk nicht mal daran, meine Worte abzutun und mich zu ignorieren. Ansonsten erfährt Helena *alles.* Die Knutscherei mit diesem Flittchen, der Griff in ihren Schritt, das Streicheln ihrer Wange, dein verliebtes Grinsen. Du warst mächtig on fire, Leon, und das wird Helena nicht gefallen, und wenn ihr etwas nicht gefällt, dann möchte ich nicht in deiner Haut stecken. Niemand möchte das.«

»Helena weiß davon. Also halte dich aus Dingen raus, die dich nicht das Geringste angehen. Ich gehe jetzt zurück in den Club, bringe Monique nach Hause, wie es sich gehört, und fahre dann nach Potsdam. Ende des Gesprächs.«

Oscar rang nach einer Antwort. Man konnte ihn förmlich denken sehen, und ich befürchtete bereits, dass er zum Handy greifen würde, um Helena anzurufen. Doch diese Bürde überließ er mir.

»Also schön, wenn Helena alles weiß, dann erzähle ihr von diesem Abend. Von den heißen Küssen. Deinen gierigen Griffen. Steck ihr einfach jedes dreckige Detail. Und danach schickst du sie zu mir. Und dann rede ich mit meiner Schwester, wie wir es immer tun. Und wenn sie sagt, dass dein Verhalten loyal und absolut okay ist, tja, dann ist es das vielleicht. Ansonsten wirst du brennen, Leon. In der Hölle.«

»Du bist krank, Oscar.«

Ein Schmunzeln huschte über seine Lippen, als hätte ich ihm ein Kompliment gemacht. »Finde es besser nicht heraus, Leon. Und an deiner Stelle würde ich nicht zu viel Zeit verstreichen lassen, ansonsten …« Schließlich zückte er doch sein Handy und hielt es funkelnd in die Nacht. Die Botschaft war klar und deutlich. Ich würde Helena alles beichten müssen und das auch möglichst bald, damit mir Oscar nicht zuvorkam. Auch wenn die Sache übel klang, fühlte ich mich in diesem Augenblick erleichtert. Ich hatte wertvolle Zeit gewonnen, um mir etwas einfallen zu lassen.

Kapitel 49

Zurück im Heute

Endlich hatte Stella Leon da, wo sie ihn haben wollte, denn er öffnete sein Leben wie eine Knospe die zarten Blättchen. Andererseits war sie sich unsicher, inwiefern sie ihm vertrauen konnte. Letztlich war Oscars Verhalten nachvollziehbar, schließlich hatte er Leon lediglich dazu gedrängt, die Wahrheit vor Helena auf den Tisch zu bringen.

»Und? Wie und wann hast du Helena die Affäre mit Monique gebeichtet?«, fragte sie Leon, der müde und erschöpft aussah.

»Auf unserer gemeinsamen Reise. Ich dachte, mit etwas Abstand schaffen wir so was wie einen Neuanfang. Aber dann ...« Plötzlich brach Leon in Tränen aus, und sein ganzer Oberkörper zitterte.

»Schon gut ...«, flüsterte Stella.

Halt dich von ihm fern, summte die innere Stimme, doch ihr Körper tat exakt das Gegenteil. Sie kniete sich zu ihm hinunter und legte tröstend den Arm um seine Schulter.

»Vertrau mir. Wir bekommen das in Ordnung.«

Was für ein Fehler, schoss es Stella augenblicklich durch den Kopf, doch da war es bereits zu spät. Leon drehte sich mit verquollenen Augen zu ihr um und küsste sie unvermittelt auf den Mund. Der Geschmack von Tränen haftete an ihren Lippen, als sie ihn zurückschob. Ihr Herz hämmerte vor Aufregung und Wut.

»Hast du noch alle Tassen im Schrank? Du vergisst dich. Und Monique und Marta. Und Helena. Ich bin die Polizei, kapier das endlich mal.« Stella stand auf und suchte nach ihrer Handtasche.

»Bitte entschuldige. Ich bin völlig fertig und kann nicht mehr klar denken. Ich wollte das nicht. Ich war nur so erleichtert, als du meintest, dass wir alles hinbekommen ...«

»Mit *wir* war die Kripo Potsdam gemeint.«

Stella fingerte das Handy aus der Tasche. Vier Anrufe von ihrem Chef in Abwesenheit. Doch der würde sich gedulden müssen. Zuerst musste sie hier weg. Schleunigst.

»Was machst du, Stella? Lass uns reden.«

»Ich rufe mir ein Uber, denn wir haben schon zu viel geredet. Wenn du weitere Informationen und Details aus deinem Liebesleben für uns hast, dann sprichst du ab sofort mit meinem Boss.«

Leons Lippen zuckten, und man konnte ihm ansehen, dass er am liebsten aufgesprungen wäre, um ihr das Handy aus der Hand zu reißen. Doch da hatte sie bereits die Bestellung für das Fahrzeug aufgegeben, das in zwölf Minuten vor der Tür erscheinen würde.

»Du kannst mich jetzt nicht hängen lassen, Stella. Nicht, nachdem ich dir alles anvertraut habe. Damit bringst du Marta und Monique in zusätzliche Gefahr.«

»Du bringst sie selbst durch dein Verhalten in Gefahr, Leon. Indem du mich davon abhältst, meinen Job zu tun.«

»Was hast du jetzt vor?«

»Monique als vermisst melden. Meinen Chef ins Boot holen und mit ihm deinen Schwager und Familienanwalt aufsuchen. Und diesen gottverdammten Fall lösen. Das habe ich vor. Und du, Leon, bleibst bis dahin nüchtern und in den eigenen vier Wänden. Melde dich, falls du etwas von deiner Freundin oder dem Entführer deines Babys hörst.«

Wie aufs Stichwort blinkte eine SMS auf ihrem Handy-Bildschirm auf. Eine Nachricht von Monique. Was hatte das jetzt wieder zu bedeuten? Mit zitternden Fingern drückte Stella aufs Display und klickte auf das Foto, das sich langsam scharf justierte.

»Scheiße ...«, kam es mit Entsetzen aus ihrem Mund. Reflexartig sah sie sich nach allen Seiten um. Zur Decke, auf den Boden. Noch einmal betrachtete sie die körnige Aufnahme auf dem Display ihres Handys, um wutentbrannt nach draußen zu starren. Es war stockdunkel, bis auf den vorderen Bereich der Terrasse, der von der Lampe im Wohnzimmer erleuchtet wurde.

Und da entdeckte sie, wonach sie suchte.

Eine Überwachungskamera, die anstatt auf den Garten direkt aufs Wohnzimmer gerichtet war. Sie waren die ganze Zeit beobachtet worden. Kein Wunder, dass der Entführer das Treffen im Café Memories hatte platzen lassen. Stella packte sich einen der Küchenstühle, schob die Terrassentür zur Seite und zertrümmerte die Linse der Überwachungskamera mit einem Stein.

»Was tust du da? Woher wusstest du ...?«, stammelte Leon, der aus seiner Schockstarre erwacht war. Anstatt einer Antwort hielt Stella ihm das Handyfoto vor die Nase. Ein Schnappschuss, exakt von dem Moment, als Leon Stella auf den Mund küsste. Die Qualität war nicht mal schlecht, und zu allem Übel sah man keine Spur von Gegenwehr.

»Scheiße«, entfuhr es Leon. »Von wem hast du das Foto? Welches Schwein hat die Überwachungskamera gehackt?«

»Die Nachricht wurde von Moniques Handy aus verschickt. Und ich befürchte, da kommt noch mehr.«

Kapitel 50

Monique versuchte, sich in der Dunkelheit zu orientieren, doch außer den Schattierungen von Gitterstäben befand sie sich in einer Art Vakuum. Einem Käfig, in den man Tiere einsperrte. Alles war so furchtbar schnell gegangen. Die Frau am See mit diesem antiquierten Kinderwagen, Martas Seufzer und dann die Männer, die ihr von hinten einen Sack über den Kopf gestülpt und sie anschließend gefesselt und verschleppt hatten. Und dann das schaurige Erwachen in diesem unterirdischen Verlies, in dem es nach Feuchtigkeit und Moder roch. Und nach Verwesung. Vielleicht ein Keller oder eine verlassene Garage?

Zum x-ten Mal kramte sie in den Jeanstaschen nach ihrem Handy, doch natürlich war es nicht mehr da. Genauso wenig wie die Schere, mit der sie den Entführer hatte überrumpeln wollen. Am Ende war sie es gewesen, die überrascht und in Sekundenschnelle kaltgestellt worden war. Angelockt durch eine Übergabe, die niemals so hätte aussehen dürfen.

Nur so eine dämliche Kuh wie du kann auf so etwas hereinfallen. Hätte sie doch Leon angerufen oder Stella oder sonst jemandem von der Polizei Bescheid gegeben. Aber nein, sie hatte es ja unbedingt allein durchziehen müssen.

Zumindest ging es Marta gut. Es war doch Marta gewesen, die in dem Kinderwagen laut geseufzt hatte, oder etwa nicht? Sie wollte daran glauben, auch wenn die Situation, in der sie sich befand, erschreckend und verstörend war. Was hatte der Entführer mit ihr vor? Warum forderte der nicht einfach seine Kohle, sondern spielte miese Spielchen? Weil es nicht ums Geld ging und der Entführer niemand Unbekanntes war? Zuerst war Monique überzeugt davon gewesen, dass die Frau mit dem Kinderwagen nur die verunglückte Helena sein konnte, weil das zumindest irgendeinen Sinn ergab. Doch jetzt war sie sich nicht mehr so sicher. Ihre Erinnerungen waren wie blockiert. Man hatte ihr ein Beruhigungsmittel injiziert und sie dann in diesen Käfig gesperrt, wo sie sich dem Schicksal fügen musste. Und dieses Schicksal hatte wenig später drei gleißend helle Neonröhren angeknipst, die wie ein Blitz vor ihren Augen explodiert waren.

Entsetzen breitete sich in ihren Eingeweiden aus. Überall im Raum hingen ausgestopfte Tiere an der Wand, die sie aus toten Augen anstarrten, als wären sie das Tribunal, um sie zu richten. Erst jetzt entdeckte sie den Mann, der in der Tür stand und ein blaues Plastiktablett in den Händen hielt. Es war einer der beiden Typen, die sie am See von hinten überrumpelt hatten, da war sie sich ganz sicher. Und obwohl er noch immer eine Mütze trug, konnte man seine Augen und die Kinnpartie erkennen. Er mochte vielleicht Mitte zwanzig sein und wirkte nicht wie ein Verbrecher. Eher zurückhaltend und schüchtern.

Wenn sie lebend diesen Raum verlassen wollte, dann musste sie sich etwas einfallen lassen. Und der Schlüssel dazu war vielleicht das Milchgesicht ihr gegenüber, das bedächtig auf sie zukam.

Er stellte das Tablett vor dem Käfig ab. Eine Plastikwasserflasche und zwei belegte Brötchenhälften.

»Ich muss aufs Klo«, war das Erste, das Monique hervorbrachte, obwohl ihr Tausende Fragen durch den Kopf schossen.

Der Mann zuckte mit den Schultern und deutete auf das Eisengestell des Käfigs. War das sein Ernst? Sollte sie wie ein Tier einfach auf den Boden machen? In ihrer eigenen Scheiße und Pisse sitzen, für seine Augen erkennbar?

»Das ist unmenschlich«, japste Monique fassungslos. »Was habe ich euch angetan, dass ihr mich wie ein Tier in diesen Zwinger sperrt? Wo ist Marta? Was habt ihr mit uns vor? Geht es ums Geld? Ich kann Geld besorgen, wenn ihr mich nur raus- und mit Leon telefonieren lasst ...«

Der Mann lächelte unverbindlich. Als würde alles gut werden. Also legte Monique nach.

»Die Polizei wird nichts von all dem erfahren. Versprochen. Du bist sicher, dein Kumpel und die Frau natürlich ebenfalls. Ihr sollt euer Geld haben. Ich will nur meine Tochter zurück, und dann geht jeder seine Wege. Ich weiß nicht mal, wie du aussiehst.«

Wieder dieses verständnisvolle Lächeln, und dann nahm er seine Mütze ab und zeigte ihr die dunkelbraunen platt gedrückten Haare. Als wäre es komplett egal, dass sie ihn würde identifizieren können.

Weil du niemals hier herauskommst, schoss es Monique durch den Kopf, und der plötzliche Krampf im Bauch löste den Druck in ihrer Blase.

Kapitel 51

Der Kommissar starrte auf das leere Glas in seiner Hand. In Anbetracht seines Vorhabens sollte er vielleicht kein weiteres Bier bestellen, auch wenn er selbst nicht würde fahren müssen. Wie auch, nachdem er Birte Hansen von der Dienstaufsichtsbehörde hoch und heilig versprochen hatte, keine Hand mehr an das Steuer eines Polizeifahrzeugs zu legen. Im Gegenzug hatte sie von einer Klage abgesehen und ihm seinen Rang und Ruf gelassen. Und das, obwohl er nach einem Blackout von der Straße abgekommen war und den nagelneuen BMW der Kripo Potsdam gegen einen Baum gefahren hatte. Er war einfach so eingeschlafen und neben einer Buche wieder aufgewacht. Nicht auszudenken, wenn er jemand anderen dabei verletzt oder getötet hätte. Natürlich hatte er Birte erklärt, dass dies purer Zufall und das erste Mal gewesen sei, doch das war natürlich nicht die ganze Wahrheit, da er bereits seit einem Jahr Symptome zeigte. Von jetzt auf gleich fuhr sein Bewusstsein die Systeme herunter, um sie wenig später unvermittelt wieder hochzufahren.

Und zu einem Neurologen gehst du gefälligst auch. Haben wir uns da verstanden? Birtes Worte echoten jeden Tag in seinen Ohren, ohne dass er sich bisher an diesen Teil der Abmachung gehalten hätte.

Er fingerte das Handy aus der Sakkotasche und wählte Stellas Nummer, um sie auf den neuesten Stand der Ermittlungen zu bringen. Der dubiose Marktleiter hatte endlich geplaudert und ein Gesicht auf dem Video der Überwachungskamera erkannt. Die Visage gehörte zu einem Roman Wentzel, der kein unbeschriebenes Blatt in der Datenbank der Polizei war. Diebstahl, Schlägerei und sogar Androhung von Mord. Gemeldet war er bei den Eltern, die ihn seit über einem Jahr nicht mehr gesehen hatten. Allerdings pflegte der Junge laut seiner Mutter ein inniges Vertrauensverhältnis zu ihrer Schwester Ricarda Wellendörfer, zu der sie wiederum den Kontakt seit Langem abgebrochen hatte.

Kein Wunder, sinnierte der Kommissar und musste dabei unwillkürlich an die Aktion vom Nachmittag denken, wo er Stella aus dem Keller herausgeholfen hatte. Das wäre beinahe in die Hose gegangen, und der nächste Besuch würde ebenfalls kein Zuckerschlecken werden.

Es tutete viermal, bevor die Mailbox ansprang. Wahrscheinlich hatte sich Stella schlafen gelegt, um den Schock ein wenig zu verdauen. Wer konnte ihr das verdenken? Der Kommissar versuchte es ein zweites und ein drittes Mal – mit dem gleichen Resultat.

»Also muss ich diesmal wohl allein zu dieser alten Schachtel fahren«, murmelte er zu sich selbst und bestellte sich ein Taxi.

Stellas Stimme brach, als sie Leon die zwei nächsten SMS zeigte.

Und, wie schmeckt dir seine Zunge?

Hat er dich um seinen kleinen Schwanz gewickelt? Lol.

»Wer schreibt so etwas, Leon? Das kann unmöglich von Monique gekommen sein?« Stella tippte auf den kleinen Bildschirm, während Leon fassungslos den Kopf schüttelte.

»Sicher nicht. Sie kann zwar impulsiv sein, doch die Worte passen nicht zu ihr. Es ist dieses Schwein, das so tut, als wäre es Helena. Sie hätte so etwas geschrieben, wenn sie noch …«

Ihr bekommt Besuch. Ein billiger Toyota. Schickt ihn weg. Sonst …

Stella brauchte ein paar Sekunden, um zu realisieren, dass das vermutlich der bestellte Uber-Fahrer war. Am liebsten wäre sie einfach aus dem Haus gerannt, um endlich ein Kommando loszutreten. Die Sache war nun aber leider kompliziert geworden. Zum einen gab es mindestens noch eine Kamera, die die Einfahrt überwachte, zum anderen war sie der Kontakt zum mutmaßlichen Entführer, der sie augenscheinlich mit dem Bild erpressen wollte. Stella steckte mittendrin in dem Schlamassel und musste schleunigst eine Lösung finden.

»Drück dem Fahrer fünfzig Euro in die Hand und sag ihm, dass es ein Versehen war. Ich habe mich verklickt oder so was …«

Gott sei Dank hatte sich Leon wieder einigermaßen im Griff und zögerte nicht lange. *Wahrscheinlich ist er froh, dass ich noch ein Weilchen bei ihm bleibe*, überlegte Stella und fragte sich einmal mehr, inwiefern sie ihm vertrauen konnte. *Hat er dich schon um seinen kleinen Schwanz gewickelt?* Steckte hinter der Beleidigung vielleicht ein Körnchen Wahrheit?

Ein *Gut gemacht* erschien auf dem Display, als Leon zurück ins Wohnzimmer kam. Die Person, die vorgab, Helena zu sein, saß also irgendwo vor einem Bildschirm und beobachtete das Haus.

»Was sollen wir jetzt tun?« Leon setzte sich zurück aufs Sofa.

»Keine Ahnung. Ist mein erster Entführungsfall. Von daher müssen wir wohl improvisieren.« Stella drückte aus dem Impuls heraus auf Moniques Nummer und hielt gespannt die Luft an.

Einmal, zweimal, dreimal, viermal. Nichts.

Wieder eine SMS:

Du hast Mut.

Stella tippte zwei Fragen ins Display:

Wie geht es Monique? Wie geht es Marta?

Vielleicht würden sie den Aufenthaltsort des Handys orten können.

Ihr Zustand hat sich gerade verschlechtert. Der Anruf war ein Fehler. Dein beschissener Fehler. Noch so ein Vergehen und das Foto von euch Turteltauben landet wohl platziert im Netz. Was wohl die Kollegen dazu sagen …?

Die Antworten waren schnell gekommen. Schnell und fehlerfrei getippt.

Was willst du?

Dass du deine Füße still und die Oberschenkel fest zusammenhältst. Wenn du das Haus verlässt, ist die kleine Schlampe tot. Wenn die Polizei aufkreuzt, verschwindet auch das Baby.

Hitze zog durch Stellas Körper, und ihr wurde augenblicklich schlecht. Was für eine vertrackte Situation, in die sie da geraten war.

Was kann Leon tun, um es zu beenden?, tippte sie ins Handy, doch die Antwort blieb aus.

Stattdessen brummte es auf Leons Handy.

»Ist er das? Oder sie?«, fragte Stella.

Leon zuckte zusammen. »Nein. Es ist nur ... Dunja aus der Firma. Wir müssen die Kosten für das Projekt nochmals reduzieren, doch dafür fehlt mir gerade echt der Kopf.«

»Du sagtest vorhin, dass der Wortlaut in der SMS zu Helena passen würde, und ich frage mich allmählich, wieso du dir so sicher bist, dass sie wirklich tot ist. Du hast den Behörden erzählt, dass sie morgens plötzlich nicht mehr da war und ihr euch irgendwie verpasst habt. Du kannst es also gar nicht wissen ...«

Leon fuhr sich mit der Zunge über die Lippen, auf der Suche nach dem Restgeschmack des Alkohols. Auf den Unterarmen hatte sich eine Gänsehaut gebildet. »Ich weiß es, weil ich damals gelogen und es selbst mit angesehen habe.«

Der Satz hing bleiern wie Kanonenrauch im Raum, und Stella musste unwillkürlich schlucken. Vierzehnmal war Leon von der Polizei zum Unglück im Himalaja befragt worden und hatte stets behauptet, dass Helena an besagtem Morgen einfach nicht mehr da gewesen sei, als er tief und fest geschlafen habe. Und jetzt das.

»Ich schätze, das musst du mir erklären ...«

»Ich weiß.« Leon nickte mit glasigen Augen, ohne Stella dabei anzusehen. »Ich weiß.«

Kapitel 52

Elf Monate und fünfundzwanzig Tage zuvor

Die Nacht war der blanke Horror gewesen. Ein Schneesturm war unvermittelt aufgezogen und hatte gedroht, unser Zelt in Einzelteile zu zerlegen. Draußen war es klirrend kalt, und der Schlafsack erwärmte meinen müden Körper lange schon nicht mehr.

Außer uns war niemand auf dem Gletscherplateau des Basislagers unterwegs, da es um diese Jahreszeit zu kalt war, um den Gipfel zu besteigen. Alle anderen schliefen in einer der Lodges in Gorakshep, während Helena und ich zum Basecamp aufgestiegen waren. Wir hatten nichts von allem wahrgenommen. Weder von der Landschaft noch von den entgegenkommenden Sherpas und ihren Warnungen, auf der Stelle umzukehren.

Wir waren völlig verbissen gewesen, hatten uns ein ernstes Wortgefecht geliefert. Helena wollte Monique loswerden. Sobald das Baby auf der Welt war, sollte ich sie verschwinden lassen, notfalls mit Gewalt. Sie konnte ein echter Teufel sein und wollte einen ebensolchen aus mir machen. Also gestand ich ihr meine Gefühle für Monique, erzählte von den Liebestreffen im Apartment und auch vom Abend in der 101-Bar, an dem Oscar uns erwischt hatte. Ich sagte ihr, dass ich mich weigern würde, Monique das Baby zu entreißen, egal, was einst vereinbart worden war. Sie lachte mir ins Gesicht und erinnerte mich daran, dass ich ohne sie ein Nichts wäre. Also sagte ich ihr, dass ich nach dem Urlaub Schluss machen würde. Sobald wir in Deutschland ankämen, würde ich die Scheidung einreichen und aus der Firma austreten. Ich war bereit, auf alles zu verzichten und Verantwortung zu übernehmen. Für das Baby.

Der Streit ging gefühlte Ewigkeiten, bis wir irgendwann auf dem Plateau des Basislagers standen und völlig aus der Puste waren.

Anstatt mich erneut zu attackieren, lächelte Helena plötzlich, und ich war froh, dass sie ihren Hass für kurze Zeit vergessen konnte. Also umarmte ich sie. So wie früher. Die letzten Sonnenstrahlen brachten den Gipfel des Everest zum Glühen. Wunderschön und berauschend, aber auch das untrügliche Zeichen dafür, dass wir es nicht im Hellen zurück nach Gorakshep schaffen würden. Wir entschieden uns dazu, das kleine Zelt im Basecamp zu errichten. Wie in Trance steckten wir die Aluminiumstangen ineinander, ein eingespieltes Team, das auf den Punkt genau als Symbiose funktionierte. Wir rollten die Schlafsäcke auseinander und schliefen miteinander, was sich bei dem Sturm verrückt anfühlte. Helena ist nach dem Sex sofort eingeschlafen, während ich die halbe Nacht in Sorge war, dass der Wind unser Zelt in Tausende Stücke reißen würde.

Gegen Mitternacht hatte der Schneesturm endlich nachgelassen, und ich war wohl eingedöst.

Als ich gegen 7.00 Uhr wach wurde, war Helena nicht mehr da. Ihr Schlafsack lag verknäult am Zelteingang, den Rucksack hatte sie nicht mitgenommen.

Ich krabbelte nach draußen und sah mich nach ihr um. Ein leichter Zuckerguss aus Schnee bedeckte das Geröll, und ich brauchte ein paar Minuten, um mich an die gleißende Helligkeit zu gewöhnen, bevor ich die Umgebung in den Blick nehmen konnte. Auch wenn wir uns mehr oder minder versöhnt hatten, war ich in Sorge, dass sie etwas Dummes tun könnte. Und das hatte sie dann auch getan, als ich sie kurz danach entdeckte. Sie befand sich am unteren Ende des Khumbu-Eisfalls, wo sie zwischen zwei Séracs umherspazierte, als wäre es ein Themenpark. Da es außerhalb der Lodges kein Wi-Fi oder sonstigen Empfang gab, konnte ich sie nicht einfach anrufen, sondern musste hinterhersteigen. Ich versuchte, die ersten Meter bis zum Gletscherrand zu laufen, was auf einer Höhe von 5.300 Metern nicht wirklich funktioniert. Einige der kleineren Spalten musste sie einfach übersprungen haben, da die Spuren auf der anderen Seite weiterführten. Es war ein Spießrutenlauf durch ein Labyrinth aus Eisgiganten, die jederzeit zusammenstürzen konnten. Ich hatte noch nie in meinem Leben solche Angst verspürt, zumal niemand in der Nähe war, der uns im Zweifel retten konnte. Es war glatter Selbstmord, und doch konnte ich sie nicht einfach ihrem Schicksal überlassen. Irgendwann muss sie mich gehört haben oder war auf eine unzugängliche Passage gestoßen, denn sie drehte sich im Kreis, bis sie schließlich stehen blieb.

Ein großer Eisbrocken krachte auf den Gletscher und erzeugte ein Geräusch wie bei einer Explosion. Eine Minilawine wurde ausgelöst, und ich hatte Sorge, dass Helena mitgerissen werden würde. Also beeilte ich mich und lief weiter auf sie zu, bis uns nur noch der Graben einer Gletscherspalte trennte. Der herabgestürzte Sérac hatte die Eisbrücke zu ihrer Linken zerstört, und sie würde auf die andere Seite springen müssen.

Helena schien den Ernst der Lage nicht annähernd zu

umreißen, sondern nahm die Sonnenbrille ab und sah mich an. Eine Mischung aus Trauer und Gelassenheit in ihrem Blick. Als wäre alles halb so schlimm.

»Spring, so weit du kannst. Ich fange dich auf.«

Helena schüttelte den Kopf. »Warum sollte ich das tun, Leon? Du willst doch lieber mit deiner kleinen Nutte zusammen sein und dein Leben ruinieren. Also lass mich besser hier zurück.«

Erst jetzt begriff ich, dass ihr kleiner Ausflug so was wie ein Ultimatum an mich war, und bekam es mit der Angst zu tun. Keine Ahnung, ob sie es tatsächlich so weit kommen lassen würde, doch ich musste schleunigst reagieren, denn das Eis unter unseren Füßen knackte bedrohlich. Der eingestürzte Sérac und die Lawine hatten das Gefüge erschüttert, und es konnte nicht mehr lange dauern, bis das nächste Stück abbrechen würde.

»Ich will mit dir zusammen sein, Helena.« In diesem Augenblick meinte ich die Worte so, wie ich sie sagte. Ich würde eine Lösung finden, die für alle funktionierte, davon war ich überzeugt.

Helena lachte kalt. Ein lautes Knarzen folgte, über uns der Schweif einer Lawine. Die Zeit lief gegen uns, also beugte ich mich vor und hielt ihr meine Hand entgegen. Sie brauchte nur danach zu greifen, und ich würde sie schon rüberziehen.

Am Ende lag ein ganzes Leben dazwischen. Ihre letzten Worte hallten immer noch in meinem Kopf: »Bye bye, mein Herz.« Sie sprang, ignorierte meine ausgestreckte Hand und stürzte senkrecht in den Spalt. Ich bekam noch die Mütze zu fassen, während ihr Körper wenig später auf dem Eis aufschlug und immer tiefer in den Abgrund rutschte, bis nur noch ein Arm zu sehen war. Es war schrecklich mit anzusehen, denn ich konnte ihr nicht helfen, ohne dabei draufzugehen. Ich rief ihren Namen, doch es kam keine Antwort mehr.

Und dann sah ich die Schneewand auf mich zurollen. Ohne weiter nachzudenken, bin ich losgelaufen. Es war wie in einem dieser Katastrophenfilme, wo hinter dem Helden die Welt zusammenbrach und er, gegen jede Chance, davonzukommen versuchte. Jeden Augenblick befürchtete ich, von der weißen Welle erfasst und überrollt zu werden, bis ich über einen Felsen stürzte und das Bewusstsein verlor. Als ich wieder zu mir kam, hing eine Schneewolke über dem Gebiet. Alles sah verschoben aus, als hätte die Natur sich neu geordnet.

Ich bekam Panik, und anstatt mich an den ersten Bergführer zu wenden, der mir in die Arme lief, rannte ich an allem vorbei bis nach Namche Bazar, wo es Polizei, Rettungsteams und Hubschrauber gab. Unterwegs wurde mir klar, was für einen fatalen Fehler ich begangen hatte, doch da war es zu spät. Helena war tot, und nichts würde sie wieder lebendig machen. Also entsorgte ich ihren Rucksack weit entfernt vom Wanderweg und behielt den exakten Absturzort für mich. Ihre Leiche konnte ergo nicht gefunden werden.

Kapitel 53

Zurück im Heute

Lamar war angefressen. Eigentlich hatte er vorgehabt, sich mit Kommilitonen zum Absacker im Café Pirschheide zu treffen. Ein bisschen dampfplaudern über seinen Nebenjob bei der Polizei, der mittlerweile tag- und abendfüllend war. Und exakt der Job hielt ihn jetzt davon ab, endlich hinterherzukommen. Er saß noch immer im Büro und suchte nach Verbindungen. Verbindungen zwischen den Mendels, ihrem Anwalt, der verrückten Nachbarin und ihrem kriminellen Neffen, der vielleicht das Baby aus dem Supermarkt entführt hatte.

»Irgendetwas passt nicht zusammen«, hatte sein Chef am Telefon behauptet und ihm eine Nachtschicht aufgedonnert. Als wäre das nicht schlimm genug, war er den WhatsApp-Frotzeleien seiner Freunde ausgeliefert, die ihm Bilder der bestellten Drinks im Minutentakt servierten.

Und schon wieder brummte sein Smartphone als Zeichen, dass die nächste Nachricht eingetroffen war. Dabei hatte er das Ding extra auf den Kopf gedreht, um nicht dauernd abgelenkt zu werden. »Ein letztes Mal«, grummelte Lamar und checkte die eingetroffene Nachricht. Diesmal waren es nicht seine Freunde, die ihn aufziehen wollten, sondern Stella, die ihn augenscheinlich suchte.

Wo bist du gerade?

Auch das noch. Nicht genug, dass er mit seinen eigenen Recherchen nicht vorankam, jetzt wollte auch noch die Kollegin was von ihm. Kann bitte mal jemand auf die Uhr sehen?

Noch im Büro.

Als hätte er mit der Botschaft einen unsichtbaren Schalter umgelegt, klingelte das Telefon.

»Hi, was gibt es? Ich sitze gerade an einer wichtigen Recherche für …«

»Das muss warten«, platzte Stella dazwischen. »Ich brauche dich, und niemand darf davon erfahren.«

»Ich wusste, dass du auf mich stehst, doch ich recherchiere gerade in dem Entführungsfall. Auftrag von ganz oben. Da müssen deine Bedürfnisse leider hintanstehen. Ober sticht Unter. Sorry.«

»Quatsch nicht so einen Dünnpfiff daher, Lamar. Hör mir lieber zu, denn was jetzt kommt, ist superwichtig. Ich bin im Haus der Mendels und habe über Moniques Handy Kontakt zu dem Entführer. Mit der Auflage, dass ich das Haus nicht verlassen darf und kein Einsatz losgetreten wird. Unser Chef muss davon also nichts erfahren, ansonsten sterben Monique oder das Baby. Hast du das verstanden?«

Lamar starrte auf sein Smartphone. Wollte Stella ihn verarschen? Und überhaupt, wieso sollte Monique sterben?

»Ich verstehe kein Wort. Und wieso rufst du mich an, wenn du angeblich niemandem etwas sagen darfst?«

»Glaub mir, ich würde lieber jeden anderen als dich damit hineinziehen. Doch die Kollegen würden sicher etwas unternehmen. Und das kann ich nicht riskieren. Erst muss ich wissen, wer dahintersteckt und wie ernst zu nehmend diese Drohung ist. Dafür brauche ich dich.«

Ein warmer Adrenalinschub durchströmte Lamars Körper. Eigentlich war er davon ausgegangen, dass Stella ihn nicht sonderlich sympathisch fand, jetzt war er plötzlich ihr Vertrauensmann. »Also gut, wie kann ich dir helfen?«

»Du musst Moniques Handy für mich orten. Vielleicht führt uns das zum Aufenthaltsort des Entführers. Und du musst einen Helikopter für mich organisieren.«

»Ich dachte, keine Polizeiaktion. Du verarschst mich doch. Ihr nehmt das auf und packt es in die Best-of-Story. Habe ich recht?«

»Sei still und hör mir zu. Ich brauche einen Helikopter, der von Kathmandu in Nepal ins Basislager des Mount Everest fliegt, um die Leiche von Helena Mendel zu finden. Damals wurde an der falschen Stelle, wenn überhaupt, nach ihr gesucht. Sobald du einen Heli hast, soll mich der Pilot per Video-Call dazuschalten. Vielleicht kann Leon ihn zur Absturzstelle dirigieren.«

»Warum muss das mitten in der Nacht passieren? Kann das nicht warten?«

»Nepal ist uns in der Zeit voraus. Sobald du einen Helikopter aufgetrieben hast, übernehme ich von hier aus.«

»Was soll ich denen sagen? Wer bezahlt für so was?«

»Sag ihnen, es geht um Leben und Tod. Und noch was, Kleiner ...«

»Was denn noch, Stella?«

»Behalte das Telefon immer in deiner Nähe, selbst wenn du mal aufs Klo musst. Ab sofort bist du meine Schnittstelle zur Außenwelt. Und noch was ...«

Lamar pustete laut durch. Wäre er doch nur fünf Minuten eher aus dem Büro verschwunden. Dann säße er jetzt mit seinen Kumpels an der Bar, würde sich vollaufen lassen und das Handy guten Gewissens ignorieren können.

»... kein Wort zum Chef. Wenn er am See aufkreuzt oder irgendetwas startet, das nur im Entferntesten nach einem Polizeieinsatz aussieht, ist das Leben zweier Menschen in Gefahr.«

»Was soll ich ihm sagen, wenn er nach dir fragt? Du kannst nicht ewig undercover bleiben.«

»Sag ihm einfach, ich habe mich für morgen krankgemeldet. Er wird es schon verstehen. Und jetzt besorg mir diesen Helikopter und checke die Handynummer, die ich dir gleich zusende. Sollte für dich doch wohl ein Klacks sein.«

Lamar verabschiedete sich von Stella und schaute auf die Uhr. Es war bereits nach neun und damit 2.00 Uhr nachts in Nepal. Wie sollte er um diese Uhrzeit einen Piloten an die Strippe kriegen?

Kapitel 54

Leon fühlte sich ausgewrungen wie ein zu oft benutzter Lederlappen. Zum ersten Mal hatte er jemandem die Wahrheit über das Unglück im Himalaja erzählt. Zumindest Teile davon. Und sich damit ganz schön in die Scheiße geritten, denn allein für die Version könnte man ihn wegen unterlassener Hilfeleistung drankriegen. Doch vielleicht würde ihn Stella ja davonkommen lassen. Schließlich saß sie durch das Foto selbst mit im Schlamassel und wirkte überfordert. Genau so, wie er es vorhergesehen hatte. Und dennoch hatte Leon Angst. Die Angst davor, dass die Vergangenheit ihn in den Abgrund ziehen und das Unmögliche zur Wahrheit werden würde. Wer, außer Helena, wusste so viel aus seinem Leben? So viele dreckige Details?

»Wieso hast du die Polizei damals angelogen? Die Suche hätte längst abgeschlossen sein können. Dann hättest du Gewissheit gehabt. Für dich und ihre Familie.« Stella riss ihn mit der Frage aus seinen Gedankenspielen.

»Ich hatte Angst. Schließlich bin ich abgehauen, habe sie zurückgelassen. Ich wollte das Richtige tun und einen Helikopter organisieren ... und habe alles falsch gemacht. Und dann noch die Sache mit dem Blackout ...«

»Mit dem sich alles wunderbar erklären lässt.«

»Was willst du damit sagen, Stella?«

»Warum hast du der Polizei nicht erzählt, dass du dabei

warst, als sie abgestürzt ist, sondern hast stets behauptet, sie sei einfach so verschwunden?«

»Wie gesagt, ich war damals ziemlich durch den Wind. Hast du schon mal jemanden vor deinen Augen sterben sehen?«

»Es geht hier nicht um mich, Leon. Du hast wertvolle Zeit verstreichen lassen und bewusst falsche Informationen gestreut. Du wolltest nicht, dass sie gefunden wird. Richtig, oder?«

Am liebsten hätte er Stella gepackt und durchgeschüttelt, doch das konnte er unmöglich tun. Zudem fiel ihm keine passende Antwort zu seiner Entlastung ein. Er hatte Helena zurückgelassen, damit sie niemals mehr zu ihm zurückkommen konnte. Und jetzt war sie plötzlich da, in welcher Form auch immer.

»Ich habe sie geliebt, auch wenn du mir nicht glaubst.«

»Spielt keine Rolle, was ich glaube. Darum soll sich die Kripo in Berlin kümmern. Wir haben jetzt Wichtigeres zu tun. Also, Leon, was könnte der Entführer von dir wollen? Denk nach.«

Leon musste unwillkürlich schlucken, denn natürlich kannte er die Antwort. »Helena hatte mir am Abend unseres Streits ein Ultimatum gestellt. Entweder ich bleibe bei ihr und dem Baby und ›entsorge‹ Monique oder ich verzichte auf alles und verschwinde aus ihrem Leben. Ohne das Kind, versteht sich.«

»Was heißt *entsorgen*?«

»Entsorgen heißt, dass ich Monique selbst umbringen oder ermorden lassen sollte. Du verstehst also, dass die Lösung nicht trivial ist. Sie ist in gewisser Weise tödlich, denn entweder stirbt Monique oder Marta verschwindet auf alle Ewigkeiten.«

Bis auf das gedämpfte Licht im ersten Stock lag das Haus im Dunkeln.

Vielleicht ist Ricarda Wellendörfer bereits zu Bett gegangen, überlegte der Kommissar und schaltete die Zigarette aus. Er kramte gar nicht erst nach seinem Portemonnaie, sondern hielt dem Taxifahrer die Dienstmarke vor die Nase. *Raschid E. Bennani* stand auf der selbst gebastelten Plakette neben dem Taxameter.

»Du wartest, bis ich wieder aus dem Haus herauskomme. Ansonsten kriege ich dich wegen mindestens drei Geschwindigkeitsverstößen dran. Haben wir uns verstanden?«

Raschid nickte pflichtbewusst, löste seinen Gurt und schob den Sitz zurück.

»Aus dem Nickerchen wird leider nichts, denn dein Job ist es, in der Zwischenzeit die Augen aufzuhalten. Wenn irgendjemand hier die Fliege machen will, drückst du auf die Hupe. Auch verstanden?«

Aus dem Nicken wurde ein verschwörerisches Grinsen, als hätte Raschid nur auf den Moment gewartet.

Der Kommissar stieg aus und kontrollierte seine Waffe, die gesichert fest im Schulterholster steckte. Es war lange her, dass er sie auf jemanden gerichtet hatte, und dieser Jemand war am Ende dabei draufgegangen. 21.30 Uhr. Normalerweise würde er um diese Uhrzeit nicht bei Leuten an der Haustür klingeln, doch Kindesentführung war für ihn das übelste Kaliber, und diese Wellendörfer und ihr Neffe schienen ihre Finger im Spiel zu haben. Also klingelte er zum zweiten Mal an diesem Tag an ihrer Tür und lugte zum angrenzenden Waldstück.

Der Nebel hatte sich verzogen und Platz gemacht für eine sternenklare Nacht. Äste raschelten im Wind, hin und wieder knackte eine Wurzel. Und plötzlich erklang so etwas wie ein Schrei. Kurz danach das Scheppern von Metall. Irgendetwas lief durch den Wald und versuchte zu entkommen. Der Kommissar zog die Pistole und blickte zum Fenster mit der Lampe.

Alles war dunkel.

Jemand musste sie ausgeschaltet haben. Mühevoll zwängte er sich durch die verwitterte Verstrebung des Zauns, um zum Hinterhaus zu kommen. Und tatsächlich. Jemand lief gebückt durchs Unterholz. Direkt vor ihm. Der Kommissar zielte auf den Schatten, als ein Schuss losging. Instinktiv ließ er sich zu Boden fallen und kontrollierte seine Waffe, die jedoch eiskalt war. Alle Kugeln steckten noch im Magazin. Jemand anderes musste geschossen haben.

Das Knacken von Wurzeln. Schritte, die nicht einmal versuchten, leise zu sein.

Jemand kam auf ihn zu. Diesmal von hinten. Verzweifelt versuchte er, sich umzudrehen, doch er war zu langsam.

Der Lauf einer Flinte, direkt vor seinen Augen.

»Was machen Sie mitten in der Nacht auf meinem Grundstück?«

Ricarda Wellendörfer.

Zögerlich senkte sie die Waffe.

»Ich suche Ihren Neffen. Und wie ich sehe, besitzen Sie anscheinend ein Gewehr. Wollten Sie damit auf einen Polizisten schießen?«

»Wenn ich Sie hätte töten wollen, dann wären Sie jetzt tot.« Sie lief an ihm vorbei und schoss ein zweites und ein drittes Mal. Kurz danach kam sie mit einem toten Reh zurück.

»Ich besitze einen Jagdschein, und meines Wissens ist das Schießen von Rotwild kein Verbrechen.«

»Wusste gar nicht, dass Sie Jägerin sind.« Der Kommissar stand auf und massierte sich den lädierten Ellbogen.

»Das Jagen überlasse ich Männern wie Ihnen, ich sammle nur Trophäen.«

»Würde ich gern sehen.«

»Das glaube ich Ihnen, Herr Kommissar, doch daraus wird leider nichts. Wenn ich also keine Beschwerde gegen Sie erheben soll, dann verlassen Sie jetzt auf der Stelle meinen Wald. Und kommen Sie nur wieder, wenn Sie einen Durchsuchungsbefehl haben.«

»Wo ist Ihr Neffe, Roman Wentzel?«

»Keine Ahnung.«

»Wann haben Sie ihn zuletzt gesehen?«

»Das ist gefühlte Ewigkeiten her. Fragen Sie meine Schwester, wenn Sie etwas von ihm wollen.«

»Habe ich getan, und die schickte mich zu Ihnen.«

Ricardas Augenbrauen hoben sich, als würde sie die Bemerkung überraschen. Dann war ihr grimmiges Lächeln zurück und der Moment bereits Geschichte. »Das sieht dieser Schlange ähnlich. Bekommt ihr eigenes missratenes Kind nicht in den Griff und schiebt es ihrer Schwester in die Schuhe. Aber nicht mit mir, Herr Kommissar. Mir jubeln Sie kein Kind unter.«

»Das werden wir noch sehen, Frau Wellendörfer. Haben Sie vielleicht auch diesen Schrei gehört? Wie von einem ... Kind oder einer Frau?«

Ricarda schüttelte entschlossen den Kopf.

»Sicher nur das Reh. Die Viecher kauen meine Pflanzen ab und vermehren sich im Wald wie die Karnickel.«

»Welche Pflanzen? Oder habe ich die Bundesgartenschau verpasst?«

»Es ist spät, Herr Kommissar, und ich muss das Reh noch ausnehmen. Wenn Sie sich also endlich von meinem

Grundstück verpissen würden, wäre ich Ihnen überaus verbunden. Ansonsten ... rufe ich die Polizei.«

Ein schallendes Gelächter folgte, bevor sie mit dem Tier in Richtung Haus verschwand. Das Gewicht schien ihr dabei genauso wenig auszumachen wie die Dunkelheit.

Kommissar Riediger war frustriert. Anstatt den gesuchten Roman Wentzel zu schnappen, hatte er sich von dieser Hexe wie ein Nachwuchspolizist düpieren lassen. Noch einmal würde er sich das ohne einen Durchsuchungsbeschluss nicht erlauben können, und den würde er in Anbetracht der Faktenlage unmöglich bekommen. Also trottete er zurück zur Einfahrt, nur um festzustellen, dass das Taxi verschwunden war. Auch das noch. Es würde locker eine halbe Stunde dauern, bis ein neues Fahrzeug hier war, sodass er sich dazu entschied, bis zur Straße vorzugehen.

Er kam nicht weit, denn Raschid hatte den Wagen offensichtlich umgeparkt. Anstatt hinter dem Steuer zu sitzen, stand er jetzt vor der geöffneten Beifahrertür und bedrohte einen Fahrgast mit einem Elektroschocker. Der Fahrgast entpuppte sich als der gesuchte Roman Wentzel.

»Ich sagte, hupen und auf mich warten. Was ist daran so schwer zu kapieren?«, grantelte der Kommissar, wohl wissend, dass Raschid gerade seinen Job erledigte.

»Der Mann wollte abhauen. Da habe ich ihn verfolgt und mit der Fahrertür gerammt. Ich dachte, Sie würden sich darüber freuen.«

»Du hast ihn angefahren und mit einem Taser bedroht.«

»Das Ding ist voll legal, ich schwöre. Hat nur 500.000 Volt plus/minus ein paar Mikrovolt vielleicht.«

Der Kommissar ignorierte den Hinweis und betrachtete das ängstliche Gesicht des jungen Mannes auf der Rückbank.

»Du steckst ganz schön in der Scheiße, Junge. Du und deine Tante. Denn Kindesentführung ist selbst im Knast kein Kavaliersdelikt. Kneif schon mal die Arschbacken zusammen, es könnte anfangs etwas wehtun. Es sei denn, du nutzt die Fahrt für ein erhellendes Gespräch. Ein für *mich* erhellendes Gespräch.« Der Kommissar setzte sich neben den Übeltäter auf den Rücksitz und gab Raschid das Signal, den Motor anzulassen.

»Wie war ich?«

Er glaubte, sich zunächst verhört zu haben. Wollte der Taxifahrer etwa noch ein extragroßes Trinkgeld einstreichen?

»Du warst nicht am vereinbarten Treffpunkt, hast einen frisierten Elektroschocker auf jemanden gerichtet und hättest ihn damit verletzen können. Sei froh, wenn ich dich am Ende laufen lasse.«

»Schon kapiert, Chef. Zuckerbrot und Peitsche. Bad cop, good cop. Wir sind ein geiles Team.« Raschid grinste zufrieden.

»Wir sind kein Team. Ich bin Hauptkommissar der Kripo Potsdam und du ein Taxifahrer, der mich jetzt zur Wache fahren darf. Also tritt endlich aufs Gas.«

»Alles klar, Chef. Dann bin ich eben so was wie Ihr Driver. Und Sie brauchen einen Fahrer oder irre ich mich da?« Raschid reichte dem Kommissar seine Visitenkarte.

»Ich brauche keinen Fahrer. Und jetzt Hände ans Steuer und Augen nach vorn. Ach ja, noch was. Alles, was ab jetzt gesprochen wird, ist nicht für deine Ohren bestimmt und unterliegt der Schweigepflicht. Haben wir uns verstanden, Driver?«

Kapitel 55

Das Käsesandwich lag aufgeklappt am Boden, ein paar Spritzer Mayonnaise klebten ringsherum auf dem Beton. Krampfhaft versuchte Monique, mit den Fingern dranzukommen, doch es lag außerhalb ihrer begrenzten Möglichkeiten. Am Ende würde sie verhungern, dabei hatte sie gerade eine Verbindung zum Entführer aufgebaut.

Marta ging es gut, das hatte er gesagt, als es an der Tür klopfte. Wie ein Zeichen. Er ließ das Sandwich augenblicklich fallen und verschwand, wie er gekommen war. Selbst ihr Schrei schien niemanden zu jucken, also rüttelte sie am Käfig, um zu zeigen, dass noch Leben in ihr steckte. Wie zur Bestätigung bewegte sich ihr mobiles Gefängnis ein kleines Stück nach vorn. Nicht, dass ihr das viel nützen würde, doch zumindest könnte sie versuchen, an das Käsesandwich ranzukommen.

Beim fünften Versuch bekam sie endlich ihren Zeigefinger auf das Brot gedrückt und konnte es in ihre Richtung ziehen. Während andere Leute jetzt in einem Restaurant bei Burger, Steak und Pizza saßen, geiferte sie einem heruntergefallenen Käsebrot entgegen. So konnte sich die Lage ändern. Gerade als sie hineinbeißen wollte, hörte sie Schritte vor der Tür. Anscheinend war dem Typen eingefallen, dass er sie vergessen hatte. Ohne einen Bissen gemacht zu haben, schob Monique das Sandwich wieder vor den Käfig. Er sollte es ihr geben. Doch es war nicht der junge Mann mit dem Kapuzenpulli. Stattdessen blickte Monique in die kalte Miene von Ricarda Wellendörfer, die in Schwarz gekleidet war. Wie zu einer Beerdigung. *Meiner* Beerdigung? Monique musste unwillkürlich schlucken.

»Warum tun Sie das? Was habe ich Ihnen angetan? Wo ist meine Tochter? Bringen Sie mich zu ihr, sie braucht mich, ich stille sie noch.«

»Du hast keine Tochter, oder hast du vergessen, dass dir die Kleine nicht gehört? Und keine Sorge, so toll sind deine Brüste nicht, dass man sie nicht durch Milchpulver ersetzen könnte. «

»Wo ist der Mann, der mich hierhergebracht hat? Er wollte mir etwas zu essen geben.«

Ricarda sah sich gelangweilt um, entdeckte das Sandwich auf dem Boden und schob es mit der Fußspitze in ihre Richtung.

»Teil es dir gut ein.«

»Ich habe Geld ...«, flehte Monique.

»Es gibt nichts, was du mir anbieten kannst. Nur das Vergnügen, dich genüsslich in alle Einzelteile zu zerlegen.«

Das Geräusch der Kaffeemaschine weckte Stella, die vor Übermüdung auf dem Sessel eingenickt war. Leon reichte ihr eine Tasse Kaffee, während sie die Nachrichten auf ihrem Handy checkte. Zwei WhatsApps von ihrem Chef, der angeblich Neuigkeiten für sie hatte. Dazu zwei Anrufe von ihrer Mutter. Sie hatte von dem entführten Baby im Radio gehört und wollte fragen, ob Papa etwas für sie tun könne.

Geht's noch? Als wenn sie das nicht in den Griff bekäme. Erst jetzt fiel ihr auf, dass Leon nach Duschgel roch und ein neues Hemd trug. Die obersten drei Knöpfe waren offen und entblößten eine glatt rasierte Brust.

Er bemerkte ihren Blick. »Du kannst oben duschen, wenn du magst. Ich kann dir von Monique Klamotten borgen. Ein T-Shirt oder auch ... Unterwäsche. Sie hätte sicher nichts dagegen.«

Eine Dusche würde Wunder bewirken, und die durchgeschwitzten Sachen widerten sie an, doch Stella konnte unmöglich auf den Vorschlag eingehen.

»Nein, es geht schon. Ich dusche, wenn ich zu Hause bin. Du hast übrigens ein paar Knöpfe an deinem Hemd vergessen, wäre also nett ...«

»Schon gut. Es sollte keine Anmache sein, falls du das befürchtet hast.«

»Ich will nichts davon hören, Leon. Kein Wort mehr. Wir müssen deine Familie retten. Und dafür müssen wir herausfinden, wer dahintersteckt. Wenn du also noch irgendeine Idee hast, und sei sie noch so abgefahren, dann raus damit.«

Leon setzte sich ihr gegenüber in den Ohrensessel und fuhr mit der Hand durch die nassen Haare, um sie etwas aufzulockern.

»Ich denke nach wie vor, dass sich jemand für Helena ausgibt und Insiderinformationen gegen mich verwendet. Vielleicht ja Oscar. Er konnte mich nie leiden und kennt seine Schwester in- und auswendig.«

»Woher soll er die Details vom Absturz kennen, wenn du niemandem davon erzählt hast? Die ganzen versteckten Botschaften waren allesamt persönlich. Jemand war in deinem Haus, hat die Kameras verstellt und hat an deinem Rechner im Büro eine Botschaft getippt. Warum so kompliziert ... und das nach über einem Jahr?«

»In fünf Tagen wird Helena offiziell für tot erklärt. Es gibt da eine Lebensversicherung und natürlich noch das Haus und die Firma, auch wenn sie gerade nicht besonders läuft. Er hätte durchaus ein Motiv, mir etwas wegzunehmen.«

»Genau, wie du eins hattest, um Helena loszuwerden.«

Leon blies verächtlich Luft aus seiner Nase, ohne weiter darauf einzugehen. Immer mehr drängte sich Stella der Verdacht auf, dass sie noch immer an der Oberfläche kratzte.

Kapitel 56

Kommissar Riediger war einigermaßen bedient, als er am frühen Morgen aufs Revier kam. Trotz aller Drohungen hatte der Junge auf der Rückfahrt eisern geschwiegen, sodass ihm nichts anderes übrig geblieben war, als ihn in eine Zelle einzubuchten. Viel Zeit würde ihm nicht bleiben, denn sein Anwalt war sicherlich schon auf dem Weg.

»Was ist mit dem Nachwuchspolizisten? Ist der schon da?«, maulte der Kommissar ins voll besetzte Büro.

Ein älterer Streifenpolizist zeigte mit dem Finger aufs Archiv.

»Ich glaube, der sitzt seit gestern Abend im Bunker, zumindest mieft es wie in einem Pumakäfig.«

Vereinzelte Lacher.

»Also schön. Bringt mir in der Zwischenzeit diesen Wentzel ins Verhörzimmer. Vielleicht hat er die Nacht zum Nachdenken genutzt. Sollte der Anwalt aufkreuzen, haltet ihn mit einem Überraschungsfrühstück hin. Jede Minute, die ich mit dem Jungen allein verbringen kann, ist am Ende Gold wert. Gibt es irgendwelche Hinweise? Heiße Spuren? Kalte Spuren? Irgendwas, das ich nicht selbst herausgefunden habe?«

»Ungefähr hundertzwanzig Anrufe und E-Mails wegen schreiender Babys in der Nachbarschaft. Sollen wir denen wirklich nachgehen, Stefan? Ich meine, vielleicht haben wir ja bereits den Täter ...« Martin Zecke sah seinen Chef flehentlich an, als gäbe es nichts Schlimmeres als diesen Fall.

»Solange wir das Baby nicht haben, stehen wir am Anfang. Und bisher hat dieser Drecksack nicht geplaudert. Also ja, macht eine Prioritätenliste und arbeitet sie ab.«

Der Anblick der genervten Visagen seiner Mitarbeiter machte diesen Tag nicht besser. Nichts als Dienstverweigerer, die den Täter am liebsten auf dem Silbertablett serviert bekamen.

Auf dem Weg zum Verhörraum stoppte er am Archiv und erwischte Lamar, wie er am Telefon auf Englisch redete. Er hatte diese kabellosen Kopfhörer in den Ohren und eine Website für Trekkingreisen aufgerufen. Als er den Kommissar erblickte, beendete er mit einem »Thank you« das Gespräch und klickte auf das kleine X im Browserfenster.

»Was zum Geier machst du da?«

»Ich, ich ... recherchiere nach früheren Auftraggebern der Mendels. Vielleicht will sich ja ein vergrätzter Kunde an ihm rächen.«

Obwohl es offensichtlich eine Lüge war, gefiel dem Kommissar der neue Ansatz. Zumindest konnte der Junge um die Ecke denken und nölte nicht gelangweilt herum.

»Verarsch mich nicht, sonst kannst du dir dein Praktikantenzeugnis in den Hintern schieben. Wenn ich das nächste Mal bei dir vorbeischaue, erwarte ich Resultate. Und damit du in der Zwischenzeit keine Reisen planst und Däumchen drehst, durchforstest du das Vorstrafenregister von diesem Wentzel.«

Lamar grinste stolz. »Schon erledigt. Er ist wegen Drohgebärden und Körperverletzung vorbestraft. Insgesamt zählt die Akte sieben kleinere bis mittelschwere Delikte. Hat im April des Vorjahres eine Woche im Knast verbracht.«

»Das weiß ich selbst. Wenn du deinen knorpeligen Arsch retten willst, musst du dich ein bisschen mehr anstrengen. Also finde heraus, wen er bedroht, geschlagen und beklaut hat. Ich brauche die Namen.«

Nach der Lektion fühlte sich der Kommissar ein wenig besser. Wäre ja noch schöner, wenn ihm jetzt auch noch der Werkstudent auf der Nase herumtanzte. Dabei schaute er unwillkürlich auf sein Handy. Noch immer keine Antwort von Stella. Sofort nach dem Verhör würde er zu ihrer Wohnung fahren, um nach ihr zu sehen. Und nach Leon Mendel und seiner Freundin Monique ebenfalls. Vielleicht macht es ja Klick beim Namen Roman Wentzel.

Der Junge sah nervös und übernächtigt aus, als Stefan Riediger ihm gegenüber Platz nahm. Er stellte ihm eine Tasse mit Filterkaffee vor die Nase. Dünn wie Tee und ohne Milch und Zucker.

»Du steckst ganz schön in der Scheiße.«

Der Junge wippte sichtbar mit dem Oberkörper.

»Ich meine, wir haben deine Visage auf einem Video. Und wir haben deinen Freund. Der ist ein bisschen redseliger als du.« Ein Flackern in den Augen seines Gegenübers.

»Ich will mit meinem Anwalt reden.«

»Tja, keine Ahnung, wo der steckt. Du scheinst auf seiner Prio-Liste nicht weit oben zu stehen. Aber vielleicht ist heute ja dein Glückstag, denn noch könnte ich dir helfen. Oder hast du Lust, ein paar Jährchen im Knast zu sitzen? Bei deinen Vorstrafen ist es kein Problem, dich einzubuchten.«

»Quatschen Sie nicht so einen Scheiß daher. Ich habe nichts getan, und ihr habt Zero in der Hand. Vielleicht ist der, nachdem ihr sucht, ja der besagte Kumpel. Wenn er angeblich so gern plaudert, dann sollten Sie ihm zuhören und nicht mit mir die Zeit verschwenden.«

»Er hat gesagt, dass du der Strippenzieher bist und weißt, wo sich das Kind aufhält.«

Roman Wentzel sah ihn mit großen Augen an und schob die Kaffeetasse von sich weg. In seinem Kopf schien es zu rattern.

Ich muss dranbleiben, ermahnte sich der Kommissar und legte einen Gang zu. »Ich habe keine Zeit für dein bockiges Gehabe, denn wir wissen beide, dass du das Baby aus dem Supermarkt entführt hast. Noch kannst du die Sache vielleicht retten, indem du mir verrätst, wo sich Marta jetzt befindet.«

Ein mattes Grinsen erfolgte.

»Dafür wirst du bis ans Lebensende sitzen. Aber vielleicht bist du ja, genau wie dein Kumpel, nur ein Erfüllungsgehilfe. Für deine Tante Ricarda zum Beispiel. Oder für jemand anderen im Hintergrund. Jemand, der dafür den Kopf hinhalten sollte. Wenn du also irgendwas zu deiner Entlastung beitragen möchtest, dann wäre das jetzt die Gelegenheit. Wer steckt hinter der Entführung, und wo ist das Baby?«

Ein atemloses Schnaufen ... wie nach einem Dauerlauf.

»Keine Ahnung, wovon Sie da reden ...«

»Doch, die hast du. Von daher ist es ziemlich einfach. Entweder du hältst den Kopf für alles hin und lässt dich von deinen Zellennachbarn ficken, oder du machst endlich deinen ...« Weiter kam er nicht, denn die Tür zum Verhörraum wurde aufgestoßen, und Sabrina erschien mit einem aufgebrachten Joachim Deckert.

»Hören Sie sofort auf damit! Mein Mandant wird kein Wort sagen«, grätschte er in das Verhör und zauberte ein breites Grinsen auf das Gesicht des Angeklagten.

»Ich bin überrascht, Sie hier zu sehen. Vertreten Sie nicht eigentlich die Gegenseite?« Stefan Riediger beobachtete den Anwalt, der einen schwarzen Anzug mit einer violetten Krawatte und ebensolchen Socken kombiniert hatte. Es sollte wohl modern und cool aussehen, wirkte im miefigen Ambiente der Polizeiwache aber deutlich deplatziert.

»Ich arbeite für keine Seite, sondern für Mandanten. Sollten Sie also gegen Herrn Wentzel etwas vorzubringen haben, würde mich das brennend interessieren. Ansonsten wird mein Klient auf der Stelle das Revier verlassen.«

»Wie wäre es mit Kindesentführung im Fall ihres Bekannten Leon Mendel. Vielleicht kommt auch noch Mord dazu. Daran sollte Ihnen eigentlich persönlich etwas liegen, oder etwa nicht, Herr Anwalt?«

Dr. Deckert zögerte und stellte die teure Ledertasche auf dem Tisch ab.

»Gibt es irgendwelche Beweise für das, was Sie da vorbringen? Oder ist es eine Beschuldigung der Kategorie Hörensagen?«

»Es gibt ein Video vom Zeitpunkt der Entführung, wo Ihr Mandant, wie Sie ihn so schön nennen, einwandfrei zu sehen ist. Und wir haben die Aussage eines ...«

»Sie haben Tivas ...«, zischte Roman Wentzel.

Der Anwalt zuckte sichtbar und ermahnte den Jungen, auf der Stelle seinen Mund zu halten, während sich der Kommissar den Namen *Tivas* merkte.

»Werden Sie meinen Klienten jetzt anklagen oder nicht? Wenn ja, verlassen Sie bitte den Raum und stellen alle Kameras und Aufzeichnungsgeräte ab. Wenn nein, geht Herr Wentzel auf der Stelle nach Hause. Nur um das klarzustellen. Mich bewegt und erschüttert das Verschwinden von Leons Baby genauso wie Sie, Herr Kommissar. Dennoch ist es meine Pflicht als Anwalt, meinen Klienten zu verteidigen. Und in dem Fall gehe ich immer von der Unschuld eines Menschen aus. Hoffentlich genau wie sie. Also, nochmals meine Frage. Haben Sie Herrn Wentzel etwas Strafrechtliches vorzuwerfen?«

Der Kommissar ging im Geiste die wackeligen Beweise durch und hoffte auf ein kleines Wunder. Es gab das Video mit der unscharfen Aufnahme des Jungen und die Aussage des zwielichtigen Marktleiters.

»Bis wir das Baby haben, bleibt Ihr Mandant hier. Er ist tatverdächtig, und es besteht akute Fluchtgefahr. Das hat er mir persönlich gestern Nacht bewiesen.«

»Haben Sie sonst noch jemanden in Gewahrsam, der im Zusammenhang mit den Anschuldigungen gegen meinen Mandanten steht?«

»Dazu kann ich aus ermittlungstechnischen Gründen leider keine Auskunft geben, Herr Deckert.« Kommissar Riediger rang sich ein Lächeln ab, obwohl er innerlich am Kochen war. Nur ein paar Minuten länger, und dieser Roman Wentzel hätte hundertpro geplaudert.

Kapitel 57

Eines musste Stella Lamar lassen. Er war unfassbar schnell und besaß Organisationstalent. In weniger als vier Stunden hatte er eine Agentur in Nepal aufgetrieben, die nicht nur einen Hubschrauber, sondern auch ein Einsatzteam ins Basislager senden würde. Und das nicht irgendwann, sondern jetzt. Stella klickte auf die Nummer, die er ihr per WhatsApp zugeschickt hatte, und startete den Video-Call.

Ein junger Nepalese mit einem übergroßen Kopfhörer auf seinen Ohren grinste in die Kamera und begrüßte sie mit einem lang gezogenen »Namaste«. Laut Lamars Nachricht hieß der Mann Saroj Kumur und war Pilot bei Yeti Helicopters, einer Transportgesellschaft, die Lasten und Touristen bis zum Basecamp flog. Stella begrüßte ihn auf Englisch und erklärte, wozu sie seine Hilfe brauchte.

»Kein Problem, Madam Officer. Ihr Kollege hatte erwähnt, dass Sie ein ranghohes Mitglied der deutschen Polizei sind und Yeti Helicopters in den Medien platzieren werden. Für gute Werbung sind wir stets zu haben.«

Was zur Hölle hatte Lamar den Leuten nur erzählt? Ranghohes Polizeimitglied? Werbung in den Medien? Am liebsten hätte sie die Kamera ausgeschaltet, um ihr jugendliches Babyface vor dem Piloten zu verbergen. Auf der anderen Seite musste sie versuchen, die berühmte Nadel im Heuhaufen zu finden, und Saroj und sein Helikopter waren vielleicht der Schlüssel zum Erfolg. Nachdem Leon dem Piloten die Position der Absturzstelle durchgegeben hatte, war die Verbindung erst mal unterbrochen. Der Helikopter würde eine gute halbe Stunde von Lukla aus benötigen.

Exakt fünfunddreißig Minuten später tauchte das Gesicht von Saroj wieder auf Stellas Handydisplay auf. Neben ihm saß ein zweiter Mann, der mit seinem sonnengegerbten Gesicht und den pechschwarzen Haaren wie ein Sherpa aus dem Bilderbuch aussah. Kunga Dorje war laut Saroj Bergführer und bereits fünfmal auf dem Everest gewesen. Nebenbei war er für die Befestigung der Fixseile und Leitern im Khumbu-Eisfall verantwortlich und kannte das Gebiet wie seine Westentasche.

»Wir sind jetzt über dem Basislager.« Die Stimme des Piloten wurde durch das Rattern der Rotoren stellenweise überlagert, zudem fror der Bildschirm immer wieder ein. Es würde kompliziert bis unmöglich werden, wusste Stella, die trotz der miserablen Übertragungsqualität beeindruckt von der Landschaft war.

»Wow, was ist das für ein Berg im Hintergrund? Der mit dem kuriosen Wolkenschweif«, fragte sie den Piloten.

»Das ist der Sagarmatha oder Mount Everest, wie er in eurer Sprache heißt. Wunderschön, nicht wahr?«

Stella nickte andächtig und übergab Leon das Handy, der fast widerwillig auf das Display schaute.

»Wir fliegen jetzt geradewegs auf den Khumbu-Eisfall zu. Sie sagten vorhin, dass Sie damals über die linke Flanke eingestiegen sind?«

»Ich bin mir nicht mehr sicher. Es sieht aus der Luft völlig anders aus. Außerdem ist es ein Jahr her, und damals hatte es geschneit ...«

»Konzentrier dich, Leon. Gestern Abend hast du dich doch auch erinnert …«

»Also gut, versucht es dort drüben, in der Nähe des Felsens, der wie ein Bärenkopf aussieht. Ich glaube, da sind wir damals reingekommen …«

Saroj schwenkte den Bildschirm seines Handys herum, was zur Folge hatte, dass die Verbindung zunächst abbrach. Als das Bild zurückkam, flog er bereits auf die Stelle zu.

»… nicht sein. Da geht niemand lang. Unzugängliches Gebiet. Die Expeditionen starten alle weiter drüben.« Saroj schwenkte die Kamera nach rechts.

»Denk an Marta und Monique, Leon. Versuch bitte, dich zu erinnern.« Stella fasste Leon am Arm und rüttelte ihn leicht.

»Schon klar, aber der Bildschirm ist so klein, man sieht ja kaum etwas. Wie soll ich da einen Fetzen Stoff oder etwas Ähnliches erkennen?«

»Du brauchst sie nur zur ungefähren Absturzstelle zu manövrieren. Das ist alles«, flüsterte Stella, als sich die Verbindung wieder aufbaute.

»… gekommen?«, kam es bruchstückhaft von Saroj, während Kunga die Handykamera ans Cockpitfenster presste.

»Wie weit wir gekommen sind?«, echote Leon. »Ich weiß nicht mehr genau. Nicht sehr weit, denke ich. Es wurde schnell steil und gefährlich. Überall waren Gletscherspalten, und wir hatten keine Steigeisen unter den Schuhen.«

»Keine Steigeisen? Niemand läuft auf dem Eis ohne Steigeisen herum.«

»Wir hatten Crampions, also Grödel. Damit kommt man ein paar Meter weit …«

Der Helikopter senkte sich und überflog einen gewaltigen Spalt, der locker dreißig Meter in die Tiefe reichte.

»Ich befürchte, das ist bereits zu weit«, japste Leon und schaute Stella mit einem Achselzucken an.

»Keine Sorge. Wir drehen gleich um. Ich möchte von der Bergseite aufs Basislager zufliegen, da man von oben kommend einen besseren Einblick in die Spalten bekommt«, kommentierte Saroj das Flugmanöver und wendete den Helikopter. Ein paar schneebedeckte Gipfel wurden sichtbar, bevor der Hubschrauber wie ein Korkenzieher auf den Khumbu-Eisfall zudrehte. Ganz so, als wollte er auf einem Eisfeld landen.

»Wir sind nur noch sechzehn Meter über der Oberfläche. Wenn ich noch tiefer gehe, wirbelt der Helikopter zu viel Schnee auf, und wir werden nichts mehr sehen. Ich fliege jetzt langsam über die Spalten hinweg, um nach dem Farbklecks, dem Anorak, zu suchen.«

Leon kniff die Augen fest zusammen, als könnte er dann besser sehen.

Nach drei Minuten schüttelte er frustriert den Kopf. »Sieht für mich alles gleich aus. Außerdem gab es eine Lawine. Wir werden die Stelle niemals finden.«

»Eine Lawine?« Sarojs Gesicht erschien auf dem Bildschirm.

»Na ja, eine Minilawine. Aber ich befürchte, groß genug, um die Spalte mit Schnee aufzufüllen.«

»Nach einem Jahr sieht der Gletscher immer anders aus, aber Sektionen, in denen Lawinen abgehen, ändern sich nur selten. Ich drehe eine neue Schleife ein bisschen weiter links.«

Wieder waren glatte Eiswände zu sehen, und Stella musste Leon recht geben. Irgendwie sah alles gleich aus.

»Das hat keinen Zweck, ich erkenne überhaupt nichts

wieder«, seufzte Leon und wandte seinen Blick ab. »Außerdem brauche ich keine Bestätigung, denn ich weiß, was ich gesehen habe. Helena ist tot und die ganze Aktion die reinste Zeitverschwendung. Glaub mir, Stella.«

Wieder lag seine Hand auf ihrem Knie. Wenn auch nur die Fingerspitzen.

Stella überlegte und haderte mit dem Fortgang der Aktion. »Also gut, Saroj. Dann brechen wir an dieser Stelle ab.«

»Moment«, unterbrach sie der Pilot. »Ich glaube, da unten ist was. Kunga wird sich abseilen und nachsehen.«

Stella konnte es kaum glauben, zumal sie nichts erkennen konnte. »Was habt ihr gesehen?«

»Kann sein, dass es nur Müll ist. Der Wind treibt alles vor sich her. In der Spalte links neben dem Plateau, über dem ich kreise, sieht man etwas Oranges aufblitzen. Aus unserer Position schwer zu sagen, ob es Stoff, Plastik oder eine weggeworfene Sauerstoffflasche ist. Ich muss die Verbindung für ein paar Minuten unterbrechen. Kunga wird das Handy mit nach unten nehmen. Bis gleich.« Saroj kappte die Verbindung.

»Das kann nicht sein.« Leon biss vor Nervosität in seinen Handrücken.

»Hatte Helena am Tag des Unglücks etwas Oranges an?«

»Nein, sie trug ihre blaue Jacke und eine schwarze Wanderhose. Das weiß ich noch wie heute. Vielleicht hatte sie den orangen First Layer darunter, aber der dürfte aus der Höhe nicht zu sehen sein.«

Kapitel 58

Leon tigerte durchs Wohnzimmer und blickte nervös auf die Nachricht auf seinem Handy. Schon die zweite, die an ihn direkt gerichtet war. Die Hoffnung, dass alles im Guten enden würde, hatte sich soeben in Luft aufgelöst und war einer eiskalten Angst gewichen ... der Angst davor, dass das Unmögliche zurückgekommen war. Und es würde alles versuchen, um sich an ihm zu rächen. An ihm und an Monique. Er brauchte nicht mehr auf das Resultat der Helikoptersuche zu warten und wünschte sich, dass Stella es dabei belassen würde. Doch die saß mit Eifer vor dem kleinen Bildschirm und nahm den nächsten Video-Call entgegen.

Zunächst gab es nur Sound. Das laute Rattern der Rotoren. Dann tauchte das Gesicht von Kunga auf dem Bildschirm auf. Leons Magen krümmte sich zusammen. Was hatte er entdeckt?

Der Bergführer lenkte die Handykamera auf einen breiten Schlitz an einer glatt polierten Eiswand, bis ein oranger Stofffetzen im Bildausschnitt zu sehen war. So was wie ein Polyesterhemd. Ein sogenannter First Layer, wie ihn Skifahrer benutzen und Helena am Tage ihres Todes trug. Leon spürte Stellas Blick auf seinem Gesicht, da schwenkte Kunga die Kamera bereits nach links, und der Ärmel einer babyblauen Jacke füllte den kompletten Bildschirm aus. Einer Jacke, in der ein toter Körper steckte.

Der Reißverschluss war weit geöffnet, als wäre es der Person im Todeskampf ganz plötzlich heiß geworden.

»Oh, mein Gott.«

Er umfasste Stellas Handgelenk, die ihn gewähren ließ. »Ist sie das, Leon? Ist das Helena?«

»Ich weiß es nicht. Man kann das Gesicht nicht sehen ...«

Kunga keuchte vor Anstrengung und bewegte sich ein paar Schritte auf die Leiche zu. Eindeutig eine Frau mit dunklen Haaren. Leons Herz raste. Dann brach die Verbindung ab. Bei der nächsten Einstellung erschien das Konterfei des Sherpas.

»Ich komme nicht näher heran. Reicht das?«

Stella wollte Kunga gerade zu einem weiteren Schwenk motivieren, als Leon seinen Finger auf die rote Taste ihres Handys drückte.

Video-Call beendet.

»Was sollte das denn jetzt? Und außerdem tut das ...«

Weiter kam sie nicht, denn Leon drehte ihr mit der linken Hand den Arm herum und ließ mit seiner rechten die Whiskeyflasche auf ihren Schädel knallen.

Kommissar Riediger betrachtete die Schwarz-Weiß-Ausdrucke an der Wand. Porträts, Zeitungsartikel, hin und wieder die Grafik eines Firmenlogos. Lamar hatte nicht einmal aufgesehen, als er in den Raum gekommen war, so vertieft war er in seine Aufgabe.

»Kannst du mir sagen, was du da machst?«

Statt einer Antwort hob Lamar den Zeigefinger. Anscheinend war er noch nicht fertig. Als bräuchte es dazu noch einen schlagenden Beweis, ratterte der Drucker auf ein Neues. Das Logo von Citadel Properties, ein Artikel aus dem *Wow*-Magazin sowie ein Foto von Helena Mendel wurden mit der Nadel auf die Wand gepinnt.

»Gibt es dazu auch eine Erklärung oder soll ich mir selbst einen Reim darauf machen?«

»Es ist nur ein Bruchteil der Ergebnisse, aber alles hängt zusammen.«

Die Mundwinkel des Kommissars gingen nach unten. Genau das hatte Monique Wächter auch behauptet, ohne einen Beweis dafür zu liefern. Und diese Zettelwirtschaft wirkte mindestens so konfus wie die Geschichte mit dem Huhn.

»Ich habe leider keine Zeit, um abzuwarten, bis du das gesamte Internet ausgedruckt und an die Wand getackert hast. Du solltest dich doch um die Opfer dieses Kleinganoven kümmern ...«

»Es geht viel weiter als das«, platzte es aus Lamar heraus. »Fast alle von Roman Wentzels Vergehen haben mit den Mendels zu tun oder besser gesagt mit deren Auftraggebern.«

»Wie das?« Der Kommissar runzelte die Stirn. Musste man dem Jungen alles aus der Nase ziehen?

»Na ja, es ist nicht immer eindeutig ...«

»Sag's, wie es ist.«

»Es sieht so aus, als hätten die Mendels nicht nur Gebäude für ihre Kunden entworfen und gebaut, sondern auch bei strittigen Genehmigungen oder renitenten Vorbesitzern nachgeholfen. Oder auch Wettbewerber unter Druck gesetzt. Hier zum Beispiel.« Lamar zeigte auf das Foto eines Fünfzigjährigen, der vor einem Porsche wie ein Lackaffe posierte. »Das ist Ronald Atzens, ein Börsenmakler, der sich in ein Grundstück in Charlottenburg verliebte, um eine extravagante Villa darauf zu errichten. Für so etwas stellt die Stadt seit Langem keine Genehmigungen mehr aus, zumal auf dem besagten Grundstück ein Haus aus der Jahrhundertwende stand, das von einem alten Ehepaar bewohnt wurde. In der *BZ* wird am 7. November 2021 von einem Raubüberfall auf das besagte Ehepaar berichtet. Als Täter wurde wenig später kein Geringerer als Roman Wentzel verhaftet, der zu vier Monaten auf Bewährung verdonnert wurde. Die alten Leute hatten trotzdem verstanden und das Haus an Ronald Atzens verkauft, der es abreißen ließ, um seine Villa auf dem Grundstück zu errichten. Und jetzt raten Sie mal ... Jawohl: Entworfen und umgesetzt von ... Mendel & Mendel. Etwa zur gleichen Zeit wurde ein Mitarbeiter der Bauaufsichtsbehörde am S-Bahnhof Savignyplatz zusammengeschlagen. Der angebliche Täter wird zunächst gefasst, dann aber aus unerfindlichen Gründen wieder freigelassen. Es gibt keine Anklage, obwohl das Opfer übel zugerichtet war. Keine Ahnung, ob es einen Zusammenhang gibt, aber der Mitarbeiter war damals für die Genehmigung der Villa zuständig und hat sie schließlich durchgewunken. Derlei Vorfälle gibt es zuhauf, die natürlich Zufall sein können, doch wenn sie mich fragen, dann stinkt das ...«

»... zum Himmel«, vollendete der Kommissar den Satz.

»Ja, und es gibt noch eine andere Sache, die interessant ist. Seit etwa einem Jahr hat das Ganze aufgehört, im Prinzip seit ...«

»... Helena Mendel tot ist.«

»Exakt. Es scheint so, als hätte das einen Einfluss darauf gehabt. Und noch etwas ...«

Der Kommissar war überrascht. Was der Junge in zwei Stunden zusammengetragen hatte, war überaus erstaunlich.

»In der Zeit, als Leon Redakteur beim *Wow*-Magazin

war, schrieb er wahre Lobeshymnen auf die Projekte seiner späteren Frau Helena.«

»Wundert mich nicht. Gut gemacht, Junge. Sonst noch was?«

»Nein. Na ja, vielleicht. Wahrscheinlich nicht«, druckste Lamar herum.

»Nein oder ja?«

Der Junge überlegte. Dann drehte er demonstrativ den Ausdruck herum, der bisher auf dem Kopf auf dem Schreibtisch gelegen hatte.

»Das ist vor wenigen Minuten per Mail gekommen. Aus Nepal …«

»Aus Nepal?«

»Von einer Agentur, die Helikopterflüge im Everest-Gebiet anbietet. Sie haben etwas im Eis gefunden. Eine Frau. Ich wollte mir das Foto gerade ansehen, als Sie reingekommen sind.«

»Woher kennen die deine Mailadresse? Und woher wissen die, dass uns das interessieren könnte …«

Lamars Gesicht lief rot an. Irgendetwas verheimlichte der Junge.

»Ich hatte da so eine Idee, na egal, wahrscheinlich hat es nichts mit unserem Fall zu tun.« Er drückte dem Kommissar den Ausdruck in die Hand. Das Gesicht einer Frau, die offensichtlich tot war.

»Verdammt, wo kommt das her …?«, stöhnte der Kommissar.

»Ein Hubschrauberpilot war bei einem Rundflug im Khumbu-Tal durch Zufall auf eine Frauenleiche gestoßen. Ich dachte, vielleicht ist es Helena Mendel …« Schon wieder ein nervöses Stammeln, das so gar nicht zu dem Jungen passte. »Nun ja, sie ist es offensichtlich nicht. Werfen Sie den Ausdruck einfach in die Tonne.«

Der Kommissar betrachtete das Foto. Die Leiche war ganz sicher nicht die verschollene Helena Mendel, da hatte Lamar recht. Doch sie kam ihm trotzdem irgendwie bekannt vor. Diese Narbe auf der Oberlippe, die wie eine Hasenscharte aussah. Dazu die dünnen schwarzen Augenbrauen, die trotz der Eisklumpen deutlich zu erkennen waren. Der Kommissar fummelte eine Reißzwecke aus der Schatulle und befestigte den Ausdruck an der Pinnwand. Direkt neben dem Foto von Oscar Mendel.

»Was hat das zu bedeuten?«, fragte Lamar.

»Die Leiche sieht wie die Freundin von dem Galeristen aus. Kann Zufall sein oder auch nicht. Wann wurde die Leiche entdeckt? Was stand noch in der Mail?«

»Anscheinend ist das superaktuell. Ich kann mich sofort dahinterklemmen und nachhaken. Wenn Sie also später wieder ...«

Lamar wollte ihn offensichtlich loswerden. Irgendwas war faul an diesem Zufallstreffer, doch das würde warten müssen. Er nahm den Ausdruck von der Pinnwand und verstaute ihn in seiner Hosentasche. Er würde sich Oscar Mendel vorknöpfen. Ihn und seine Freundin ... diese Lena.

Kapitel 59

Der Kommissar rutschte unruhig auf der Rückbank hin und her und machte gierig einen Zug. Endlich hatten sie eine heiße Spur, und er spürte, dass sie kurz vor einem Durchbruch standen.

»Eigentlich dürfen Sie im Taxi nicht rauchen. Anordnung vom Chef«, ermahnte ihn Raschid, während er eine dunkelgelbe Ampel ignorierte.

»Wenn es deinen Chef stört, kann ich ihm gern die Steuerprüfer auf den Hals hetzen. Dann steht das Taxi ab morgen auf dem Parkplatz.«

»Haha, guter Hinweis, werde ich ihm ausrichten.« Raschid lachte und drehte sich zum Rücksitz um. »Mich stört es nicht, wobei es etwas seltsam riecht. Also hinten raus.«

»Ich zeige dir gleich, was hinten raus streng riecht. Und jetzt Gesicht nach vorn und Vollgas. Ich habe es eilig.«

»*Wir* haben es eilig«, korrigierte Raschid. »Schließlich sind wir ein Team.«

Der Kommissar schüttelte genervt den Kopf und stellte die Zigarette aus. Wieso nur hatte er diese Nervensäge angerufen und nicht jemanden aus seinem Team zum Chauffieren abgestellt?

Leon zerrte die Arme unter Stellas schlaffem Körper hervor und betrachtete die Wunde an ihrem Kopf. Das Glas der Flasche hatte einen tiefen Riss hinterlassen, aus dem noch immer Blut auf ihre blonden Strähnen tropfte. Es sah genauso übel aus, wie er es haben wollte, als er vor die Haustür trat und mit Stella in den Armen vor der Außenkamera posierte. Sie sollte sehen, dass er Wort hielt.

Er wartete ein paar Sekunden, bevor er zurück ins Haus ging, um sein Opfer zu versorgen. Ein Turban aus Mullbinden zum Stoppen der Blutung, zwölf Rollen Kurzzugbinden, um sie ans Bettgestell zu fesseln, einen Streifen Verpackungskleber, damit sie anschließend die Klappe hielt.

Vorsichtig tippelte er zurück ins Wohnzimmer. Auf dem Boden klebte geronnenes Blut, daneben lag die Flasche. Darum würde er sich später kümmern. Zuerst musste er ihr eine Antwort senden:

Ist erledigt.

Er brauchte nicht allzu lange zu warten.

Hast du mich vermisst?

Natürlich.

Leons Herz begann zu rasen, trotz des Alkohols im Blut. Nicht mal Jack half gegen diesen Drachen.

Also bringst du es zu Ende?

Sein Magen krümmte sich zusammen. So wie damals auf dem Gletscher.

Natürlich, tippte er erneut ins Handy.

Ich erwarte dich.

Wo?, wollte er wissen.

Du weißt, wo.

Kapitel 60

Mit aller Kraft warf sich Monique gegen die Gitterstäbe. Es war hoffnungslos, und sie wusste es, doch sich willenlos dem Schicksal zu ergeben fühlte sich bedeutend schlechter an. Die Schulter schmerzte, und sie hatte einen Bluterguss am rechten Oberarm. Wie gern hätte sie losgeheult und nach Leon geschrien, der vielleicht nur ein paar Hundert Meter Luftlinie von ihr entfernt war und keine Ahnung hatte, wo sie gerade steckte.

Plötzlich hörte sie Schritte vor der Tür. Eine Tür, die nicht mal abgeschlossen war. Das Licht ging an, und Monique musste ihre Hände schützend vors Gesicht halten.

»Hier kommt dein Essen, und wenn du pissen musst, wäre jetzt die Gelegenheit dazu.«

Allein die Stimme dieser Hexe erzeugte Ekel. »Was habe ich Ihnen getan? Steckt sie dahinter? Helena?«

»Helena liegt im Eis begraben, umgebracht von deinem Lover. Und mit dir wird er das Gleiche tun.« Ein bitteres Lachen huschte über Ricardas Lippen.

»Leon hat Helena nicht getötet, sie ist verschollen …« Monique umklammerte die Gitterstäbe, bis die Fingerknöchel weiß hervorstachen.

»Sie ist nicht einfach so verschwunden, wie er dir und allen Glauben machen möchte. Er hat alles bis ins kleinste Detail geplant und sie in den Abgrund gestoßen. Glaub mir, ich kenne Männer wie ihn. Miese Schweine, die dich ausnutzen und fallen lassen. Das wirst du bald am eigenen Leib erfahren.«

»Das ist eine Lüge! Leon würde mir und unserer Kleinen niemals etwas antun. Er liebt mich ...« Monique spürte, wie verzweifelt sie klingen musste.

»Liebe ist vergänglich. Davon kann ich ein Lied singen. Er vögelt längst schon mit der kleinen Polizistin, davon habe ich ein schönes Foto.« Ricarda lachte triumphierend. »Sie ist exakt sein Beuteschema und du bist Schnee von gestern. Glaub mir, er wird dich fallen lassen. Und dann bringe ich dich um, genau wie dieses Huhn vor deiner Tür. Hat mich fünf Versuche gekostet, um endlich eins zu haben, das ohne Kopf noch flatterte. Die anderen vier taugten leider nur als Rohrverstopfer ...«

Moniques Magen krampfte sich zusammen. »Was haben Sie mit mir vor?«

Ricarda begann zu tänzeln und lief wie in Zeitlupe an den ausgestopften Jagdtrophäen vorbei. Hin und wieder streichelte sie einen der Köpfe und flüsterte etwas in deren tote Ohren. Dann blieb sie abrupt stehen und schob einen weißen Plastikvorhang zur Seite, der Monique bisher nicht aufgefallen war. Dahinter befand sich ein Tresen mit einem Waschbecken, der wie eine Werkbank aussah. Eine Seilwinde hing von der Decke, an dessen Ende ein roter Fleischerhaken glänzte.

Kapitel 61

Lamar nahm das Blatt aus dem Drucker und pinnte das Profilbild von Lena Bräunl neben das der verschollenen Helena Mendel. Sie war tatsächlich zur gleichen Zeit wie die Mendels in Nepal unterwegs gewesen, zumindest hatte das die Einwanderungsbehörde bestätigt. Allerdings fehlte sie dann auf der Passagierliste von Flug AI 724 nach Delhi, genau wie auf dem Weiterflug nach Frankfurt. Stattdessen reiste sie sechs Tage später mit Qatar Airways über Doha nach Berlin. Ihre Wohnung in Altenkirchen im Westerwald wurde einen Monat später gekündigt, ohne dass sie offiziell woanders aufgetaucht wäre. Auf dem Profilbild ihres Instagram-Accounts sah sie sportlich aus und hatte eine leichte Hasenscharte. Das Profil war öffentlich und zählte 3.124 Follower, die seit ihrer Ankunft im Base Camp nichts mehr von ihr gesehen und gehört hatten. Jetzt lag sie aller Voraussicht nach tot im Khumbu-Eisfall, während eine andere Frau unter ihrem Namen zurück nach Deutschland gereist war.

Stella hatte den richtigen Riecher bewiesen und ging nicht mehr ans Telefon. Lamar versuchte es ein weiteres Mal, doch da war wieder nur die Mailbox.

Verdammt! Er musste etwas unternehmen, denn mittlerweile kannte er den Aufenthaltsort von Moniques Handy. Und der würde Stella brennend interessieren.

Stellas Kopf fühlte sich an, als wäre eine Bombe darin explodiert. *Bleib liegen, denk an nichts und bete, dass es aufhört.* Das Pochen. Das Leben. Einfach alles. Sie öffnete ihre Augen und blickte gegen eine weiß getünchte Zimmerdecke. Was war geschehen? Sie versuchte, sich zu bewegen, zu schreien, doch nichts von all dem gelang. Leon hatte sie ans Bettgestell gefesselt. Er hatte sie aufs Kreuz gelegt wie ein pubertäres, verliebtes Schulmädchen.

Verzweifelt pustete sie gegen das Klebeband, um es durch ihren Speichel aufzuweichen.

Ich muss hier raus. Ich muss das Leben zweier Menschen retten und brauche einen Arzt.

Sie lauschte. Nichts. Kein Mucks. Leon stellte sich entweder taub oder war längst auf dem Weg, um das Ende in die Hand zu nehmen. Doch was war das Ende? Was zum Teufel hatte er nur vor?

Lamar stoppte den Sprinter in der Einfahrt der Mendels und würgte den Motor unsanft ab. Was Besseres war ihm in der Kürze der Zeit nicht eingefallen. Stella steckte offensichtlich in Schwierigkeiten, und er musste versuchen, ihr zu helfen, ohne das Leben des Babys zu gefährden.

Er zog die Cap tief ins Gesicht und öffnete den Kofferraum. Darin lag ein leerer Karton, den er im Müllraum des Reviers gefunden hatte. Ohne aufzusehen, ging er mit der Kiste in Richtung Hauseingang. Seine Knie zitterten, und er wäre fast gestolpert. Was, wenn der Entführer drinnen auf ihn wartete und keine Lust auf einen fingierten Paketlieferanten hatte?

Das Haus von Oscar Mendel sah selbst im grauen

Schmuddelwetter herrschaftlich und protzig aus. Die Rasenfläche strahlte saftig grün, obwohl es schon November war. Keine Frage, in solch ein Anwesen wurde man entweder hineingeboren oder man musste seinem Glück mit illegalen Machenschaften nachgeholfen haben.

Der Kommissar gab Raschid letzte Instruktionen und verließ das Taxi. Regen peitschte seitwärts gegen seinen Mantel, und er war klatschnass, als er vor dem Eingang stand und klingelte. Nichts tat sich. Als würde man stets darauf setzen, dass er irgendwann von selbst verschwand. Verstohlen grinste er in die Überwachungskamera. Oscar sollte sehen, dass er nicht so einfach abzuschütteln war.

Kurz danach hörte er ein erstes Lebenszeichen. Schritte im Hausflur. Ein genervtes Grummeln. Und schließlich Oscar Mendel in goldener Jogginghose und rosarotem Hoodie. Was für ein Anblick!

»Was wollen Sie schon wieder, Herr Kommissar?« Der Hausherr schien wenig amüsiert zu sein.

»Es gibt neue Hinweise im Entführungsfall Ihrer Nichte Marta, aus denen sich neue Fragen ergeben. An Sie und Ihre Freundin Lena Bräunl.«

»Lena ist nicht da, und ich habe gerade keine Zeit für Sie. Wenn das also warten könnte ...« Oscars Augen wanderten nervös von links nach rechts, als würde er ein Tennisspiel verfolgen.

»Es sollte nicht allzu lange dauern, und da es sich um eine Entführung handelt, muss ich darauf bestehen.«

Der Galerist nickte widerwillig und ging voraus ins Wohnzimmer, wo er sich angesäuert auf den unbequemen Stuhl setzte, während er dem Kommissar das Sofa überließ.

»Wo ist Frau Bräunl, wenn ich fragen darf?«

»Auf einer Geschäftsreise in Paris. Was wollen Sie von ihr?«

»Was macht sie da?«

»Sie hilft mir in der Galerie und prüft ein paar Gemälde.« Oscar fühlte sich sichtlich unwohl und vermied direkten Blickkontakt.

»Wie haben Sie sich kennengelernt?«

»Ich dachte, es geht um die Entführung. Also warum plaudern wir über mein Privatleben, Herr Kommissar?«

Ein Klingeln an der Tür. Oscar war nun völlig irritiert.

»Was ist, wollen Sie nicht aufmachen, Herr Mendel?«

»Ich ... ähm ... erwarte niemanden. Sind wir fertig?« Ein flehentliches Halblächeln.

»Sehen Sie ruhig nach, wer an der Tür ist. Ich warte hier derweil.«

Der Galerist zögerte. Ein zweites Klingeln. Jetzt dreimal hintereinander. Der Kommissar musste sich beherrschen, denn Raschid machte seine Sache gut.

»Einen Moment.« Zögerlich löste er sich vom Stuhl und durchquerte das Wohnzimmer, um zum Hausflur zu gelangen. Der Kommissar hörte ein »Flixfood Lieferservice« und sah sich hektisch um. Es gab zwei Türen, von denen eine in den Hausflur führte. Die konnte er vergessen, da dort Oscar mit dem Lieferboten aka Raschid diskutierte. Lange würde das nicht gut gehen, und er sollte schleunigst irgendwas riskieren. Entweder die Schrankwand gegenüber inspizieren oder hinter der Kassettentür nachsehen, die das Wohnzimmer vermutlich von der Küche trennte? Er entschied sich für Letzteres und schob die Tür zur Seite.

Eine bordeauxrote Küchenzeile drängte sich ins Blickfeld, davor ein opulenter Mittelblock, in dem ein Gasherd mit sechs Kochplatten verankert war. Pfannen und Töpfe hingen dekorativ an Haken von der Decke. Gewürze, Öle und Balsamico-Essig standen sauber aufgereiht wie Zinnsoldaten auf dem Sims am Dunstabzug. Alles glänzte wie in einem Möbelkatalog und wirkte gänzlich unbenutzt. Nicht ein Glas stand in der Spüle. Der Kommissar wollte sich bereits enttäuscht zurückziehen, als er gegenüber an der Wand noch eine weitere Tür entdeckte. Etwa einen Meter fünfzig hoch – wie zu einem Abstellraum. Nicht weiter ungewöhnlich für das Baujahr dieser Villa, wäre da nicht dieses Vorhängeschloss. Wer versiegelte innerhalb der eigenen vier Wände eine Tür mit einem Bügelschloss?

Der Kommissar lauschte angestrengt, da es still geworden war im Flur. Hatte Oscar den fingierten Störenfried schon abgewimmelt? Dann wieder Raschids aufgeregte Stimme. »250 Gramm Butter, eine Tiefkühlpizza, eine Tafel Nussschokolade, nein, zwei Tafeln, wobei die zweite mit Marzipan gefüllt ist« und so weiter und so fort. Anscheinend packte er die Tüte Lebensmittel Stück für Stück vor dem Galeristen aus.

Gut so, freute sich der Kommissar und steckte den Pick ins Schloss, um ihn zweimal hin- und herzudrehen. Das Ding sprang auf! Das war easy gewesen.

Eine Treppe führte hinab in einen Keller. Der Kommissar knipste das Licht an und musste sich ducken, um seine massige Gestalt durch die schmale Tür zu drücken. Er sollte sich beeilen, denn Oscar würde sicher gleich zurück sein, um nach ihm zu sehen. Nur ein kurzer Blick noch in den Keller, und dann würde er zurück zum Sofa eilen.

Und da sah er es und wusste, dass er an der richtigen Adresse war.

Kapitel 62

Endlich hatte sie mit der Zunge das Klebeband über ihrem Mund ein wenig aufgeweicht, sodass ein Loch entstanden war. Gierig sog sie die frische Luft ein, die nach Leben schmeckte. Plötzlich ein Motorengeräusch. Jemand war gekommen. Am liebsten hätte Stella losgeschrien, doch vielleicht war Leon nur zurückgekehrt, um ihr den finalen Punch zu geben. Zunächst passierte nichts. Kein Garagentor und auch keine Haustür, die aufgeschlossen wurden.

Was, wenn da draußen mein Retter auf mich wartet und einfach wieder abfährt, weil ich keinen Mucks von mir gegeben habe? Was, wenn der Entführer vor der Tür steht und mich eiskalt abservieren will?

Und dann hörte sie eine Wagentür, die aufgeschoben wurde. Das klang nicht nach Leons Range Rover, oder etwa doch? Wieder nur das *Bumm, bumm, bumm* in ihrem Kopf, bis es an der Haustür klingelte. Und Klingeln war ein gutes Zeichen. Ein verdammt gutes. Also schrie sie, so laut sie eben konnte.

Stille.

Hatte man sie überhaupt gehört?

»Hilfe. Ich bin hier oben.« Der Schrei hallte von den Wänden wider und kam ihr trotzdem viel zu leise vor. Was, wenn der Typ Airpods in den Ohren hat und überhaupt nichts von mir mitbekommt?

Sie versuchte es auf Englisch, rief »SOS« und merkte,

wie die Stimme brach und in ein heiseres Krächzen überging. Tränen schossen ihr unwillkürlich in die Augen, und der ganze Schmerz durch die Verletzung kam mit einem Schwung zurück. So intensiv, dass sie das Bewusstsein zu verlieren drohte. Gib auf und lass dich fallen, schoss ihr der Gedanke wie ein Mantra durch den Kopf, als die Sirene losging.

Die Alarmanlage. Jemand musste sie ausgelöst haben. Jemand, der versuchte, illegal ins Haus einzudringen.

»Hier! Ich bin hier oben.« Stella hatte ihre Stimme wieder und schielte gebannt zur Schlafzimmertür.

Kommt da etwa jemand die Treppe hochgelaufen, um mich zu retten? Oder zu … töten?

Die Alarmanlage wurde ausgestellt, und Stella hielt den Atem an. Schritte. Bedächtig, vorsichtig. Sie rüttelte wie wild an ihren Fesseln, doch diese kannten kein Erbarmen. Sie war dem, was gleich passieren würde, ausgeliefert. Der Puls in ihrem Schädel trommelte, als die Türklinke nach unten ging.

Vor Schreck stieß sie einen Schrei aus. Ein Mann mit einer Cap lugte durch den Türspalt.

»Bitte, tun Sie mir nichts. Ich bin von der Polizei.«

»Keine Angst, ich bin's, Lamar.« Er nahm die Mütze ab und eilte auf sie zu.

»Dich schickt der Himmel!«

»Ich wusste nicht, dass du auf Fesselspiele stehst.«

»Kannst du auf deine Kommentare verzichten und mich losbinden …«

»Was ist passiert? Dein Kopf … Wer hat dir das angetan? Warum liegst du hier im Bett?«

»Das war Leon. Er hat mir irgendetwas auf den Schädel geschlagen, ein Glas oder eine Flasche. Ich bin in diesem Zustand aufgewacht und dachte schon, das war's.«

»Leon ist nicht da. Niemand ist da, und sein Wagen steht auch nicht in der Garage …«

»Keine Ahnung, was er vorhat. Ich weiß noch, dass er dauernd irgendwelche Nachrichten bekommen hat. Der Hubschrauber hat eine Leiche entdeckt, Lamar.«

Der Werkstudent lächelte milde, als wäre das ein alter Hut. »Wissen wir. Nachdem sie dich nicht mehr erreichen konnten, haben sie mir das Foto zugeschickt. Riediger vermutet, dass es Lena Bräunl ist, die Freundin von Helenas Bruder Oscar. Dem Galeristen.«

»Die tote Frau ist Oscars Freundin Lena? Das ergibt keinen Sinn …« Stellas Kopf fühlte sich zugedröhnt und leer an, und es fiel ihr schwer, darüber nachzudenken.

»Wir vermuten, dass jemand anderes unter Lenas Identität nach Deutschland zurückgekehrt ist, um unerkannt zu bleiben. Und wir glauben, dass dieser Jemand die verschollene Helena ist.«

Das würde allerdings einiges erklären, überlegte Stella. »Dann müssen wir schnellstens zu Oscar Mendel, um das Baby und Monique zu befreien.« Stella raffte sich auf, um, wie von einem unsichtbaren Schlag getroffen, zurück aufs Bett zu sinken.

»Der Kommissar ist schon unterwegs dorthin. Das ließ sich nicht verhindern, auch wenn du meintest, dass ich niemandem etwas erzählen soll. Zudem glaube ich nicht, dass sich Monique wirklich in Berlin befindet …« Lamar legte den Kopf schief, als hätte er ein Ass im Ärmel.

»Spuck es aus, Kleiner. Wir sind hier nicht bei *Wer wird Millionär?*.«

»Wie du von mir verlangt hast, habe ich ihr Handy orten lassen. Ich habe da einen guten Kumpel bei der Telekom, der …«

»Lamar!«

»Also gut. Das Handy müsste hier in diesem Haus sein. Plus/minus einen Kilometer Toleranz.«

Das konnte unmöglich stimmen, kombinierte Stella, es sei denn ...

»Laut deinem Radius käme dafür nur ein weiterer Ort infrage. Das Haus von Ricarda Wellendörfer.«

»Habe ich mir schon gedacht«, nickte Lamar gönnerhaft. »Soll ich Martin und Sabrina anrufen, damit sie sich dort umsehen?«

Stella überlegte und schüttelte den Kopf. »Zu riskant. Wenn Polizisten bei ihr aufkreuzen, tötet sie vielleicht Monique. Ich muss es allein versuchen, und du wirst mich da hinbringen.«

Kapitel 63

Lamar drückte das Gaspedal voll durch, während Stella den Verband an ihrem Kopf betastete. Ihr Schädel brummte ordentlich, doch immerhin konnte sie klar denken, und nach zwei Gläsern Wasser war die Übelkeit fast verflogen. Es musste gehen, denn schließlich stand das Leben zweier Menschen auf dem Spiel.

»Langsamer, Lamar«, bremste sie verbal die Fahrt des Werkstudenten. Noch eine Kehre weiter, und sie wären im direkten Blickfeld von Ricardas Haus.

Lamar lenkte den Wagen in eine Einbuchtung zwischen dichten Brombeersträuchern. »Wir sollten auf Verstärkung warten ...«

Er sah besorgt aus, und Stella glaubte sogar, ein Brechen in der Stimme wahrzunehmen.

»Ich kann nicht warten. Wenn Monique und das Baby hier gefangen gehalten werden, muss ich etwas unternehmen.«

»Du hast keine Waffe.«

Da hatte Lamar recht, und Stella ärgerte sich darüber, nicht mal ein Messer aus Leons Küche eingesteckt zu haben.

»Dann muss es eben ohne Waffe gehen. Wenn ich in zwanzig Minuten nicht zurück bin, rufst du Martin an und schickst mir die Kavallerie.«

»Soll ich nicht lieber mitkommen?«

»Zu gefährlich. Du bist noch in der Ausbildung.« Stella quälte sich zu einem Grinsen und stieg aus dem Transporter.

Der Kommissar starrte fasziniert auf die fünf Bildschirme. Wie in einem Überwachungsraum. Die erste Kamera zeigte die Einfahrt vor dem Haus der Mendels, während der zweite Bildschirm ausgefallen war. Der weiße Schriftzug *Living Room Cam* flackerte durchs Bild. Auf dem dritten Monitor war ein Käfig zu erkennen, in dem etwas zu sitzen oder liegen schien. Er ging näher an das Bild heran und kniff die Augen fest zusammen. Das Etwas entpuppte sich als Monique Wächter. Wieso hatte man sie in einen Käfig eingesperrt? Und dann entdeckte er im Hintergrund die Jagdtrophäen an der Wand. Das musste der Keller im Haus von Ricarda Wellendörfer sein, von dem Stella ihm erzählt hatte.

Am liebsten wäre er sofort losgestürmt, doch das vierte Livebild hielt ihn davon ab. Das Baby. Marta. Sie lag auf einer Matratze und hatte die Augen fest geschlossen. Daneben ein Kuscheltierhase mit abgewetzten Ohren. Als er zum fünften Monitor hinüberlinste wusste er, dass er einen Fehler begangen hatte. Die Kamera war auf den Hauseingang gerichtet, und er konnte Raschid noch erkennen, der zurück zu seinem Taxi lief. Und dann machte es plötzlich Klick, und der kalte Lauf einer Pistole legte sich auf seinen Hinterkopf.

»Ich hätte es mir denken können.«

Oscars Stimme klang ruhig und besonnen.

»Glauben Sie mir, das wollen Sie nicht wirklich. Einen Polizisten von hinten zu erschießen.« Der Kommissar versuchte, sich vom Druck des Pistolenlaufs zu lösen.

»Da wäre ich mir an Ihrer Stelle nicht so sicher, Herr Kommissar. Ich kenne da jemanden, der jemanden kennt, der jemanden spurlos verschwinden lassen kann. Sie wissen, wie das hier in Berlin läuft. Ach nein, können Sie ja gar nicht. Sie sind ja nicht von hier und außerdem für Alleingänge bekannt. Ein Auslaufmodell ... in jeder Hinsicht.«

Stefan Riediger drehte sich vorsichtig herum, um Oscar direkt anzusehen. Die Augen eiskalt und entschlossen. Nicht gerade das, was er erwartet hatte, zumal die eigene Waffe festgezurrt im Holster steckte. Er musste auf einen unachtsamen Moment warten.

»Noch ist es nicht zu spät, die Sache aufzugeben. Wenn hinter all dem Ihre Schwester steckt, kommen Sie vielleicht mit ein paar Jahren Edelknast davon. Bei guter Führung könnten Sie bald schon wieder in der Galerie sitzen, die Ihnen doch so viel bedeutet.«

»Oh, ich werde deutlich schneller in meiner Galerie sein, vermutlich bereits morgen früh. Also sprechen Sie Ihr Gebet, Herr Kommissar. Ist nicht mein erster Schuss mit einer Waffe, also keine Sorge, dass ich mein Ziel verfehlen könnte.«

»Warum das alles? Warum hat sich Helena nicht einfach zurückgemeldet? Warum die Kindesentführung? Was geschieht mit Monique Wächter?«

»Tja, alles Fragen, deren Antworten Sie nicht mehr erleben werden ...«

Plötzlich ein lauter Knall. Danach ein Splitterregen wie aus Glas. Oscar wirkte sichtlich überrascht und drückte, ohne hinzusehen, auf den Abzug der Pistole. Die Kugel landete wie eine Granate in der Kellerwand. Das war der Moment, auf den der Kommissar gewartet hatte. Gedankenschnell warf er sich zu Boden und zog seine Pistole.

»Waffe fallen lassen, Oscar! Ist auch nicht mein erster Schuss, von daher keine Mätzchen.« Während von oben Schritte zu hören waren, schien der Galerist alle Optionen einzeln durchzugehen.

»Waffe. Auf. Den. Boden. Sofort!«

Bei *sofort* setzte jemand einen Fuß auf die oberste Stufe der Kellertreppe. War das ein zufällig vorbeigekommener Kollege oder jemand, der auf Oscars Seite stand? Der Kommissar musste reagieren, da sein Gegenüber die Waffe noch immer in den Händen hielt.

Plötzlich zeigte sich Entschlossenheit in Oscars Augen. Den Zeigefinger selbstbewusst am Trigger. Er würde schießen, und dem Kommissar blieb keine andere Wahl, als dem zuvorzukommen.

Bumm.

Mitten in die Stirn. Eine Fontäne aus Blut spritzte durch den Raum, Rauch hing wie Nebel in der Luft und nahm ihm kurzerhand die Sicht.

Der Kommissar zielte auf die Treppe. Wer war der zweite Mann? »Schön langsam. Ich will zuerst die Hände sehen.«

Ein ausgestreckter Arm in einer dunkelblauen Regenjacke. » Nicht schießen. Ich bin es, Raschid.«

Der Taxifahrer stolperte über Oscars leblosen Körper und tapste durch die Blutlache. »Sorry ...«, entschuldigte er sich bei dem Toten und reichte dem Kommissar die Hand.

»Alles okay, Chef? Sorry, dass ich den Typen nicht länger hatte ablenken können. Aber er hat hundert Mäuse für die Tüte auf den Tisch gelegt, die er nicht mal haben wollte. Was sollte ich da machen?«

»Schon gut. Wie bist du ...«

»... ins Haus gekommen? Durch die Terrassentür. Sie

war offen, nachdem ich einen Stein hineingeworfen hatte.« Raschid blickte auf die Monitore und stieß einen lauten Pfiff aus. »Wow, das ist ja wie bei *24*. Der Kerl hatte alles voll im Blick, sogar sein Baby. Voll der kleine Schreihals ...«

Der Kommissar richtete sich auf und betrachtete den Bildschirm mit der kleinen Marta. »Wo bist du?«, flüsterte er zu sich selbst, als sich ein Schatten vor die Linse drängte.

Eine Frau. Von hinten.

Liebevoll nahm sie Marta auf den Arm.

Kapitel 64

Moniques Bewusstsein schwankte zwischen hilfloser Ohnmacht und grenzenloser Panik. Sie wartete auf ihre Hinrichtung, und niemand kam, um sie zu retten. Am allerwenigsten Leon, der Vater ihres Kindes. Und dann war es so weit. Keine Zeit, um noch ein Gebet zu sprechen, denn die Eisentür wurde bereits aufgestoßen. Doch es war nicht Ricarda, sondern Stella, die einen Turban aus Verbandszeug um den Kopf trug und eine Schaufel in der Hand hielt. Eine Schaufel?

Stella zog die Tür hinter sich zu und kniete sich auf den Boden vor Monique. »Ich hole Sie jetzt hier raus«, flüsterte die Polizistin und langte durch die Gitterstäbe, um Moniques Oberschenkel zu berühren.

Aber Monique wollte nicht berührt werden. »Sie will mich töten und kommt jeden Augenblick. Leon steckt mit drin …« Sie konnte gar nicht schnell genug reden und zitterte am ganzen Körper.

»Psst … Erst muss ich Sie aus diesem Teil befreien.«

Stella schlug mit dem Handspaten aufs Vorhängeschloss, als Schritte vor der Tür zu hören waren. Reaktionsschnell stürzte sich die Polizistin hinter die geschlossene Kellertür und blickte zu Monique. Als Zeichen, dass es nun an ihr lag, Ricarda möglichst gut abzulenken

Der Kommissar blickte frustriert ins Arbeitszimmer. Eine Ansammlung sauber aufgereihter Bilderrahmen, Skulpturen und Plastiken. Nichts Ungewöhnliches für einen Galeristen. Es war der letzte Raum, den sie noch nicht abgesucht hatten, und seine Vorahnung wurde zur Gewissheit. Das Baby war woanders. Genauso wie Lena Bräunl alias Helena Mendel, die einen spärlich gefüllten Kleiderschrank sowie ein paar Babystrampler und eine Gegensprechanlage, ein sogenanntes Babyfon, im Gästezimmer zurückgelassen hatte. Als wäre sie gewarnt worden. Dafür würden gleich die Kollegen aus Berlin vorbeischneien, um ihn mit Fragen zu löchern. Die Leiche im Keller könnte ihm diesmal das Genick brechen.

»Was machen wir jetzt?« Raschid schien den Schusswechsel gut weggesteckt zu haben.

»Keine Ahnung. Hier ist das Baby jedenfalls nicht mehr«, seufzte der Kommissar und erinnerte sich daran, dass sein Handy immer noch auf lautlos gestellt war. Vier unbeantwortete Anrufe, eine Sprachnachricht und zwei WhatsApps, darunter ein Lebenszeichen per SMS von Stella.

Fahre zum Haus von R. Wellendörfer.

»Die Kleine hat einen guten Riecher, das muss man ihr lassen«, grummelte der Kommissar und hoffte, dass Stella nicht schon wieder im Alleingang unterwegs war. Durch den Stadtverkehr würde es um diese Zeit fast eine Stunde bis nach Potsdam dauern, doch er musste es versuchen.

Leon betrachtete den seelenlosen Wohnblock, in dem er vor ein paar Monaten noch mit Monique geschlafen hatte.

In dem Apartment, wo alles seinen Anfang nahm. Jetzt war das Gelände mithilfe eines Bauzauns abgesichert und sah verwahrlost aus.

Die Vergangenheit holt einen immer ein, musste er seufzend feststellen. Er zwängte sich durch einen Spalt am Eisengitter und ging zur Eingangstür, die offen stand. Das Glas im Rahmen war gesprungen, ein paar Splitter glänzten im Laternenlicht wie abgesägte Haifischzähne. Draußen legten sich erste Nebelschwaden um das Haus, als wollten sie es vor unbefugten Augen abschirmen. Er trat auf eine Scherbe und schreckte unwillkürlich hoch. Die Wände waren vollgeschmiert mit Graffiti, in den Fluren roch es nach Urin und Cannabis. Leon umklammerte den Brieföffner in seiner Manteltasche. Das teure Stück von Faber-Castell war ein Geschenk von Helena zu ihrem ersten Hochzeitstag gewesen. Nicht ein einziges Mal hatte er ihn benutzt, doch das würde sich vielleicht bald ändern. Feuchte Kälte durchzog seinen Körper, als er die Stufen im Treppenhaus nach oben stapfte.

Da, der Schwanz einer Ratte, die sich zwischen einem Stapel Zeitungen hindurchschlich!

Am liebsten würde er sich umdrehen und davonlaufen. Alles vergessen und die Vergangenheit hinter sich lassen. Stattdessen stolperte er seinem Schicksal Schritt für Schritt entgegen.

Kapitel 65

Stellas Herz pumpte wie verrückt. Bis auf den Handspaten, den sie im Nachbarkeller vom Haken an der Wand genommen hatte, war sie völlig unbewaffnet. Wie naiv, mal wieder. Die Tür flog auf und knallte gegen ihren Oberkörper. Sie versuchte, die Wucht mit ihrem Arm noch abzumindern, doch es reichte aus, um ihr den Spaten aus der Hand zu schlagen, der mit einem Scheppern auf den Boden fiel. Schützend betastete sie ihren Oberarm, als sich Ricarda auf sie stürzte. Knochige Finger bohrten sich in ihren Hals und drückten kraftvoll zu. Wie Schraubzwingen. Im Hintergrund hörte sie Monique vor Entsetzen aufstöhnen, was die Alte anzufeuern schien. Sie musste dringend reagieren und kickte mit dem Knie in Ricardas Unterleib. Ohne Erfolg. Der Druck um ihren Hals nahm unvermindert zu. Lange würde sie das nicht aushalten können. Wo war nur dieser gottverdammte Spaten?

Ruckartig drehte sie den Kopf zur Seite, und Ricardas Hände rutschten ab. Ein Griff ins Leere und die Gelegenheit, mit einem Faustschlag nachzulegen. Auf die Nase. Blut lief aus Ricardas rechtem Nasenloch, was ihr wenig auszumachen schien. Arglos rotzte sie eine rote Fontäne in den Ärmel ihres Pullovers.

»Sieh mal einer an, die kleine Polizeischlampe hat sich aus dem Haus geschlichen.« Die Getroffene schlug zu. Im letzten Augenblick rollte Stella zur Seite und ließ Ricarda gegen eine Wand laufen. Und dann entdeckte sie den Spaten. Zwei, drei Meter weit entfernt, zwischen der Tür und Moniques Käfig. Um da hinzukommen, musste sie aufstehen. Aufstehen und rennen. Doch Ricarda war längst unterwegs. Wie ein Käfer krabbelte sie auf allen vieren auf das Werkzeug los. Ein Wettlauf um Sekunden. Stella drückte sich hoch und stürzte sich mit einem Hechtsprung auf die Alte, die unter dem Gewicht zusammensackte. Immerhin lag Stella diesmal oben und presste ihre Hand in Ricardas blutige Visage, bis sie einen Schmerz am Oberschenkel spürte.

Der Spaten. Sie hatte ihn kurzzeitig aus den Augen verloren, doch da war es zu spät. Die scharfe Spitze steckte einen Zentimeter tief in ihrem Bein. Der Mix aus Schmerz und Überraschung raubte ihr die Kraft. Ricarda nutzte das und zog den Spaten aus der Wunde, um schon wieder auszuholen.

Daneben.

Stella schielte zu Monique, die zitternd in ihrem Käfig saß. Erneut sauste der Spaten durch die Luft. Wieder daneben.

Konzentrier dich endlich und schlag zurück, ermahnte sie sich selbst, ohne dass ihr Körper reagierte. Und plötzlich lag Ricarda wieder oben. Der nächste Hieb würde der letzte sein.

Stella schloss die Augen und wartete auf ihren Tod.

Plötzlich ein Schuss. Ein zweiter folgte. Ohrenbetäubend und viel zu laut für ihren Schädel, der endgültig zu bersten drohte.

Die Tür zum Apartment war nur angelehnt, und obwohl Leon die Wohnung in- und auswendig kannte, kam sie ihm jetzt fremd vor. Wie aus einer anderen Zeit. Außer dem dunkelgrünen Stoffsofa, dessen Polster aufgeschlitzt und mit Zigarettenflecken übersät waren, gab es keine echten Möbel mehr. Alles war ausgeräumt oder lag in Trümmern. Jemand hatte das Wort *Pig* in rosa Farbe auf die Wand gesprüht. Wie treffend.

Von Helena fehlte jede Spur, und er begann wieder zu zweifeln. Und zu hoffen. Hatte er ihre WhatsApp etwa falsch verstanden? Erst beim zweiten Hinsehen entdeckte er den Zettel, der an einem Nagel einsam an der Wand hing: *Upstairs, Baby* stand dort, mit schwarzem Kulli draufgeschrieben, und anhand des Schwungs beim Ypsilon gab es für ihn keinen Zweifel mehr: Helena würde oben auf ihn warten. Oben auf dem Dach, in schwindelerregender Höhe.

Kapitel 66

Stella setzte sich verkehrt herum auf einen Küchenstuhl, während Martin Zecke vorsichtig die Finger über eine imposante Waffensammlung gleiten ließ. Als könnten die Dinger jeden Augenblick losgehen. Drei Gewehre und vier Kleinkaliberpistolen hatten sie im Garderobenschrank im Flur entdeckt und auf den Küchentisch gelegt. Sie hatte verdammtes Glück gehabt, dass Ricarda nicht mit einer ihrer Flinten in den Keller gestürmt war, um sie zu erledigen. Und sie konnte sich bei Lamar bedanken, der sofort Alarm geschlagen hatte, um Verstärkung anzufordern. Ansonsten läge sie jetzt tot im Keller und nicht die Frau, die drauf und dran gewesen war, ihren Schädel mit dem Spaten einzuschlagen. Martin hatte sie im letzten Augenblick erwischt. Einmal, zweimal, bis sie schließlich über ihr zusammengebrochen war.

»Hübsche Sammlung«, attestierte Martin.

»Die Waffen interessieren mich nicht. Alles, was zählt, ist das Baby. Habt ihr wirklich alles abgesucht?« Stella betastete den Druckverband an ihrem Oberschenkel. Entgegen der Empfehlung des Notarztes, mit ins Hospital zu fahren, wollte sie noch bleiben. Um zu helfen, um zu unterstützen. Das war sie Monique schuldig, die draußen im Krankenwagen lag und von einem Ärzteteam betreut wurde.

»Die Alte war ein Messie, und es wird Tage dauern, um

alle Sachen zu durchkämmen. Ein Baby hätten wir jedoch bemerkt. Es gibt auch keinerlei Hinweise dafür, dass die Kleine jemals hier war. Nur einen antiquierten Kinderwagen, in dem ein weißes Kissen liegt.« Martin machte eine Kunstpause. »Dafür genügend Material, um Roman Wentzel dranzukriegen. Gefälschte Dienstausweise, einen Gebäudeplan vom Supermarkt, Geld, Schmuck. Seine vollgepisste Matratze liegt im Zimmer unterm Dach.«

Stella nickte erschöpft. Vom Baby und der vermeintlich noch lebenden Helena fehlte also jede Spur, und mit Oscar Mendel und Ricarda waren die einzigen beiden Menschen, die das Rätsel hätten lösen können, tot. Zudem war nun auch Leon ein Verdächtiger und irgendwo da draußen unterwegs. Um was genau zu tun? Steckte er am Ende mit Helena unter einer Decke und war dabei, sich aus dem Staub zu machen?

Sie zückte ihr Handy und betrachtete das Foto, das ihr der Kommissar per WhatsApp zugeschickt hatte. Die kleine Marta in den Armen einer Frau, deren Gesicht nicht zu erkennen war. War das Lena Bräunl alias Helena?

Stella wollte gerade darauf antworten, als ein Klingelton die Spannung löste. Sie schaute auf ihren Bildschirm – nichts.

Sie schenkte Martin ein ahnungsloses Schulterzucken.

Nicht seins, nicht meins, überlegte Stella und folgte dem Klingelton ins Wohnzimmer, wo auf einem zugemüllten Glastisch das Display eines Wegwerfhandys leuchtete.

Kapitel 67

Leon stieß die Tür zum Flachdach auf. Tief im Westen war noch rosarotes Glimmen durch die Nebelschwaden auszumachen. Wie der Ausblick in die Hölle. Wo war Helena? Dann sah er ihren Schatten neben einer ausgedienten Satellitenschüssel. Seine kalten Knochen waren wie gelähmt. Was sollte er sagen: *Sorry, dass ich dich töten wollte?*

»Du siehst fertig aus, Leon.«

»Mein Gott, Helena, wie ist das möglich ...?«

»Du musst mich mit jemandem verwechseln. Helena wurde von ihrem Mann getötet. Hast du das vergessen?«

»Wo ist Marta?«

Leon ließ seine Augen vom Gesicht zu ihrem Mantel gleiten. Gut möglich, dass sie eine Waffe hat. Nicht nur möglich, sondern höchstwahrscheinlich.

»Du meinst Marissa? Es geht ihr gut, sie wartet auf uns.«

Ein gespieltes Lächeln. Typisch Helena. Als hätte sie sich auf den Augenblick gefreut. Der finale Triumph.

»Wo ist Monique?«

»Du wirst sie nicht mehr wiedersehen. Dafür wirst du selbst gleich sorgen.«

»Wie ...?«

»Du meinst, wie ich deinen Anschlag auf mein Leben

überstehen und zu dir zurückkehren konnte, wo du dir doch so viel Mühe gegeben hast?«

Selbst in der Dunkelheit funkelten ihre Augen, und plötzlich bemerkte sie seinen Blick, der noch immer ihre Manteltaschen absuchte.

»Helena, es war ein Unfall.«

»Komisch. Es fühlte sich für mich ganz anders an.«

Unzählige Male hatte er die Lüge von Helenas plötzlichem Verschwinden den Behörden aufgetischt, ohne jemals einzuknicken. Fast hatte er selbst daran geglaubt, bis Stella ihn durch ihre penetranten Fragen zu einem Halbgeständnis gezwungen hatte. Einer Version, die ihm noch eine Chance ließ, um aus der Sache glimpflich herauskommen. Denn die Wahrheit würde schonungsloser mit ihm umgehen. Und diese Wahrheit sah er jetzt vor Augen.

Als er mit der Idee am Morgen nach dem Sturm schweißgebadet aufgewacht war, war Helena eingerollt im Schlafsack neben ihm gelegen und hatte friedlich und zufrieden ausgesehen, als hätte sie am Ende ihren Willen bekommen. Doch er hatte keine Lust, auf alles zu verzichten, am allerwenigsten auf Monique und das Baby. Es war der perfekte Augenblick für einen Schlussstrich. Noch einmal von vorn anfangen – mit ein bisschen Starthilfe. Also schlug er ihr die Wanderung zum Gletscher als kleines Abenteuer vor. Ein Erlebnis, das nach dem Streit zusammenschweißen würde. Helena war sofort begeistert, schließlich liebte sie den Nervenkitzel und ließ sich gern auf etwas Unbekanntes ein. Er ging voran und stieg über Eisbrücken und Felsen, die so fragil waren, dass er befürchtete, selbst den Tod im Eis zu finden. Und auch Helena bekam es mit der Angst zu tun, denn plötzlich knackte der Boden unter ihren Füßen. Sie wollte umkehren, und er musste reagieren.

Also überredete er sie zu einem letzten Foto. Helena vor dem Abgrund einer Gletscherspalte, über ihr die Gipfel der Achttausender. Er borgte sich ihr Handy und dirigierte sie zum Rand.

»Ich mag es nicht von vorn.«

Der Spruch kam immer, wenn er ein Foto von ihr knipsen wollte. »Dann nehm ich dich von hinten.«

Helena lachte dreckig auf und drehte sich um. Leon steckte das Handy in die Jackentasche und rannte auf sie zu. Wie ein Rammbock. Er erwischte sie mit voller Wucht und hatte Mühe, seinen Stand zu halten, während Helena ungebremst nach unten in die Tiefe stürzte. Entgegen seiner Hoffnung, dass sie einfach in dem Spalt verschwinden würde, blieb sie sichtbar auf einem exponierten Eisstück liegen. Mit einem Seil hätte man sie vielleicht retten können. Doch er wollte nicht, dass das geschah. Also hatte er sich umgedreht und war davongelaufen, während eine Schneesalve über den Gletscher rauschte und alles unter sich begrub.

»Ich habe dich da oben stehen sehen, Leon. Wie du mich betrachtet hast – wie ein Tier, das in einer Falle hockt, um zu verenden.«

Leon musste unwillkürlich schlucken, obwohl seine Kehle staubtrocken war.

»Und als der ganze Schnee nach unten fiel, warst du plötzlich weg. Ich dachte mir, das war's endgültig, doch irgendwann hörte es auf, und ich war immer noch am Leben. Und dann kam diese dumme Pute aus dem Westerwald daher. Dem gottverdammten Westerwald. Würde ich an Schutzengel glauben, müsste man diese plappernde

Nervensäge wohl als einen solchen bezeichnen.« Helena war gedanklich ebenfalls an jenen Tag zurückgekehrt.

»Eine Frau hat dich gefunden? Diese Alleinreisende, die wir im Kloster kennengelernt haben?«

»Exakt. Lena Bräunl schenkte mir ein neues Leben und gab ihres dafür auf. Sie stand irgendwann auf dem Schneefeld und rief zu mir herunter. Ich dachte zuerst, du hättest tatsächlich einen Bergführer gerufen, um mich zu retten. Also wischte ich mir den Schnee aus dem Gesicht und blinzelte nach oben. Doch da stand nur diese doofe Pute. Ganz allein. Und ich dachte mir zuerst, was für ein verdammtes Pech ich habe. Erst tötet dich dein Ehemann, dann fegt eine Lawine über dich hinweg, und zur Belohnung schickt dir Gott die Hasenscharte in der kakibraunen Outdooruniform.« Helena machte eine Pause und sah Leon an. Ihre Augen funkelten, als freute sie sich auf den nächsten Teil der Story. »Doch da hatte ich sie wohl gehörig unterschätzt. Geistesgegenwärtig warf sie mir ein Seil herunter, das an einem Karabiner ihres Gürtels hing. Ich war ein wenig steif gefroren und musste mich zunächst vom Schnee befreien. Gott sei Dank hatte ich nur leichte Knochenbrüche, also packte ich das Seil und hielt mich daran fest, während ich mit den Spitzen meiner Grödel kleine Stufen in die Eiswand hackte. Lena war erstaunlich stark. Einmal bin ich abgerutscht, doch sie hat keinen Zentimeter nachgegeben und dafür gesorgt, dass ich zurück ins Leben kehren konnte. Zurück zu Marissa und zu dir, Leon.«

Der Name Marissa erzeugte eine Gänsehaut auf Leons Oberarmen. »Ihr Name ist Marta.«

»Nein. Marta existiert nicht mehr. Genauso wenig wie Helena.«

»Du meinst wohl, genauso wenig wie Lena, die dir das Leben rettete.«

»Ein Kollateralschaden, der nicht zu vermeiden war. Falls man ihre Leiche je entdeckt, wird man ein paar Strangulierungsmale feststellen. Ich habe ihr das Rettungsseil um den Hals gelegt und zugezogen, bis sie keinen Mucks mehr von sich gab. In dem Moment musste ich sogar an dich denken. Es hätte dir mit Sicherheit gefallen, wenn diese Pute endlich mal die Klappe hält.« Helena lachte trocken auf. »Danach habe ich ihr meine Klamotten angezogen und mir was von ihr geliehen. So macht man das, Leon.«

»Du hast sie getötet und ihre ... ihre Identität gestohlen.«

»Es war die perfekte Gelegenheit, ein neues Leben anzufangen und unbemerkt in deines einzutreten. Außerdem wusste ich, dass niemand um sie trauern würde. Ihre Eltern waren genauso mausetot wie meine, und Freunde schien sie nicht zu haben. Zumindest hat sich bisher niemand bei mir gemeldet.« Wieder dieses zynische Grinsen, als wäre es ein origineller Scherz gewesen.

»Und jetzt bist du die Geliebte deines Bruders?«

»Das ist Schnee von gestern. Entschuldige den Wortwitz, denn bald schon wird mein neues Leben starten. Zeit für die finale Metamorphose, auch wenn das letzte Jahr kein Zuckerschlecken war. Drei Brüche durch den Sturz, die heute noch zu spüren sind, dazu ein neues Äußeres, das mir nicht sonderlich gefällt. Ich hatte großes Glück, dass die Behörden in Kathmandu und Frankfurt nicht besonders achtsam waren und mich mit Lenas Reisepass passieren ließen. Bis auf die Wunde an der Oberlippe und die kurzen braun gefärbten Haare konnte ich so schnell nichts tun, um ihr zu ähneln. Das ist später erst passiert. Hier, mit Oscars Hilfe. Von daher war ich gern seine Geliebte, da er mir geholfen hat, zu dem zu werden, was ich nun für dich bin. Dein Racheengel.«

Leons Atem stockte. »Was hast du vor?«

»Von vorn anfangen. Mir ist ein neues Leben geschenkt worden und mit der kleinen Marissa ein weiteres dazu.«

»Wo ist das Baby?«

»In guten Händen, die es für mich warm halten ...«

»Doch nicht etwa bei Ricarda, dieser Hexe.«

»Psst. Wie sprichst du nur von unserer lieben Nachbarin.«

»Was habt ihr mit Monique vor?« Helena hob abwehrend die Hand.

»Sprich ihren Namen nicht in meiner Gegenwart aus. Das Kapitel ist für mich erledigt. Die Fickhenne hat ihren Job gemacht, und jetzt erledigst du den deinen.«

»Was soll das heißen?«

»Das weißt du selbst. Wir können nicht zu uns zurückfinden, wenn sie in der Nähe ist und ihr Töchterchen zurückhaben will. Sie hat die Grenzen überschritten, und das ist ein Problem.«

»Wir? Ich kann nicht zu dir zurück, Helena. Das ist Wahnsinn ...«

»Ich schätze, du hast keine andere Wahl, denn ohne mich bist du ein Nichts. Du hast die Firma vor die Wand gefahren.« Ein Glucksen.

»Wir sind an einer großen Sache dran. Es geht auch ohne dich und deine Machenschaften.«

»Du meinst nicht zufällig den Bau des neuen Firmensitzes von Brinkmeier & Cie., wo dir Oscars gute Freundin Amanda gehörig in den Arsch getreten hat? Ach, Leon, hast du wirklich geglaubt, sie hätte ohne mein Zutun an deine Tür geklopft? Oder dass Dunja und Julia allein auf die Idee mit dem Glaskubus gekommen sind oder ein Geist dir eine Nachricht auf dem Computer hinterlassen hat? Du hast vergessen, die Schlösser auszutauschen oder den Zugangscode der Überwachungskameras zu ändern. Ricarda und ich hatten damit unseren Spaß, wie du dir wohl denken kannst. So fühlt es sich an, wenn man sich seiner Sache zu sicher ist. Und falls du denkst, dass du auch nur einen Cent von dem Vermögen erbst, nur weil ich einen anderen Namen trage, muss ich dich enttäuschen. Geht alles an Oscar. Bis auf den Dreck, den wir am Stecken haben. Wäre doch töricht, wenn jemand davon erfährt und du plötzlich ganz allein dastehst und für all das büßen musst, was andere getan haben.«

»Was verlangst du von mir?«

»Dass du deinen Job tust, Leon.« Sie schrie die Worte, und Leon zuckte wie ein Kind zusammen, das im Kleiderschrank auf einen Geist gestoßen ist. »Ich habe deine Spuren beseitigt, und du beseitigst meine. Quid pro quo. Ganz easy.«

Leons Magen drohte zu kollabieren, doch ihm blieb keine andere Wahl, als mitzuspielen, um auf den geeigneten Moment zu warten. Noch einmal durfte er nicht versagen. »Also schön. Was soll ich tun?«

Noch immer hatte Helena die Hände in den Manteltaschen, und Leon rätselte, ob der Brieföffner genügen würde. Also ging er auf sie zu.

»Du wirst sie nie mehr wiedersehen, dafür habe ich bereits gesorgt. Jetzt sorgst du dafür, dass sie von der Bildfläche verschwindet. Ich will, dass du es tust.«

»Wie soll ich das anstellen? Ich weiß ja nicht mal, wo Monique steckt.« Leon riskierte einen weiteren Halbschritt.

»Indem du den Befehl zum Töten gibst. Kannst du dich

noch an das Yak erinnern? Das dieser Sherpa malträtiert und an einem Fleischerhaken aufgehängt hat? Fast beneide ich Ricarda um diese Gelegenheit ...«

Die Szene spielte sich wie im Film vor Leons Augen ab, und er konnte nicht anders, als sich zu übergeben. Als er seinen Oberkörper wieder aufrichtete, blickte er in den Lauf einer Pistole.

»Also doch ...«, schnaufte er und wischte sich die Kotze vom Kinn.

»Du hast mich schon mal enttäuscht. Also sieh mir nach, dass ich meiner Bitte etwas Nachdruck verleihe.«

Während Helena mit der Waffe auf ihn zielte, kramte sie mit der anderen Hand ein Handy aus der Manteltasche.

»Alles, was du tun musst, um dein Leben zu bewahren, ist ein Anruf bei Ricarda. Und dabei will ich deine Stimme laut und deutlich hören, schließlich zeichne ich das Ganze auf. Ich will hören, wie du ein letztes Mal ihren Namen sagst und ihr Todesurteil aussprichst. Dann legst du auf und gibst mir das Telefon zurück. So als kleine Erinnerung und Versicherung, dass mir so ein Missgeschick kein zweites Mal passiert. So weit verstanden?«

Leon wähnte sich in einem Albtraum. Er hatte fest damit gerechnet, dass er eine Chance bekommen würde. Eine Chance zu reagieren, eine Gelegenheit, Helena zu besänftigen, um Monique selbst zu befreien. Stattdessen stand er auf dem Dach eines verlassenen Gebäudes und sah in den Lauf einer Pistole.

Helena drückte eine Taste auf dem Display und warf Leon das Handy zu.

»Worauf wartest du? Ruf an!«

Kapitel 68

Das Handy klingelte bereits zum fünften Mal. Gleich würde der Anrufer auflegen und Verdacht schöpfen. Rangehen oder klingeln lassen. Es gab kein Richtig oder Falsch, und Stella drückte auf die grüne Taste.

»Hallo.« Eine Männerstimme.

»Hallo?« Wieder der Mann ... aufgeregt, die Stimme flatterig. Es klang fast wie ...

»Leon, bist du das?«

»Ja.«

Er war es ohne Zweifel. Nur ... wieso rief er Ricarda auf dem Wegwerfhandy an?

»Leon, hier ist Stella. Ich bin im Haus von Ricarda. Sie ist tot.«

»Okay. Wie ich hörte, wartest du auf ein Zeichen.«

Entweder hatte Leon nicht verstanden oder er saß in der Falle und wurde bedroht. Von Lena Bräunl alias Helena.

»Wenn du nicht reden kannst, dann sag einfach ...« Stella überlegte krampfhaft und blickte aus dem Fenster. Was ist neutral genug und verrät nichts über den Gesprächspartner? »Sag einfach, es ist ganz schön kalt.«

Zunächst herrschte Stille, und Stella befürchtete bereits, die Lage falsch eingeschätzt zu haben. Mal wieder.

»Ist sicher ziemlich kalt am See.« Nicht exakt der Wortlaut, aber Leon schien tatsächlich mitzuspielen.

»Monique ist befreit. Ihr geht es den Umständen entsprechend gut. Die Leiche im Eis ist nicht Helena, sondern eine Rucksackreisende mit Namen Lena Bräunl. Wir vermuten, dass Helena unter dieser Identität zurückgekehrt ist, um sich an dir zu rächen und das Kind an sich zu reißen. Wo bist du, Leon? Ist Helena jetzt bei dir? Wirst du von ihr bedroht? Versuch einfach, es mir irgendwie zu sagen …«

»Bei allem, was du tust, lass sie bitte nicht für meine Taten leiden.«

Was hatte das jetzt wieder zu bedeuten, fragte sich Stella, doch sie hatte keine Zeit zum Rätselraten und spürte, dass der Anruf nicht mehr allzu lange dauern würde.

»Leon. Du musst mir sagen, wo du bist, und herausfinden, wo Marta festgehalten wird. Sie ist nicht bei Ricarda und bei Helenas Bruder Oscar auch nicht. Oscar ist ebenfalls tot! Weißt du, wo Marta sich befindet?«

Stille entstand am anderen Ende. Hatte sie zu viel riskiert, indem sie vor Leon alle Karten auf den Tisch gelegt hatte?

»Also gut. Bringen wir es hinter uns. Du kannst Monique jetzt töten.«

Ein Keuchen erklang, das ein wenig nach Verzweiflung klang – danach war die Leitung tot. Sie wusste zwar nicht, wo Leon sich befand, zumindest war der Anruf aber lang genug gewesen, um ihn zurückverfolgen und eingrenzen zu können.

Leon blickte in Helenas Augen, die einen triumphalen Glanz versprühten. Anscheinend hatte er seine Rolle überzeugend gespielt, und sie fühlte sich ihm überlegen. Gut so, weiter so. Er war wieder im Rennen und musste die Nerven behalten. Die einzigen Personen, die die wahre Geschichte hinter Helenas Verschwinden kannten, waren augenscheinlich tot. Blieb nur die Frau vor ihm auf dem Dach, die noch immer mit der Pistole auf ihn zielte.

»Gut gemacht. Und jetzt wirf mir das verdammte Handy rüber, Leon.«

»Was ist mit meiner Tochter?«

»*Unserer* Tochter. Das Handy, Leon!« Helena breitete die Handfläche aus und machte eine fordernde Geste.

Wenn sie die Aufnahme abhört, bin ich erledigt, wusste er und zögerte. »Nein. Erst will ich wissen, wo Marta ist.«

Helena bemühte sich um ein selbstbewusstes Grinsen, was jedoch misslang.

»Ich habe getan, was du von mir verlangt hast. Monique ist Geschichte. Wo ist Marta?« Leon ging einen vorsichtigen Schritt auf sie zu.

»Bleib stehen, Leon.« Helena machte zwei Schritte rückwärts und näherte sich der Kante des Flachdachs.

Vielleicht war das die Gelegenheit, sie zu überrumpeln. Er musste sie unter Druck setzen, verunsichern, in die Enge treiben.

»Ich dachte, du wolltest mich zurückhaben. Hier bin ich, Helena. Direkt vor dir, und du zielst mit einer Waffe auf mich. Was soll ich tun, damit du mir vertraust?«

»Springen, Leon. Ich möchte, dass du springst und nachempfindest, wie es mir ergangen ist. Wenn du das tust, dann sind wir quitt.«

Kapitel 69

Der Krankenwagen stand noch immer vor Ricardas Haus. Monique hatte dagegen protestiert, ins Krankenhaus gebracht zu werden. Sie wartete auf eine Antwort, auf ein Lebenszeichen ihrer kleinen Tochter, doch was sollte Stella ihr schon sagen?

»Sie ist nicht da, habe ich recht?«

Stella nickte und entschied sich dazu, die aktuelle Lage mit Monique zu teilen. »Es gibt ein Lebenszeichen von Marta. Ihr geht es gut.« Sie zückte ihr Handy und zeigte Monique das Foto vom Überwachungsmonitor. »Das hat mein Boss gemacht. Die Details dazu erzähle ich Ihnen später. Ich muss wissen, ob Sie die Frau erkennen oder irgendetwas an der Umgebung.«

Monique kämpfte gegen die Tränen an. »Wie können Sie behaupten, dass es Marta gut geht? Sie schreit ...«

»Kommissar Riediger meinte, dass sie kurz davor noch tief und fest geschlafen hat. Die Frau auf dem Bild, ist das Helena?«

»Keine Ahnung. Ich weiß es nicht.« Monique bekam einen Weinkrampf und Stella vom Arzt das Zeichen, dass diese dringend in ein Krankenhaus gehöre.

»Eine letzte Sache noch. Ich habe gerade mit Leon telefoniert ...«

»Dieses Arschloch!«, fluchte Monique und betastete ihr linkes Handgelenk, das provisorisch bandagiert war.

»Ich glaube, er wird von Helena bedroht und konnte nicht frei reden. Ich habe ihm gesagt, dass es Ihnen den Umständen entsprechend gut geht. Er konnte mir leider nicht sagen, wo er sich befindet. Gibt es irgendeinen Ort, der ihn und seine Ex verbindet?«

Monique schüttelte geistesabwesend den Kopf. Sie war erschöpft und wirkte verbittert und enttäuscht. Wer konnte es ihr verdenken? »Ich weiß es nicht. Wie sich gerade herausstellt, kannte ich Leon überhaupt nicht. Angeblich hat er Helena umbringen wollen. Das sagte jedenfalls die Hexe …«

Interessant, dachte Stella, als ihr Handy klingelte. Ein Anruf von Lamar.

»Wo bist du? Noch immer im Gebüsch?«

»Schon wieder im Revier, um das Handy, von dem Leon angerufen hat, zu lokalisieren. Und was soll ich sagen? Er ist mitten in Berlin. Genauer gesagt in Pankow. Ich schicke dir die Geodaten durch. Soll jemand die Berliner Kollegen informieren?«

»Unser Chef ist vielleicht noch in Berlin. Ruf ihn an und bleib weiter auf Empfang.«

»Ein Danke und ein schickes Essen wären …«

Stella legte auf. Für ein Dankeschön war später noch genügend Zeit. Eilig öffnete sie die WhatsApp und zoomte mit dem Finger in das Foto, das Lamar ihr zugesendet hatte. Das Straßennetz von Pankow, auf dem ein roter Radius eingezeichnet war.

»Was ist das?«, fragte Monique, die ebenfalls aufs Handydisplay schaute.

»Das ist in Pankow. Von dort hat Leon mit mir telefoniert.«

»In Pankow befand sich das Apartment.«

Stella starrte Monique an, als hätte sie soeben einen Geist gesehen.

»Das Apartment, in dem Leon und ich damals ... Sie wissen schon. Allerdings lebt dort niemand mehr, da das Gebäude demnächst abgerissen wird. Es gehört diesem Anwalt, Dr. Deckert, und er hat, laut Leon, nur darauf gewartet, dass endlich alle Mieter ausgezogen sind.«

Stella gab die Adresse in Google Maps ein.

Eine knappe Stunde mit dem Auto. Eine gute halbe, wenn sie mit Blaulicht mitten durch die Stadt fuhr.

Kapitel 70

Leons Gedanken rauschten wie ein Zug durch seinen Kopf, der viel zu schnell fuhr. Ein Whiskey würde jetzt helfen. Stattdessen stolperte er auf die kleine Mauer zu, die das Flachdach noch vom Abgrund trennte. Er hatte sich verzockt und geglaubt, dass Helena ihm tatsächlich eine zweite Chance gewähren würde. Dass sie seine Tat als Notwehr akzeptieren und sich mit Moniques Verschwinden insgeheim zufriedengeben würde.

Pustekuchen.

»Das kannst du nicht wirklich wollen, Helena. Dass Marissa ohne ihren Vater aufwächst.« Er blieb zwei Meter vor der Kante stehen und drehte sich zu ihr herum. Helena oder das, was von ihrem Äußeren noch übrig war, sah leider fest entschlossen aus. Was würde mehr wehtun? Eine Kugel im Schädel oder der Sturz aus vierzig Metern Höhe?

»Mach dir keinen Kopf, Schatz. Ich werde sicher jemanden kennenlernen, der die Vaterrolle mit Freude übernehmen wird. Bis dahin werden mir Oscar, die allseits hilfsbereite Ricarda und Joachim unter die Arme greifen. Ich habe einflussreiche Freunde, im Gegensatz zu dir.«

Und dann machte es plötzlich Klick in Leons Kopf. »Sie ist bei Joachim, habe ich recht?«

»Keine Ahnung, was du meinst.« Helena versuchte,

cool zu bleiben, doch ihr neues Gesicht machte da nicht mit. Er war auf dem richtigen Weg.

»Marta ist bei Joachim und Viktoria. Die alten Seilschaften ... Jeder deckt den anderen.«

»So ist es halt in der Familie, zu der du leider jetzt nicht mehr dazugehörst. Das hast du dir selbst zuzuschreiben. Du hast von Anfang an geplant, mich umzubringen, habe ich recht? Die Affäre, unsere Reise, der Streit ... Das war kein Zufall, oder irre ich mich da?«

Nein, das war es nicht, denn in der Tat hatte er gewusst, dass Helena diese Reise mit ihm unternehmen würde. In eine entlegene Region, wo Touristen hin und wieder einfach so verschwanden, weil es die Natur einforderte. Was für ein Husarenstück, das beinahe funktioniert hätte.

Beinahe.

»Wir können es schaffen, Helena. Noch einmal von vorn beginnen. Für Marissa ...«

»Ich brauche dich nicht mehr.« Helena umklammerte die Pistole. »Von daher würde ich vorschlagen, dass du jetzt bis an die Kante gehst und springst. Vielleicht hilft dir jemand unten auf. Soll vorkommen, habe ich gehört.« Ein humorloses Grinsen, das durch die Narbe an der Oberlippe fast schon pantomimisch aussah.

Leon ließ die Arme baumeln als Zeichen des Protests. Die Zeit für Plaudereien war vorbei, und er musste etwas riskieren.

Etwas?

Alles.

»Dann musst du mich wohl erschießen, denn freiwillig nach unten springen werde ich ganz sicher nicht. Außerdem muss ich dir die Illusion der einflussreichen Freunde und Verwandten nehmen.«

»Was soll das heißen?«

»Oscar hat es erwischt, wie mir zu Ohren gekommen ist. Ricarda offensichtlich auch. Die Bullen wissen, wer du bist, und Monique … die sitzt in diesem Augenblick zu Hause auf der Couch. Auf *deiner* Couch. Scheint so, als wäre ich gerade deine letzte Hoffnung. Und die wirft man doch nicht einfach über Bord oder vom Flachdach eines Mehrfamilienhauses.«

Das hatte gesessen. Er sah es in ihren Augen, die noch am ehesten an die Frau erinnerten, die sie einmal gewesen war.

»Du lügst …«, kam es zögerlich.

»Vielleicht. Wer kann das bei uns beiden schon sicher sagen?« Leon ging einen halben Meter auf sie zu. Jetzt oder nie, dachte er sich und langte in die Manteltasche. Da, wo der Brieföffner auf seinen Einsatz wartete.

»Komm ja nicht näher, Leon.« Helena zog die Waffe wieder einen Zentimeter höher und starrte unsicher aufs Handy in der linken Hand. Das Handy mit der Sprachaufnahme.

Kommissar Riediger verfluchte den Fußgänger, der in aller Seelenruhe über den Zebrastreifen schlich. In dem Tempo würden sie Ewigkeiten brauchen, um zu der Adresse in Pankow zu gelangen, die Stella ihm geschickt hatte. Gut möglich, dass Leon längst woanders war.

»Also gut, dann zeig, was in dir steckt«, sagte er entnervt zu Raschid, der freudestrahlend zweimal auf die Hupe drückte und mit einem Kickstart an dem Spaziergänger vorbeischoss.

Das Handy klingelte mittlerweile im Sekundentakt. Es waren die Berliner Kollegen, die wissen wollten, was es mit der Leiche auf sich hatte und warum er nicht vor Ort war, um die Fragen zu beantworten.

»Sie haben sicher nichts dagegen, Chef.« Raschid langte zum Handschuhfach, um ein LED-Blaulicht herauszuholen.

»Wo kommt das her?«

»Fünfzehn Euro für das Zweierset bei Amazon. Einfach aus dem Seitenfenster halten, während ich auf Dauerhupe mache. Geile Idee, oder?«

Der Kommissar sparte sich den Kommentar, sondern drückte auf den Knopf, um das Fenster zu bedienen, während Raschid auf den Seitenstreifen auswich.

Noch 4,2 Kilometer.

Auf der Autobahn ein Kinderspiel, in Berlin-Mitte eine halbe Ewigkeit.

Stella saß auf dem Beifahrersitz des Einsatzwagens und dirigierte Martin Zecke über Schleichwege nach Pankow.

»Danke übrigens dafür, dass du mir das Leben gerettet hast.«

»Schon okay. Das Gleiche hättest du für mich getan.« Martin überholte einen Opel Corsa und löste einen Blitzer aus.

»Das war wohl die Bestätigung«, ergänzte er mit einem Seufzen. »Für deinen ersten Fall hast du deine Sache richtig gut gemacht.«

Wenn du wüsstest, dachte Stella, behielt den Gedanken allerdings für sich. Es war nicht der richtige Moment, um Ermittlungsfehler zu gestehen, am allerwenigsten vor ihrem missgünstigen Kollegen.

Es waren noch fünfundzwanzig Minuten bis zum Zielort, als das Einmalhandy von Ricarda klingelte. Aus einem siebten Sinn heraus hatte sie es eingesteckt, obwohl es eigentlich in die Forensik gehörte.

Stella drückte auf die grüne Taste und lauschte. Nichts.

»Hallo? Leon?«

Stille. Am liebsten hätte sie Martin ermahnt, langsamer zu fahren, um besser zuhören zu können.

»Scheiße.«

Eine Frauenstimme.

Dann ein Schuss. Ein schepperndes Geräusch, als wäre der Frau das Handy aus der Hand gefallen. Jemand schrie im Hintergrund.

Ein Mann.

Leon.

Kapitel 71

Leon starrte auf das Loch in seinem Unterschenkel. Blut floss träge aus der Wunde und sammelte sich zu einer Pfütze auf dem gefrorenen Asphalt. Sein Körper war genauso überrascht wie sein Gehirn, denn er spürte keinen Schmerz, als er mit dem Brieföffner in seiner Hand auf Helena zulief.

»Bleib, wo du bist. Diesmal schieße ich dir nicht ins Bein, versprochen.«

Doch Leon blieb nicht, wo er war, sondern warf sich auf Helena. Ein zweiter Schuss knallte in die Nacht und beleuchtete die Szenerie, um die sich eine Schicht aus Nebel legte. Diesmal hatte sie ihn am Oberarm erwischt, und er musste Gas geben, bevor die Kraft nachließ. Also stieß er mit dem Brieföffner auf ihren Oberkörper ein. Einmal, zweimal, dreimal, viermal. Kurz und mies – wie in einem dieser Knastfilme.

Helena brüllte auf und trat ihm in die Eier. Das tat weh, und er musste von ihr ablassen. Sie presste die Hand auf ihren Bauch und robbte sich aus seinem Sichtfeld.

Kommissar Riediger observierte gerade das eingezäunte Mehrfamilienhaus, als der erste Schuss fiel. Kurz danach ein zweiter. Eilig schob er das Eisengitter des Bauzauns zur Seite und zwängte sich vorbei.

»Soll ich sicher nicht mit reinkommen?« Raschid wirkte enttäuscht, als er ihm vom Taxi aus hinterherrief.

»Du kurbelst jetzt die Scheibe hoch und ziehst den Kopf ein. Wenn eine junge Polizeibeamtin aufkreuzt, schickst du sie als Verstärkung hinterher. Das ist diesmal keine Bitte, sondern ein Befehl.«

Der Kommissar hielt inne und lauschte. Nichts, bis auf eine bleierne Stille, die in Kombination mit dem dichter werdenden Nebel überaus bedrückend wirkte. Er zückte seine Waffe und betrat das Haus.

»Da vorn muss es sein.« Stella deutete mit ihrem Zeigefinger auf die Sackgasse, die zu einer Hochhaussiedlung führte.

Berlin, du kannst so schön schrecklich sein. So dreckig und grau.

Stella musste unwillkürlich an die Textzeilen von Peter Fox denken, als Martin den Einsatzwagen an den Wohnblocks vorbeilenkte. Nur vereinzelt flackerte ein Fernseher.

»Wir müssen uns verfahren haben …« Stella seufzte und sah sich um. Von ihrem Chef war nichts zu sehen.

»Wir sind noch nicht am Ende«, gab Martin zu bedenken, als ein kleines Waldstück folgte. Dahinter ein abgedunkeltes Gebäude. Beleuchtet von einer einsamen Laterne, unter der ein Taxi stand. Ein Taxi?

Stella stieg aus und zog die Waffe aus dem Holster. Kein Licht im Innenraum des Fahrzeugs, doch sie hatte das Gefühl, dass jemand drinsaß und sie beobachtete. Und dieser Jemand stieß in diesem Augenblick die Tür auf.

»Keine Bewegung, Hände aufs Lenkrad!«

»Kein Stress, ich bin einer von euch.« Ein dreißigjähriger Mann stieg vorsichtig aus und grinste schief. »Du bist sicher die junge Kommissarin, von der der Chef erzählt hat. Dass du verdammt heiß bist, hat er allerdings verschwiegen.«

Stella war irritiert von der Gestalt ihr gegenüber. War die schlechte Anmache ein Trick, um sie zu überrumpeln, oder war ihr Boss wirklich mit dem Taxi zum Einsatzort gefahren?

»Keine Ahnung, was Sie meinen, doch die Hände bleiben auf dem Dach.« Sie tastete den Mann vorsichtig ab und nickte Martin zu. Der Typ war unbewaffnet.

»Der Kommissar ist vor fünf Minuten reingegangen und meinte, dass ich dich als Verstärkung hinterherschicken soll. Leider sieht man nichts bei all dem Nebel. Aber zweimal wurde ordentlich geballert. Falls du also noch jemanden brauchst und eine Knarre übrig hast, kann ich gern mit reingehen.«

»Ab ins Taxi!« Stella schüttelte genervt den Kopf. Was glaubte dieser Kerl denn, wer er war?

»Alles klar, dann halte ich die Augen offen. Falls es Stress gibt, hupe ich dreimal.«

»Nein, Sie fahren jetzt nach …« Doch da hatte der Typ die Tür bereits geschlossen und zeigte den Daumen hoch.

Kapitel 72

Von der Straße erklang das Heulen eines Motors. Sicher die Polizei oder vielleicht sogar Joachim, der Helena zu Hilfe eilen wollte? Zwei Gründe mehr, die Sache schleunigst zu beenden. Leon suchte die Umgebung nach Helena ab, die mit dem dichten Nebel zu verschmelzen schien. Plötzlich erklang so etwas wie ein Stöhnen, das unmöglich von ihr kommen konnte. Jemand anderes war auf dem Dach. Er musste dringend handeln. Wo zur Hölle war Helena? Und dann sah er sie vor der Abbruchkante stehen. Sie versuchte hinkend, von ihm wegzukommen.

»Schluss mit dem Gemetzel. Leon und Helena Mendel. Ich weiß, dass Sie beide hier sind. Kommen Sie mit erhobenen Händen langsam auf den Ausgang zu.«

Im Hintergrund erklang die Stimme des dicken Kommissars. Auch das noch. Doch solange er ihn nicht sehen konnte, sollte das umgekehrt genauso sein. Das war seine letzte Chance.

Stella drückte mit der Hand auf den Verband am Oberschenkel und nahm die letzten Stufen jeweils doppelt, bevor sie die Tür zum Dachgeschoss erreichte. Die Wunde hatte augenscheinlich wieder angefangen, zu bluten, doch zumindest spürte sie kaum Schmerz. Ihr Chef hatte sich hinter der Tür verschanzt und zielte mit der Waffe durch den Spalt.

»Sind Sie allein?«, fragte er sie, ohne aufzublicken.

»Martin wartet unten und beobachtet das Haus. Falls jemand versucht zu fliehen. Wer ist auf dem Dach? Leon? Helena?«

Der Kommissar zuckte mit den Schultern. »Schwer zu sagen bei der Suppe. Als ich ankam, sah ich einen Schatten drüben an der Kante. Einer von den beiden ist auf jeden Fall bewaffnet. Wir müssen höllisch aufpassen.«

Stella lugte durch den Türspalt, konnte aber nichts erkennen.

»Ich muss da raus ...«

»Keine Chance, zu riskant. Außerdem sehen Sie mit Ihrem Turban und dem Druckverband am Bein jetzt schon wie eine Mumie aus.«

Ihr Chef hatte recht, und Befehl war nun mal Befehl. Bis der Schrei ertönte und Stella auf das Flachdach lief.

Leon stieß mit dem Brieföffner in Helenas rechte Wade. Sie schrie, wild und animalisch, doch sie fiel nicht, sondern hinkte auf die Waffe auf dem Boden zu. Vielleicht noch einen halben Meter. Mit letzter Verzweiflung umklammerte er ihre Knöchel und brachte sie zu Fall. Sie knallte kopfüber auf den Boden und bewegte sich nicht mehr. Zeit für den finalen Punch.

»Leon? Leon, bist du das?«

Stella.

Irgendwo im dichten Nebel. Sie kam zügig auf ihn zugelaufen. Gleich würde sie ihn sehen können. Mit letzter Kraft schaufelte er die Hände unter Helenas schlaffem Oberkörper hervor und zog sie in Richtung Dachkante.

Nur ein letzter Stoß, und sie würde wie ein Sack Zement zu Boden stürzen. Er zögerte. Helenas Augen waren geschlossen. Das Gesicht komplett mit Blut verschmiert. Vielleicht ist sie ja schon tot, schoss ihm der Gedanke durch den Kopf, als sie ihre Augen aufriss und mit der rechten Hand nach seinem Ärmel langte, um sich an ihm festzuhalten. Fast wie eine Liebkosung. Doch es war keine Liebkosung, denn Helenas Oberkörper setzte bereits zu einer Seitwärtsrolle an. Einer Rolle in den Abgrund.

Leon spürte noch, wie ihm der Boden unter seinen Füßen weggezogen wurde und er auf Helenas Oberkörper landete, der bereits nach unten drehte.

Das Letzte, was er hörte, war Stellas aufgebrachter Schrei. Das Letzte, was er spürte, war die Schwerelosigkeit.

Kapitel 73

Stella rannte an ihrem Chef vorbei und flog das Treppenhaus hinunter. Zwei Menschen waren vom Dach gestürzt, und sie war froh, dass der Nebel ihr die Sicht genommen hatte. Doch den Klang in ihren Ohren würde sie ihr Leben lang nicht vergessen.

Als sie endlich unten ankam, kniete Martin über beiden Körpern, die verkeilt zusammenlagen.

Er hob abwehrend die Hand. »Bleib da. Das ist kein schöner Anblick.«

»Scheiße ...«, entfuhr es Stella. Zögerlich ging sie die letzten Meter.

»Die Frau ist tot.«

»Und der Mann?«

»Hat schwachen Puls und atmet. Noch ...«

Stella betrachtete Leons Körper, der auf den Überresten von Helena lag, als wäre sie sein Fallschirm gewesen. Bis auf zwei saubere Schusswunden sah er tatsächlich unverletzt aus. Er stöhnte leise. Als würde er schlecht träumen. Sie bückte sich und schob ihre Hand unter seinen Hinterkopf. Vielleicht hat er ja Glück gehabt und bekommt nur keine Luft. Doch Leon hatte kein Glück gehabt, denn sein Schädel war eingeschlagen.

»Marta ...« Ein Speichelfaden voller Blut tropfte aus seinem Mund.

»Was ist mit Marta? Weißt du, wo sie ist, Leon?«

»Marta ...«

Er würde nicht mehr lange durchhalten. Stella sah zu ihrem Chef, der wortlos nickte. Das Zeichen, dass sie weitermachen sollte.

»Leon. Wenn du weißt, wo Marta sich befindet, dann sag es mir.«

»Jo...«

»Jo und weiter ... Bitte, Leon!«

»Joachim. Sie ist bei Joachim.«

Mit einem letzten Seufzer atmete Leon sein Leben aus und starb kurz danach auf dem Rücken seiner Frau Helena.

Das Taxi schoss über die leer gefegten Straßen. Stella blickte konsterniert aufs Blaulicht auf dem Armaturenbrett, das wie ein Spielzeug aus dem Internet aussah. Sie war erschöpft, demoralisiert, und ihr Schädel brummte wie ein Trafo.

»Sorry, Chef. Ich habe es ordentlich verkackt und hätte Sie von Anfang an über alles informieren müssen. Stattdessen wollte ich die Sache auf meine Weise lösen und habe alles versaut ... Leon könnte noch leben.«

Der Kommissar zog an seiner Zigarette und schüttelte den Kopf. »Nicht jetzt, Kindchen. Alles, was jetzt zählt, ist dieses Baby.«

»Darf ich Sie trotzdem etwas fragen?«

Der Kommissar nickte skeptisch.

»Wieso um alles in der Welt fahren wir in einem Taxi mit gefälschtem Blaulicht zu einem Polizeieinsatz?«

Der Kommissar kratzte sich verlegen am Kinn. »Vielleicht sind Sie sind nicht die Einzige, die hin und wieder etwas aus dem Rahmen fällt. Sagen Sie davon nur nichts Ihrem alten Herrn. Die Berliner Kollegen werden mich sowieso schon häuten, weil sie zu spät zur Party eingeladen wurden.«

Stella fühlte sich ein wenig besser und entschuldigte sich bei Raschid für das rüde Kennenlernen.

»Kein Problem. Kannst du mit einem Abendessen wiedergutmachen«, antwortete der gelassen und bretterte über die letzte rote Ampel, die sie noch vom Zielort trennte.

Bis auf eine Notbeleuchtung über der Eingangstür lag das Haus im Dunkeln, und Stella befürchtete, dass die Deckerts gewarnt worden und kurzerhand verschwunden waren.

Sie drückte dreimal auf die Klingel, doch niemand machte auf.

Was nun? Bis auf die geflüsterten Worte eines Sterbenden gab es keinerlei Beweise, um illegal das Haus zu stürmen.

Dann ging im oberen Stockwerk plötzlich das Licht an. Stimmen erklangen. Ein Mann und eine Frau.

Stritten die beiden sich etwa? Stella versuchte, sich auf das Gesagte zu konzentrieren und Babygeschrei herauszufiltern.

Fehlanzeige.

Noch mehr Licht. Diesmal im Flur.

Und dann flog die Tür fast aus den Angeln. Ein aufgebrachter Joachim Deckert stand da, in schwarzer Jogginghose und weißem Hemd. »Wissen Sie, wie spät es ist? Wir schlafen, die Kinder schlafen …«

Keine Frage nach dem Warum und Wieso? Dafür ein nervöses Flackern in den Augen und eine perfekt sitzenden Frisur. Der Anwalt sah nicht danach aus, als hätte er schon tief und fest geschlafen.

»Dürfen wir reinkommen?«

»Nein. Wieso sollte ich Sie mitten in der Nacht ins Haus lassen? Rufen Sie mich gefälligst vorher an, wenn Sie etwas mit mir zu besprechen haben. Geht es um diesen Roman-Wentzel-Fall, Herr Kommissar?«

»Wir haben einen berechtigten Grund zu der Annahme, dass sich die entführte Tochter von Monique Wächter in Ihren Räumlichkeiten aufhält. Sie können uns jetzt freiwillig hineinlassen, ansonsten wartet draußen ein Kommando, das nicht so zimperlich sein wird. Mit Ihnen, Ihrer Frau und den Kindern.« Der Kommissar deutete zum Blaulicht auf der Straße.

»Was erzählen Sie da für einen Nonsens? Kommen mitten in der Nacht vorbei und unterstellen mir, ich hätte ein Kind entführt? Wer kommt auf so eine hirnrissige Idee? Wahrscheinlich Leon, dieser Erbschleicher. Sie wissen, dass er mich und meine Familie bedroht hat? Das wird ein Nachspiel haben. Auch für Sie und Ihre Kollegin hier.«

»Leon Mendel ist tot und Helena alias Lena Bräunl ebenfalls.«

Bumm. Eiskalt erwischt.

»Das ist bedauerlich, aber …«, stammelte der Anwalt, als Kinderstimmen hörbar wurden. Das brachte ihn zusätzlich aus der Fassung.

»Lassen Sie uns morgen in meinem Büro darüber reden. Wie Sie hören, sind meine Kinder gerade aufgewacht und wissen nicht, was hier passiert. Tim schreibt morgen eine Klassenarbeit …«

»Es gibt kein Morgen, Herr Anwalt, sondern nur ein Hier und Jetzt. Sie machen einen Schritt zur Seite, ansonsten sehe ich mich gezwungen, die Waffe auf Sie zu richten und uns Einlass zu verschaffen. Ihre Entscheidung.«

Der Anwalt schien über ein weiteres Ablenkungsmanöver nachzudenken, als seine Frau im Hintergrund erschien. Sie blieb mitten auf dem Treppenabsatz stehen und rief zweimal seinen Namen. Als wollte sie ihn zur Vernunft bringen. Oder als hätte sie Vorkehrungen getroffen, um ein Verbrechen zu vertuschen.

Stella nutzte den Moment und drückte sich vorbei ins Haus, um auf Viktoria Deckert zuzugehen.

»Wo ist sie? Wo ist Marta? Bitte ...«

Anstatt einer Antwort blickte sie zu ihrem Mann, der immer noch wie angewurzelt an der Tür stand. Schließlich senkte er resigniert den Blick, und Viktoria zeigte mit dem Finger in Richtung Decke.

»Das erste Zimmer auf der rechten Seite. Ich gehe jetzt zu meinen Kindern.«

Sie verschwand hinter einer Tür, auf der ein selbst gemaltes Bild mit Tesastreifen klebte. *Für Mami und Papi* stand darunter.

Stella war darauf nicht vorbereitet und hatte plötzlich Angst, den nächsten Schritt allein zu gehen. Ganz so, als würde hinter der letzten Tür schon wieder eine böse Überraschung auf sie warten. Sie zögerte und sah auf ihre Hand, die wie ferngesteuert nach der Klinke griff.

Das Licht einer Nachttischlampe erhellte einen fensterlosen Raum, in dem ein leerer Schreibtisch stand. Eine Matratze lag auf dem Boden. Und da war sie: die kleine Marta, umringt von sieben wahllos aufgereihten Kissen, als wäre sie das Opfer einer Blitzaktion gewesen. Drei gefüllte Babyflaschen standen sauber aufgereiht zu ihren Füßen. Eine Packung Windeln gleich daneben.

Stella schossen Tränen der Erleichterung in ihre Augen, denn der Kleinen schien es gut zu gehen. Sie schlief und hatte einen Stoffhasen im Arm. Und sie, Stella, hatte sie gefunden.

Vorsichtig nahm sie das Baby hoch und drückte den kleinen Körper gegen ihre Brust. Marta fühlte sich warm an und roch nach Babypuder. Für einen Augenblick blitzten ihre strahlend blauen Augen auf, dann schlief sie wieder ein.

»Alles wird gut, kleine Marta«, flüsterte Stella. »Ich bringe dich zu deiner Mama.«

Epilog

Stella blickte auf den See hinaus, der gleißend in der Wintersonne glitzerte. Eine Krähe hatte es sich auf einem der Holzpfeiler am Steg bequem gemacht und krächzte unzufrieden ihren Unmut in den Himmel. Ansonsten war es still. Monique reichte ihr die Tasse und gesellte sich zu ihr auf die Veranda.

»Ich habe mich noch gar nicht bei Ihnen bedankt, Stella.«

»Das ist mein Job oder war es zumindest.« Stella nippte am Kaffee, der viel zu süß war.

»Nein, im Ernst. Ich hätte nicht gedacht, dass ich überlebe, und Marta ...« Monique fächerte Luft in ihre Augen, um die Tränen versiegen zu lassen.

Am liebsten wäre Stella gegangen, doch der Besuch war lange überfällig. Noch immer plagten sie Albträume, in der die Szene auf dem Dach wie ein schlechter Film an ihr vorüberzog. Genauso wie der Abend und die Nacht, die sie mit Leon in dessen Wohnzimmer verbracht hatte. »Es ist schön zu sehen, dass es Ihnen und Marta gut geht. Falls man das so sagen kann.«

»Ich glaube, die Kleine hat es den Umständen entsprechend gut überstanden. Ich gehe dreimal in der Woche zum Psychiater und sehe immer noch Ricarda vor mir ...«

Stella nickte wissend. »Ist Ihnen das nicht zu einsam hier draußen?«

»Keine Ahnung, ob ich in dem großen Kasten wohnen bleiben werde. Andererseits kann und will ich das Haus nicht einfach so verkaufen. Es gehört jetzt Marta. Sie hat es von ihrem Dad geerbt, der sein Leben für uns opferte.«

Stella wollte etwas erwidern, schluckte den Kommentar jedoch hinunter. Schließlich hatte Marta das Haus nur geerbt, weil Helenas Bruder Oscar tot war und es keine weiteren Nachkommen gab. Zudem kannte sie Leons Abgründe aus den Verhören von Joachim und Viktoria Deckert. Dass er Helena nicht nur betrogen hatte, sondern umbringen wollte, um sie zu beerben und die Police aus der Lebensversicherung zu kassieren. Zumindest hatte Helena das gegenüber Joachim so geäußert.

Nein, Leon war vermutlich kein Engel, doch warum sollte sie Monique davon erzählen?

»Sie haben vorhin so was gesagt wie, dass Polizistin Ihr Job *war*. Wie ist das gemeint?«

Stella verschluckte sich und musste unwillkürlich husten. Ja, wie war das gemeint? »Ich bin auf eigenen Wunsch beurlaubt und denke jeden Tag darüber nach, wie es weitergehen soll. Es war alles verdammt knapp. Nur ein kleiner Fehler kann Menschenleben kosten. Keine Ahnung, ob ich aus dem Holz geschnitzt bin.«

»Sie sind eine Heldin, Stella. Jedenfalls für mich und Marta. Ohne Sie würde ich jetzt an einem Fleischerhaken hängen und vergammeln.« Monique versuchte zu lächeln.

»So fühlt es sich für mich jedoch nicht an. Ich sehe ständig nur die Toten, anstatt die Lebenden zu feiern. Erst wenn mir das gelingt, kann ich nach vorn sehen.« Stella fingerte nach ihrer Handtasche und holte einen eingeschweißten Plastikbeutel heraus.

»Was ist das?«

»Auch wenn Sie sicher schon ein neues haben, gehört

dieses Beweisstück Ihnen. Es ist Ihr altes Handy, das wir bei ... Sie wissen schon, wem, sichergestellt haben.«

Monique nahm den Beutel in die Hand und hielt ihn auf Distanz, als wäre etwas Ansteckendes darin zu finden. »Was werde ich darauf entdecken?«

Stella hatte die Textnachrichten herunterkopiert und anschließend gelöscht. Genauso wie das Foto von der Überwachungskamera. Das mit dem Kuss.

»Keine Sorge. Nur die schönen Dinge, falls es schöne Dinge waren.« Stella lächelte und sah auf ihre Uhr. Es wurde langsam Zeit zu gehen.

»Ich würde mich freuen, wenn Sie zum Essen bleiben. Es gibt Lachs mit Ofenkartoffeln, also für uns beide. Marta steht eher auf Haferbrei mit Aprikose.«

»Ein anderes Mal vielleicht. Ich habe heute Abend Gäste und muss mich sputen, noch was einzukaufen. Im Kochen bin ich eine echte Null.«

»Das klingt nach einem Verehrer ...« Monique grinste.

»Das klingt nach drei Verehrern, wovon einer ein marokkanischer Taxifahrer mit deutlich zu viel Selbstvertrauen ist. Dann haben wir noch einen neunmalklugen Werkstudenten mit Hang zu unverschämten Sprüchen und einen in die Jahre gekommenen Kommissar mit Halbglatze und Bauchansatz. Da habe ich mich auf was eingelassen ...«

»Klingt nach einem schönen Abend.« Monique wirkte fast wehmütig, als sie das sagte.

Und Stella begriff, dass sie im Gegensatz zu der jungen Frau vor ihr unverschämtes Glück besaß. »Ja, das klingt es«, sagte sie deshalb mit einem Lächeln auf den Lippen und bedankte sich für den Kaffee.